本书系江西理工大学博士启动基金资助项目"民事诉讼中逾时提出攻击防御方法之规制研究"（项目编号：3401223333）的最终成果；系 2018 年度江西省高校人文社会科学重点研究基地项目"环境民事公益诉讼裁判执行问题研究"（项目编号：JD18078）的阶段性成果。

江西理工大学优秀博士论文文库

民事诉讼中逾时提出攻击防御方法之规制研究

马 龙◎著

RESEARCH ON THE REGULATION OF
OVERDUE SUBMISSIONS OF ATTACKING AND
DEFENDING METHODS IN CIVIL LITIGATION

中国社会科学出版社

图书在版编目 (CIP) 数据

民事诉讼中逾时提出攻击防御方法之规制研究 / 马龙著 . —北京：
中国社会科学出版社，2018. 11
ISBN 978-7-5203-3477-8

Ⅰ . ①民… Ⅱ . ①马… Ⅲ . ①民事诉讼-研究-中国 Ⅳ . ①D925. 104

中国版本图书馆 CIP 数据核字 (2018) 第 251491 号

出 版 人	赵剑英
责任编辑	梁剑琴
责任校对	夏慧萍
责任印制	李寡寡

出 版	中国社会科学出版社
社 址	北京鼓楼西大街甲 158 号
邮 编	100720
网 址	http：//www. csspw. cn
发 行 部	010-84083685
门 市 部	010-84029450
经 销	新华书店及其他书店

印 刷	北京明恒达印务有限公司
装 订	廊坊市广阳区广增装订厂
版 次	2018 年 11 月第 1 版
印 次	2018 年 11 月第 1 次印刷

开 本	710×1000 1/16
印 张	12. 25
插 页	2
字 数	207 千字
定 价	58. 00 元

内容摘要

  "引言"具体介绍民事诉讼中逾时提出攻击防御方法之规制制度的立法背景、研究意义、研究现状和研究方法，对我国民事诉讼中规制逾时提出攻击防御方法的立法和研究现状进行总结，简要介绍域外有关民事诉讼中规制逾时提出攻击防御方法之立法的积极成果，对其制度概况和规则特点进行总结。在对前述内容进行概括介绍的基础上引出将要讨论的问题并限定研究对象。

  第一章"逾时提出攻击防御方法概述"研讨了攻击防御方法及其逾时提出等基本概念及其内涵和外延。民事诉讼中的攻击防御方法一般指的是当事人用于为诉之声明说明理由或者用于对诉之声明形成防御而提出的全部的事实上和法律上的主张、无须主张的抗辩、争辩、需要主张的抗辩、证据方法和证据抗辩。应当将攻击防御方法与攻击防御本身区别开来。同时，声明等部分取效性诉讼行为以及与效性诉讼行为不属于攻击防御方法。攻击防御方法本身也包含了很多类型，并且可以依照不同标准进行分类。逾时提出攻击防御方法，如对其进行制裁，须首先审查其是否满足诸项构成要件，主要包括攻击防御方法的提出迟延、造成诉讼迟滞的后果、这二者之间的因果关系以及当事人无免责事由。同样，依据不同标准也可以对逾时提出攻击防御方法进行分类。

  第二章"逾时提出攻击防御方法的规制手段"从规制手段的演进历程入手，研讨了对逾时提出攻击防御方法进行规制的有关问题。在适时提出主义之下，对逾时提出攻击防御方法应由法院依据法定程序课以失权制裁。失权制裁本质上是一种基于公法义务的制裁，依据不同标准其可以分为强制失权和裁量失权以及因故意引起的失权和因过失引起的失权。失权制裁程序应当由法院启动，法院进行相关审查并进行自由心证，当事人除了在部分情形中对免责事由承担疏明义务之外，对其他要件事实不承担主张责任和证明责任。当事人认为法院作出的驳回裁判不当或者适用失权规定不当的，可以通过上诉寻求司法救济。除失权制裁之外，法院还可以通过调整诉讼费用负担或者课以行政处罚等方式，对逾时提出攻击防御方法的当事人进行制裁。

第三章"规制逾时提出攻击防御方法的法理基础"探讨了规制逾时提出攻击防御方法的法理基础。诉讼促进义务在民事诉讼法律中的最终确立，标志着对适时提出攻击防御方法的要求成为明确的法律规定，相应的失权规定也由此诞生，违反诉讼促进义务将被课以失权制裁。作为帝王条款的诚实信用原则在民事诉讼中也发挥着基础性作用，其要求当事人诚信进行诉讼和实施诉讼行为，不得出于某种目的拖延诉讼。而以法定听审请求权为代表的宪法上的诸项基本权利和基本原则，在支撑和制约失权规定的适用中，亦发挥了各自不同的作用。由此可见，逾时提出攻击防御方法之失权规定，植根于较为丰厚的立法基础之上，因而其在民事诉讼中的妥适性是较为明确的。

第四章"域外逾时提出攻击防御方法规制之比较"介绍了大陆法系主要国家和地区——德国、日本和我国台湾地区以及英美法系代表国家——英国和美国在规制民事诉讼中逾时提出攻击防御方法的有关法律制度，探讨了各个国家和地区在逾时提出认定和失权制裁规定方面的特点，并就法系内部各国之间的异同点以及两大法系之间的共通性和差异性进行了比较分析。从中可以发现，各个国家和地区在制裁逾时提出攻击防御方法方面，均态度坚决、手段严厉。但是在具体操作中，或多或少均有差别，没有完全雷同之措施。其细节方面的差异，总是与各自国家和地区的经济社会发展阶段、法律思想传统以及人民的生活文化习惯等有着密不可分的联系。在这一点上，我国在实施司法改革、完善民事诉讼法律制度的过程中，必须给予应有的重视。

第五章"我国逾时提出攻击防御方法规制现状"对我国民事诉讼法律和司法解释中有关规制逾时提出攻击防御方法的有关立法制度及其在司法审判活动中的适用、运行情况做了一个简单的介绍。从现实情况中查找出存在的问题，即立法和司法对攻击防御方法及其适时提出的必要性认识不足，攻击防御方法（具体表现为答辩中的各种争执和抗辩以及相应的证据方法）的提出期间制度不受重视，失权规定在促进诉讼进行、提升诉讼效能方面功能的弱化并发生了功能的异化，诉讼费用负担的调整未予以应用。在这种现实之下，依据规制逾时提出攻击防御方法的基础理论，学习域外立法先进经验，结合我国自身条件进行民事诉讼相关制度的改革，完善民事诉讼法律制度理论与实践，是很有必要的。

第六章"逾时提出攻击防御方法规制之完善"。本章承接上文，简要梳理了我国现行证据提出与失权制度存在的瑕疵与弊端，有针对性地提出了改进和完善我国民事诉讼中规制逾时提出攻击防御方法之制度的对策与建议。在立法模式的选择方面，我国应当学习我国台湾地区的立法模式，并根据学理研究成果和我国实际加以修正。在民事诉讼法典的总则中，应当将权利的有效保护和诉讼促进义务纳入基本原则，将诚实信用原则予以具体细化，并将攻击防御方法的基本概念及其适时提出要求写入总则。在具体程序中，应当将失权规定的诸项要件予以规范化、完备化，应当强化法院的释明职权，强化诉讼资料提出期间制度，对作为再审事由的新的证据进行修正，并增加法院对诉讼费用负担的调整职权。此外，笔者还建议设立有效的审前准备程序，加强审判工作人员的分工协作，并选择合理的方式实现多元化的司法救助机制，保障该项制度在司法实践中的平稳运行。

"结语"总结全书并展望民事诉讼中逾时提出攻击防御方法之规制制度的未来。

目　录

引　言

一　问题的缘起

自 20 世纪末以来，世界各主要国家和地区都对本国或者本地区的民事诉讼法律制度进行了较大程度的改革，改革的一项直接动因就在于民事诉讼案件愈来愈多，法院负担不断加重，诉讼拖延现象屡见不鲜。面对改革之前法院的不堪重负、案件的久拖不决，德国联邦宪法法院（Bundesverfassungsgericht，BVerfG）第 6 任院长罗曼·赫尔佐克（Roman Herzog）悲叹曰：“我们已经灭顶。”[①] 而作为旁观者的意大利法学家莫诺·卡佩莱蒂（Mauro Cappelletti）则戏谑称：“民事审判就是一个破钟，不摇晃敲打它，根本不会动。”[②] 这样的现实情况，严重影响了司法机关的工作效率，进而影响了司法裁判的权威性。针对这种现实问题，各个国家和地区的立法机关纷纷修改民事诉讼法律法规，司法机关也在审判实践中创建新的判例。伴随着改革措施的落实，先进法治国家和地区的民事诉讼法律制度迎来了“又一春”，普遍取得了较为显著的成效，在克服诉讼拖延、提高诉讼效能的征程中迈上了一个新的台阶。

就此次司法制度改革而言，各国和各地区选择的路径并非完全一致。但无论是英美法系还是大陆法系，各国在民事诉讼法这个领域的修改与完善上达成了一致，那就是在适时提出主义之下严格要求当事人履行诉讼促进义务，及时、有效、完整、正确地提出攻击防御方法，防止迟延提出造

[①] 参见苏永钦《司法改革的再改革——从人民的角度看问题，用社会科学的方法解决问题》，台湾月旦出版社股份有限公司 1998 年版，第 314 页。

[②] See Cappelletti, "Social and political aspects of civil procedure-reforms and trends in Western and Eastern Europe", 69 *Mich. L. Rev.* (1971) 847, 858 n. 57. 转引自苏永钦《司法改革的再改革——从人民的角度看问题，用社会科学的方法解决问题》，台湾月旦出版社股份有限公司 1998 年版，第 314 页。

成诉讼迟滞，影响个案的诉讼效率和诉讼的整体效率。一套成体系的规制逾时提出攻击防御方法的法律制度，囊括了认定的构成要件、当事人的说明责任、法官的阐明职权、违法制裁程序以及相应的救济措施，当然也离不开高素质的法官和律师及其强大的执行力。以这套行之有效的制度为基础，民事诉讼拖延的矛盾得到了缓和，司法裁判的信任危机获得了解除。

与此相映成趣的是，在这场民事诉讼的改革风潮中，我国也顺应时代潮流，于21世纪初也颁布了《最高人民法院关于民事诉讼证据的若干规定》（以下简称《证据规定》），对民事诉讼法典中有关举证期限和新的证据之提交的相关制度从根本上进行了修正，以适时提出主义取代了随时提出主义，欲以严厉的证据失权规制手段实现提高诉讼效率、提升司法效能的目标。但是，空前严厉的证据失权制度却在出台后不久就遇到了巨大的障碍，在推行一段时间之后就在实际中弃置不用。以时任最高人民法院肖扬院长在第七次全国民事审判工作会议上的讲话①为标志，我国在促进诉讼、规制拖延诉讼行为方面的初次尝试遭遇重大挫折。在其后的立法修改和制定新的司法解释的过程中，立法者和最高人民法院做出了妥协，失权规定被严重软化，乃至发生了功能上的异化。对举证期限制度的宽松态度形成了对逾期举证的放任，使原本服务于规制诉讼拖延的制度发展成为抵拒恶意诉讼的工具，其本身的立法目的并没有得到良好的实现。

出现这种现象，一个重要因素就在于我国民事诉讼立法在学习和借鉴域外先进制度之时，仅停留在法律条文的规定表面，甚至只是抓住了法律规定中的只言片语，而没有注重掌握该项制度的内部核心要素，更加没有从整个民事诉讼法律制度乃至整个国家的立法体系去全局性地看待一项具体的制度和措施，从而产生了"只见树木，不见森林"的弊病。借鉴和移植囫囵吞枣，在现有制度中生搬硬套，其结果要么就是成为苟延残喘的"四不像"，要么水土不服最终走向失败。因此，在通过法律移植来创设新的制度的过程中，充分了解和研究此项先进制度的内涵、外延、法理基础、适用条件与范围及其在司法实践中的具体运用，都是很有必要的。

有道是兵马未动，粮草先行。作为立法者的智库和司法权运行的匡正力量，理论研究工作在面对法律中的新挑战、新问题时，应当先行一步，

---

① 肖扬强调："要尊重当事人的举证权和质证权，不允许片面理解和为我所用地适用证据规则，任其做出的裁判脱离原本可以查明的客观事实。"参见肖扬《建设公正高效权威的民事审判制度，为构建社会主义和谐社会提供有力司法保障》，《中国审判》2007年第2期。

以有针对性的学术科研成果为立法和司法创造可资吸收之养分。从我国民事诉讼法学界对逾时提出攻击防御方法之规制研究的现状来看，形势不容乐观：虽然理论研究成果不可谓不多，但所围绕的都是周边性质的制度，例如对举证期限和新的证据进行研究者成果颇丰，对于改进和完善举证制度也做出了较大贡献。相关成果均为就事论事，没有站在攻击防御方法的适时提出这一上位层面进行宏观分析，而直接针对逾时提出攻击防御方法之规制者更是凤毛麟角。这样的研究现状，自然应当成为就此提出问题以及从探索中寻找解决方案者的压力和动力。

有鉴于此，本书力求在对域外关于规制逾时提出攻击防御方法之立法规定做出比较分析的基础上，就攻击防御方法及其逾时提出之规制措施的明确含义、制度价值、理论基础、体系架构、具体适用等问题做出具体阐释，结合我国立法和司法现状之评价，提出改进与完善我国相应制度的对策与建议。笔者希望以引玉之砖，引起学界和实务界对民事诉讼中逾时提出攻击防御方法之规制研究的重视；并以本书之浅见，求证于方家，兼为我国司法制度的深化改革添砖加瓦。

二　立法背景

(一)　答辩

答辩（尤其答辩状）作为攻击防御方法的载体，承载了立法对攻击防御方法提出适时性的要求。在这方面，《中华人民共和国民事诉讼法》（以下简称《民诉法》）对提出答辩状做出了规定。相关条文为第 125 条①和第 167 条第 1 款②。这两个法律条款对被告或者被上诉人提出答辩状的时限做了要求，但是对于当事人是否必须依法提出答辩状，均分别做了前后矛盾的规定。

---

①　《民诉法》第 125 条第 1 款：人民法院应当在立案之日起五日内将起诉状副本发送被告，被告应当在收到之日起十五日内提出答辩状。答辩状应当记明被告的姓名、性别、年龄、民族、职业、工作单位、住所、联系方式；法人或者其他组织的名称、住所和法定代表人或者主要负责人的姓名、职务、联系方式。人民法院应当在收到答辩状之日起五日内将答辩状副本发送原告。第 2 款：被告不提出答辩状的，不影响人民法院审理。

②　《民诉法》第 167 条第 1 款：原审人民法院收到上诉状，应当在五日内将上诉状副本送达对方当事人，对方当事人在收到之日起十五日内提出答辩状。人民法院应当在收到答辩状之日起五日内将副本送达上诉人。对方当事人不提出答辩状的，不影响人民法院审理。

（二）举证期间和证据失权

《民诉法》第 65 条①为有关举证时限的规定，系 2012 年第二次修改《民诉法》时新增的内容，在此前的 1982 年颁布试行的《民诉法》（以下简称《试行法》）以及 1991 年颁布、2007 年第一次修改的《民诉法》中均未予以规定。

在我国民事诉讼法律制度中，关于举证期限的规定最早源自最高人民法院于 2001 年颁布的《证据规定》中的规定。《证据规定》在其第一部分"当事人举证"和第三部分"举证时限与证据交换"中对当事人在民事诉讼程序中及时、全面地提出证据材料提出了要求。具体包括第 3 条、② 第 33 条、③ 第 34 条、④ 第 35 条、⑤ 第 36 条。⑥ 在颁布《证据规定》之后，针对人民法院审判工作中出现的在举证期间等方面适用《证据规

---

① 《民诉法》第 65 条第 1 款：当事人对自己提出的主张应当及时提供证据。第 2 款：人民法院根据当事人的主张和案件审理情况，确定当事人应当提供的证据及其期限。当事人在该期限内提供证据确有困难的，可以向人民法院申请延长期限，人民法院根据当事人的申请适当延长。当事人逾期提供证据的，人民法院应当责令其说明理由；拒不说明理由或者理由不成立的，人民法院根据不同情形可以不予采纳该证据，或者采纳该证据但予以训诫、罚款。

② 《证据规定》第 3 条第 1 款：人民法院应当向当事人说明举证的要求及法律后果，促使当事人在合理期限内积极、全面、正确、诚实地完成举证。第 2 款：当事人因客观原因不能自行收集的证据，可申请人民法院调查收集。

③ 《证据规定》第 33 条第 1 款：人民法院应当在送达案件受理通知书和应诉通知书的同时向当事人送达举证通知书。举证通知书应当载明举证责任的分配原则与要求、可以向人民法院申请调查取证的情形、人民法院根据案件情况指定的举证期限以及逾期提供证据的法律后果。第 2 款：举证期限可以由当事人协商一致，并经人民法院认可。第 3 款：由人民法院指定举证期限的，指定的期限不得少于三十日，自当事人收到案件受理通知书和应诉通知书的次日起计算。

④ 《证据规定》第 34 条第 1 款：当事人应当在举证期限内向人民法院提交证据材料，当事人在举证期限内不提交的，视为放弃举证权利。第 2 款：对于当事人逾期提交的证据材料，人民法院审理时不组织质证。但对方当事人同意质证的除外。第 3 款：当事人增加、变更诉讼请求或者提起反诉的，应当在举证期限届满前提出。

⑤ 《证据规定》第 35 条第 1 款：诉讼过程中，当事人主张的法律关系的性质或者民事行为的效力与人民法院根据案件事实作出的认定不一致的，不受本规定第三十四条规定的限制，人民法院应当告知当事人可以变更诉讼请求。第 2 款：当事人变更诉讼请求的，人民法院应当重新指定举证期限。

⑥ 《证据规定》第 36 条：当事人在举证期限内提交证据材料确有困难的，应当在举证期限内向人民法院申请延期举证，经人民法院准许，可以适当延长举证期限。当事人在延长的举证期限内提交证据材料仍有困难的，可以再次提出延期申请，是否准许由人民法院决定。

定》不统一的问题，最高人民法院又发布了《关于适用〈最高人民法院关于民事诉讼证据的若干规定〉中有关举证时限规定的通知》（以下简称《举证时限规定》），对举证期间的指定方式、具体时间长度作了更为细致的规定。①

在《证据规定》颁布施行之后的2012年，《民诉法》获得修改，以其第65条对《证据规定》中关于举证时限的规定进行了修正。随后的2015年，最高人民法院颁布《关于适用〈中华人民共和国民事诉讼法〉的解释》（以下简称《民诉法解释》）。此次的司法解释用了四个条文（第99—102条）对包括举证失权在内的举证期间的相关制度进行了规定。其中，第99条②是关于举证期间的确定和不受举证期间影响的例外情形的规定；第100条③是关于举证期间延长的程序性规定；第101条④是关于人民法院对当事人逾期提出证据的审查程序以及不视为逾期提出证

---

① 例如《举证时限规定》第1条"关于第33条第3款规定的举证期限问题"；《证据规定》第33条第3款规定的举证期限是指在适用一审普通程序审理民事案件时，人民法院指定当事人提供证据证明其主张的基础事实的期限，该期限不得少于三十日。但是人民法院在征得双方当事人同意后，指定的举证期限可以少于三十日。前述规定的举证期限届满后，针对某一特定事实或特定证据或者基于特定原因，人民法院可以根据案件的具体情况，酌情指定当事人提供证据或者反证的期限，该期限不受"不得少于三十日"的限制。第8条"关于二审新的证据举证期限的问题"：在第二审人民法院审理中，当事人申请提供新的证据的，人民法院指定的举证期限，不受"不得少于三十日"的限制。第6条"关于当事人申请延长举证期限的问题"：当事人申请延长举证期限经人民法院准许的，为平等保护双方当事人的诉讼权利，延长的举证期限适用于其他当事人。

② 《民诉法解释》第99条第1款：人民法院应当在审理前的准备阶段确定当事人的举证期限。举证期限可以由当事人协商，并经人民法院准许。第2款：人民法院确定举证期限，第一审普通程序案件不得少于十五日，当事人提供新的证据的第二审案件不得少于十日。第3款：举证期限届满后，当事人对已经提供的证据，申请提供反驳证据或者对证据来源、形式等方面的瑕疵进行补正的，人民法院可以酌情再次确定举证期限，该期限不受前款规定的限制。

③ 《民诉法解释》第100条第1款：当事人申请延长举证期限的，应当在举证期限届满前向人民法院提出书面申请。第2款：申请理由成立的，人民法院应当准许，适当延长举证期限，并通知其他当事人。延长的举证期限适用于其他当事人。第3款：申请理由不成立的，人民法院不予准许，并通知申请人。

④ 《民诉法解释》第101条第1款：当事人逾期提供证据的，人民法院应当责令其说明理由，必要时可以要求其提供相应的证据。第2款：当事人因客观原因逾期提供证据，或者对方当事人对逾期提供证据未提出异议的，视为未逾期。

据的有关情形的规定；第 102 条①是关于逾期举证的失权效的规定。②《民诉法解释》的这些新规定，对《民诉法》进行了补充，在延续了《证据规定》的基本思想的同时，也在很多方面对《证据规定》进行了修正。

（三）新的证据

新的证据也是与规制逾时提出攻击防御方法有关的内容。《民诉法》第 139 条第 1 款③是对当事人在第一审程序的庭审中提出新的证据所作的规定。由于《民诉法》在第二审程序中未对提出新的证据进行特殊规定，依据《民诉法》第 174 条④的指引，当事人在第二审程序中提出新的证据的，也应当适用第 139 条第 1 款以及与之相关的司法解释。与大陆法系国家和地区相比，我国《民诉法》中不存在"攻击防御方法"这一概念，自然也就没有"新的攻击防御方法"。与此相应，我国确立了"新的证据"这一概念并制定了相应的规则，在一定程度上作为举证时限制度的例外。新的证据基本框架确立于《证据规定》第 41—46 条。⑤ 其后，《举

---

① 《民诉法解释》第 102 条第 1 款：当事人因故意或者重大过失逾期提供的证据，人民法院不予采纳。但该证据与案件基本事实有关的，人民法院应当采纳，并依照民事诉讼法第六十五条、第一百一十五条第一款的规定予以训诫、罚款。第 2 款：当事人非因故意或者重大过失逾期提供的证据，人民法院应当采纳，并对当事人予以训诫。第 3 款：当事人一方要求另一方赔偿因逾期提供证据致使其增加的交通、住宿、就餐、误工、证人出庭作证等必要费用的，人民法院可予支持。

② 参见沈德咏主编《最高人民法院民事诉讼法司法解释理解与适用》，人民法院出版社 2015 年版，第 333—345 页。

③ 《民诉法》第 139 条第 1 款：当事人在法庭上可以提出新的证据。

④ 《民诉法》第 174 条：第二审人民法院审理上诉案件，除依照本章规定外，适用第一审普通程序。

⑤ 《证据规定》第 41 条：《民事诉讼法》第一百二十五条第一款规定的"新的证据"，是指以下情形：（一）一审程序中的新的证据包括：当事人在一审举证期限届满后新发现的证据；当事人确因客观原因无法在举证期限内提供，经人民法院准许，在延长的期限内仍无法提供的证据。（二）二审程序中的新的证据包括：一审庭审结束后新发现的证据；当事人在一审举证期限届满前申请人民法院调查取证未获准许，二审法院经审查认为应当准许并依当事人申请调取的证据。

《证据规定》第 42 条第 1 款：当事人在一审程序中提供新的证据的，应当在一审开庭前或者开庭审理时提出。第 2 款：当事人在二审程序中提供新的证据的，应当在二审开庭前或者开庭审理时提出；二审不需要开庭审理的，应当在人民法院指定的期限内提出。

《证据规定》第 43 条第 1 款：当事人举证期限届满后提供的证据不是新的证据的，人民法院不予采纳。第 2 款：当事人经人民法院准许延期举证，但因客观原因未能在准许的期限内提供，且不审理该证据可能导致裁判明显不公的，其提供的证据可视为新的证据。（转下页）

证时限规定》对新的证据的规则作了补充和修正，①《民诉法解释》又将新的证据的规制纳入现行的举证失权规定之中。而对于作为再审事由的新的证据，《民诉法》以《民诉法》第 200 条第（一）项②做了简单表述。至于何为再审程序中的新的证据，则有赖于《民诉法解释》第 388 条的确定。③

（四）简评

从上述立法和司法解释中不难发现，我国民事诉讼法律关于攻击防御方法以及对逾时提出攻击防御方法的规制的相关规定是相当零散的，既缺乏明确围绕攻击防御方法作出的明确规定，也没有系统化要求当事人适时提出各种主张、抗辩以及证据等诉讼资料。在失权规定方面存在要件设置不完善、判定方法缺乏逻辑性以及对新的证据接纳程度过于宽泛等不足之处，尤其是将证据失权同证据与案件基本事实的关联性捆绑，对案件基本事实又不予以统一规定，造成了规定执行过程中的分歧，带来了制度功能

（接上页）《证据规定》第 44 条第 1 款：《民事诉讼法》第一百七十九条第一款第（一）项规定的"新的证据"，是指原审庭审结束后新发现的证据。第 2 款：当事人在再审程序中提供新的证据的，应当在申请再审时提出。

《证据规定》第 45 条：一方当事人提出新的证据的，人民法院应当通知对方当事人在合理期限内提出意见或者举证。

《证据规定》第 46 条：由于当事人的原因未能在指定期限内举证，致使案件在二审或者再审期间因提出新的证据被人民法院发回重审或者改判的，原审裁判不属于错误裁判案件。一方当事人请求提出新的证据的另一方当事人负担由此增加的差旅、误工、证人出庭作证、诉讼等合理费用以及由此扩大的直接损失，人民法院应予支持。

①　《举证时限规定》第 10 条"关于新的证据的认定问题"：人民法院对于"新的证据"，应当依照《证据规定》第四十一条、第四十二条、第四十三条、第四十四条的规定，结合以下因素综合认定：（一）证据是否在举证期限或者《证据规定》第四十一条、第四十四条规定的其他期限内已经客观存在；（二）当事人未在举证期限或者司法解释规定的其他期限内提供证据，是否存在故意或者重大过失的情形。

②　《民诉法》第 200 条：当事人的申请符合下列情形之一的，人民法院应当再审：（一）有新的证据，足以推翻原判决、裁定的。

③　《民诉法解释》第 388 条第 1 款：再审申请人证明其提交的新的证据符合下列情形之一的，可以认定逾期提供证据的理由成立：（一）在原审庭审结束前已经存在，因客观原因于庭审结束后才发现的；（二）在原审庭审结束前已经发现，但因客观原因无法取得或者在规定的期限内不能提供的；（三）在原审庭审结束后形成，无法据此另行提起诉讼的。第 2 款：再审申请人提交的证据在原审中已经提供，原审人民法院未组织质证且未作为裁判根据的，视为逾期提供证据的理由成立，但原审人民法院依照民事诉讼法第六十五条规定不予采纳的除外。

的异化。以上种种问题，均亟待解决，需要从理论层面和制度层面进行研究、分析与探讨。

三 研究意义

（一）从理论层面上看，对规制逾时提出攻击防御方法的制度与方法进行研究，有利于对我国现有民事诉讼理论体系进行丰富与完善。我国法学理论研究——特别是笔者所关注的民事诉讼理论体系的构建工作——虽然经过多年的发展已经取得了丰硕的成果，但是就实践中的效果以及与域外的发展情况比较看，我国法学理论之研究在均衡性上仍然存在一定的缺失。其具体表现为：一方面，对实质正义和实体性权利义务关系一以贯之地予以重视，但对于程序正义和程序性权利的重要性仍然认识不到位，中华法系传统影响之下的"重刑轻民""重实体轻程序"等思想仍然有一定的市场；另一方面，在服务于中国特色社会主义法律体系的创建事业时，更关注具有特色性、创新性的理论与制度，而较为忽视对传统理论与制度的研讨，对传统民事诉讼法学——尤其亲缘关系较近的大陆法系民事诉讼法学——之理论中的宝贵财富仍然继承不多。在这种情况下，详细检讨传统理论中攻击防御方法概念的内涵与外延，深入挖掘规制逾时提出攻击防御方法的法理与意义，有利于明确在民事诉讼程序中促进诉讼开展、提升诉讼效能的理论依据，推动民事诉讼理论的进一步发展。

（二）从规则层面上看，对规制逾时提出攻击防御方法的制度与方法进行研究，有利于对我国现有民事诉讼法律制度进行丰富与完善。我国民事诉讼立法与司法解释中的相关制度所存在的瑕疵，前文已有一定程度的叙述。立法存在零散性，失权要件的设置不系统，对诉讼行为的判定方法逻辑性不足，现有相关制度在科学性和合理性方面也问题多多。针对这些问题，笔者意图对域外可资借鉴的法律制度进行比较法分析，探索一条构建我国民事诉讼中逾时提出攻击防御方法的规制路径，为我国民事诉讼法律制度的修改完善与进一步发展贡献自己的一份力量。

（三）从实务层面上看，对规制逾时提出攻击防御方法的制度与方法进行研究，可以为我国司法审判机关提供处理当事人于民事诉讼中故意或者过失实施拖延行为的科学解决方案，有助于提升司法权的运行水平。随着经济社会的发展，生活节奏的加快，人民群众对司法效率和公信力的要求与法院负担的日益加重之间的矛盾愈发凸显，这就要求民事审判工作应当拒绝诉讼拖延，尽快完成个案诉讼程序的终结，进而保证全社会诉讼工作的整体效能，以对全体纳税人负责的态度向公众提供及时有效的权利保护。而我国目前的民事司法审判受制于现行制度的制约，对诉讼拖延行为的规制较为不力，逾期举证规制制度异化为对法官单纯排除恶意诉讼的一般性规制手段，在对新的证据的采纳上较为宽纵。司法实践在制度执行上的不规范，对逾时提出证据等拖延诉讼行为的放任，显然不利于对（遵守时限的）当事人的平等保护，对权利及时有效保护这一目标的实现带来了相当程度的负面影响。这一现实状况凸显了科学理论指导实践的必要性。只有科学制定逾时提出攻击防御方法的规制制度与方法，引入正确的理论并据此构建具有可行性的规则体系，才能为司法权在民事诉讼程序中的运行提供有力支撑，保障守法当事人的合法权益，推进民事诉讼程序的高效进行。

四　研究现状

（一）域内研究综述

由于"攻击防御方法"在我国民事诉讼领域是一个极少使用的概念，所以在研究过程中，笔者以"攻击防御方法""失权""举证时限""新证据"等为关键字进行文献搜索。检索情况分主题综述如下：

1. 攻击防御方法适时性理论基础研究

这一类型文章，均为基于大陆法系国家民事诉讼法学研究成果，以既有的大陆法系国家和地区民事诉讼法律有关攻击防御方法的规定为研究对象所展开的理论性较强的研究。如柯阳友、孔春潮的《论民事诉讼中的攻击防御方法——以日本普通诉讼程序为视角》［《北京科学技术大学学报》（社会科学版）2009 年第 4 期］；宋平、严俊的《"攻击防御方法"之平衡——简论民事证据调查令制度》［《重庆工商大学学报》（社会科学版）2005 年第 5 期］；段文波的《要件事实理论下的攻击防御体系——兼论民事法学教育》（《河南财经政法大学学报》2012 年第 4 期）；曹志勋的《论普通程序中的答辩失权》（《中外法学》2014 年第 2 期）。还有部分学位论文，如西南政法大学崔婕 2002 年的博士学位论文《民事诉讼准备程序研究》、赵泽君 2007 年的博士学位论文《论民事争点整理程序》以及杨艺红 2008 年的博士学位论文《诉讼突袭及其法律规制》。这些博士学位论文的主题虽然并非攻击防御方法的适时提出，但由于其内容均涉

事诉讼法》（周翠译，法律出版社 2003 年版）；［德］穆泽拉克《德国民事诉讼法基础教程》（周翠译，中国政法大学出版社 2005 年版）；［德］罗森贝克等《德国民事诉讼法》（李大雪译，中国法制出版社 2007 年版）；Ingo Saenger, Zivilprozessordnung（7. Auflage 2017）；Musielak/Voit, ZPO（13. Auflage 2016）；Steinert/Theede/Knop, Zivilprozess（9. Auflage 2011）。法律评论类著作包括：Vorwerk/Wolf, BeckOK ZPO（23. Edition, Stand：01. 12. 2016）；Prütting, Münchener Kommentar zur ZPO（5. Auflage 2016）。相关论文包括：Dr. Nikolaus Stackmann, Selten folgenschwer：verspätetes Vorbringen（JuS 2011, 133）；Hans Dieter Lange, Zurückweisung verspäteten Vorbringens im Vorbereitungstermin（NJW 1986, 3043）；Dr. Karl G. Deubner, Zurückweisung verspäteten Vorbringens als Rechtsmißbrauch – Folgerungen aus der Rechtsprechung（NJW 1987, 465）。

　　明治维新以来在法律制度建设方面一直以德国为师的日本，其现行《民事诉讼法》经历了 20 世纪末和 21 世纪初两次较大规模的修改。这部法典对逾时提出攻击防御方法的规制手段亦效法德国但又有创新，围绕这一主题也出现了一些学理著作和论文。包含相关主题的法学教科书类著作包括：［日］长谷部由起子：《民事訴訟法》（岩波书店 2014 年版）、［日］高桥宏志：《重点讲义民事诉讼法》（张卫平等译，法律出版社 2007 年版）、［日］新堂幸司：《新民事诉讼法》（林剑锋译，法律出版社 2008 年版）。专论类著作包括：［日］谷口安平：《程序的正义与诉讼》（王亚新等译，中国政法大学出版社 2002 年版）、［日］高桥宏志：《民事诉讼法：制度与理论的深层分析》（林剑锋译，法律出版社 2003 年版）。论文包括：［日］田边公二：《攻擊防禦方法の提出時期》（三ケ月章、中田淳一编《民事訴訟法演習 I》，有斐閣，1963 年 3 月），［日］石渡哲：《時機に遅れた攻擊防御方法の失權（上）——现行失权规定の解释论を中心として》（《判例タイムズ》第 9 卷 543 号）。

　　自清末修律以来一直学习和移植德日法律制度的我国台湾地区，其现行“民事诉讼法”在经过 21 世纪初的两次修订之后，其对待逾时提出攻击防御方法的基本精神与 ZPO 如出一辙，探讨该问题的学理著作和论文的数量亦相当可观。包含相关主题的法学教科书类著作包括：姚瑞光的《民事诉讼法》（中国政法大学出版社 2011 年版），杨建华、郑杰夫的《民事诉讼法要论》（北京大学出版社 2013 年版），姜世明的《民事诉讼法》（台湾新学林出版股份有限公司 2015、2016 年版）。专论类著作包括：姜世明的《新民事证据法论》（台湾新学林出版股份有限公司 2009 年版）、姚瑞光的《近年修正民事诉讼法总评》（中国政法大学出版社 2011 年版）、许士宦的《新民事诉讼法》（北京大学出版社 2013 年版）。论文包括：黄国昌的《逾时提出攻击防御方法之失权制裁：是"效率"还是"公平"?》（《台大法学论丛》2008 年第 37 卷第 2 期）、许士宦的《集中审理制度之新审理原则》（《台大法学论丛》2009 年第 38 卷第 2 期）。

五　研究方法

（一）规范分析法

通过规范分析，结合我国《民诉法》《民诉法解释》以及其他司法解释，对涉及逾时提出攻击防御方法之规制制度的相关问题进行研究，对法律规范背后的立法思想进行评估。同时从域外先进法治国家和地区的立法例中发掘规制逾时提出攻击防御方法的立法理念，研究其制度规范的具体特点。通过分析借鉴，检讨我国民事诉讼程序规范相关制度的不足之处，进而提出修改和完善建议。

（二）实证研究法

本书的写作分析也将以笔者曾经在法院的工作经历为基础，通过对 N 市中级人民法院和 W 市某基层人民法院有关业务庭的法官进行走访调查，对司法裁判内容进行研究，对与本书有关的数据进行分析，多角度地揭示司法实践中在逾时提出攻击防御方法之规制方面存在的问题，从而面向实务、有针对性地提出对策建议。

（三）比较研究法

比较研究法一般可以分为纵向比较法和横向比较法。纵向比较法是将比较分析之对象依照时间序列进行排队，着重探讨一项法律制度在经历不同历史时期的演化过程，研究其内在的发展规律。在检讨我国民事诉讼规制逾时提出攻击防御方法之制度时，应当应用该纵向比较法，以发展的眼光审视我国民事诉讼相关制度的变迁，揭示现行制度的成因及其未来发展可能的动向。而横向比较法则是对同一时间维度上的不同法学理论与司法实务经验进行比对与分析研究。就本书主题而言，就是将我国民事诉讼法上的相关制度，与域外国家和地区的相关制度进行比较；同时将我国司法审判机关的实践经验，与国外的判例尤其是德国的相关判例进行比较和研判，从中发现域外法律制度与司法实践的先进之处，通过去芜存菁、借鉴吸收，摸索出一条对我国相关制度进行改革、实现法制完善的路径。

第一章

逾时提出攻击防御方法概述

第一节　攻击防御方法的内涵及分类

一　攻击防御方法的基本内涵

（一）语言学视角

依照现代汉语的语义和语法理解，"攻击防御方法"乃是由"攻击""防御"和"方法"三个词语组成的词组。"攻击"即"进攻"，① 表示在斗争中接近敌人并主动攻击，或者在斗争或竞赛中发动攻势;② "防御"指"抗击敌人的进攻";③ "方法"则指的是"关于解决思想、说话、行动等问题的门路、程序等"④。然而从现代汉语权威工具书籍的解释中，并不能理解其在民事诉讼中的具体内涵。这是因为，民事诉讼中的"攻击防御方法"这一概念从根本上是一个源自德国民事诉讼制度的"舶来品"，德国法称为 Angriffs- und Verteidigungsmittel，对其的解读应当建立在法系意识的基础上，想要理解这一概念的内涵及其对我国民事诉讼法律制度的影响，就应当以对相关概念的源语言及其法理为前提。⑤

Angriffs-und Verteidigungsmittel，实际上就是 Angriffsmittel（攻击方法）和 Verteidigungsmittel（防御方法），其构词要素总共为三，分别为 Angriff（攻击）、Verteidigung（防御）和 Mittel（方法）。Angriff 的词干

---

① 中国社会科学院语言研究所词典编辑室编：《现代汉语词典》，商务印书馆 2016 年版，第 455 页。

② 同上书，第 680 页。

③ 同上书，第 369 页。

④ 同上书，第 366 页。

⑤ 参见陈刚《法系意识在民事诉讼法学研究中的重要意义》，《法学研究》2012 年第 5 期。

Griff 与英语单词 gripe 同源，原指"接触、联系、对待、处理、拥抱"，后衍生出"敌对性地相遇、抗拒、作斗争"的含义。① Verteidigung 原系法律用语，指"于指定的日期在法庭上辩论"，后意义泛化为"为防止被进攻而采取的各种保护措施"②。Mittel 则是派生于其同形形容词 mittel（相当于英语中的 middle），原指"中部、位于中间的部分"，其后发展出"位于两个事物之间的物事"，现在还被人们用于表示"用于实现目的的内容（其本质为'位于行为人与目标之间的存在'，可见其仍然包含了其有关中部、中间等原始意义）"③。

德国在确立现代民事诉讼法律制度的过程中，将理论的严谨分析和实践的具体考量相结合，将本就是法言法语的 Verteidigung 进行现代化改造，同时吸纳 Angriff 和 Mittel 加以法律化的引申，遂形成了民事诉讼中的攻击防御方法理论。实际上，在当事人主义指导之下的现代民事诉讼中，利益往往针锋相对的两造之间的对抗是推动诉讼程序进行的内生动力，各方诉讼参与人之间在法庭前的言词辩论你来我往，唇枪舌剑，不啻一场没有硝烟的法律战争。"原告起诉要求取胜，属于攻方；被告被诉防原告得胜，属于防方。"④ 因此，以"攻击防御方法"来命名一个民事诉讼法律、法理概念，也不得不说是恰如其分。

（二）民事诉讼法学视角

在民事诉讼法中，攻击防御方法这一概念本身即具有非常宽泛的含义。⑤ 德国学者认为，民事诉讼中的攻击防御方法指的是当事人用于为诉之声明（Klageantrag）说明理由或者用于对诉之声明形成防御而提出的全部的事实上和法律上的主张（Behauptung）、无须主张的抗辩（Einwendung）、⑥ 争辩（否

---

① Vgl. Günther Drosdowski［Hrsg.］，Duden Etymologie，Dudenverlag，2. Auflage，1989，S. 254.

② Vgl. Günther Drosdowski［Hrsg.］，a. a. O.，S. 786.

③ Vgl. Günther Drosdowski［Hrsg.］，a. a. O.，S. 462，463.

④ 姚瑞光：《民事诉讼法论》，中国政法大学出版社 2011 年版，第 192 页。

⑤ Vgl. Prütting，Münchener Kommentar zur ZPO，5. Auflage，2016，§ 296 Rn. 40.

⑥ 指的是此种抗辩自当事人的事实陈述中产生，法官应当注意这种抗辩，而无须当事人明确加以引证。其与实体法上同一名称之概念意义有所不同，一般被理解为一方当事人的全部防御陈述。参见［德］汉斯-约阿希姆·穆泽拉克《德国民事诉讼法基础教程》，周翠译，中国政法大学出版社 2005 年版，"翻译说明"第 2 页。

认，Bestreitung）、需要主张的抗辩（Einrede）、① 证据方法（Beweismittel）和证据抗辩（Beweiseinreden）。② 这一学理解释源自立法：在 ZPO 第 282 条中，立法者即对攻击防御方法作了简单的具体说明。随着法律制度的移植与承继，在大陆法系主要国家和地区中，这一解释也获得了日本、我国台湾地区的民事诉讼法学者的认可。③ 本书也从善如流，对此持有相同的观点。

（三）与相关概念之区分

依据立法与实务中的通说，攻击防御方法应当"被提出"（vorgebracht）。④ 而民事诉讼中，当事人的诉讼行为种类颇多，并非各种诉讼行为均在须"被提出"范畴之内。例如：声明（也称声请）与主张分居当事人诉讼行为中的不同类别，诚如前文所述，对于主要指向事实主张和证据方法的攻击防御方法而言，通常位于攻击防御范畴之内的声明，显然与攻击防御方法有较大的距离。是否属于攻击防御方法，事关是否会面临失权制裁之危险，故而应当较为严谨地加以区分。

---

① 指的是权利人必须提出的、以使法官对之加以注意的抗辩，也被称为抗辩权，其与德国民法意义上的抗辩相同。参见［德］汉斯-约阿希姆·穆泽拉克《德国民事诉讼法基础教程》，周翠译，中国政法大学出版社 2005 年版，"翻译说明"第 2 页。

② Vgl. Zöller, Zivilprozessordnung: Kommentar, 28. Auflage, 2010, § 282 Rn. 2; Prütting, a. a. O., § 282 Rn. 6.

③ 例如日本学者田边公二法官认为，攻击防御方法指的是原告对其请求或者被告对其抗辩据以说明理由的事实。参见［日］田边公二《攻撃防禦方法の提出時期》，载三ケ月章、中田淳一编《民事訴訟法演習 I》，有斐閣，1963 年 3 月，第 131 页。又如日本学者石渡哲教授主张，攻击防御方法是指原告或者被告为了支持其有关判决事项之声明具有正当性（于原告而言为诉合法并且请求具有理由，于被告而言则为诉不合法或者请求理由不成立）而提出并据以为基础的一切裁判资料。参见［日］石渡哲《時機に遅れた攻撃防御方法の失権（上）——現行失権規定の解釈論を中心として》，《判例タイムズ》第 9 卷 543 号，1985 年 2 月。我国台湾地区学者姜世明教授认为："所谓攻击防御方法，系指当事人为对诉讼请求赋予理由（攻击方法），或对之抵拒（防御方法）之事实主张、争执（否认）、证据方法与证据抗辩等。"并明确指出，攻击防御方法在立法条文中虽然没有明文定义，但是根据相关法条的内涵，应当认为是指向事实主张和证据方法。参见姜世明《民事诉讼法》（上册），台湾新学林出版股份有限公司 2016 年版，第 640 页。这些解读实际上都是脱胎于德国的概念解释的"再解释"或者简化。

④ 德语原文为第二分词（即过去分词），其原型为 vorbringen，其在语义学上原本指的是发出（呼吸、声音），后引申为发表意见、进行陈述，现一般翻译为提出、说出、表达。Vgl. Günther Drosdowski［Hrsg.］, a. a. O., S. 99.

1. 攻击防御①

何为攻击防御？有学者给出的见解是"攻击乃积极地提出事实证据，防御乃消极地就他造提出之事实证据，阻碍其成为不利于己之资料"②。这一定义并不严谨，无法将攻击防御方法与攻击防御本身相区分，因为攻击防御本身，尤其在逾期提出的规制方面，与攻击防御方法在理论基础和具体做法上完全不同。③ 也有学者认为，民事诉讼中的攻击系指当事人自行主张其所声明的理由，而希望对方当事人败诉的行为；而防御系指当事人对于对方当事人所进行的攻击而实施的反驳和答复等行为。④ 基于对各学者之观点和对攻击防御本身的考察，笔者认为，所谓攻击防御，指的就是当事人对诉权的行使，即"基于民事纠纷的发生，请求法院行使审判权解决民事纠纷或保护民事权益"⑤。就其性质来看，攻击与防御本质上就是当事人提出的各种各样的请求。在利益冲突、两造对抗的民事诉讼中，双方当事人如同战场上的敌人一般，互为攻防，以取得战争胜利为己任。在这种诉讼战争中，民事权益为各方存在之根本，消灭或削弱对方的权益为战争目的之所在，因而主张己方之权益和/或压制对方之权益的各种请求，自然就成为这场诉讼战争中的攻击与防御行为。因而攻击防御本身，也可以认为是民事诉讼当事人对诉的直接运用。在大陆法系国家和地区的民事诉讼中，攻击防御本身主要包括起诉、反诉、诉的变更、诉的追加、上诉声明、附带上诉声明或驳回诉讼之请求、驳回证据方法之声请等，其均非攻击防御方法。⑥ 需要指出的是，在攻击防御的范畴之内，一

---

① 有学者认为与攻击防御方法拥有大量论文资料进行探讨不同，围绕攻击防御本身进行研究的学术成果较少。大约在大陆法系国家和地区的学者看来，攻击防御乃民事诉讼法学的基础性概念，研习者理应预先知晓；并且其内涵简单，无进一步讨论之价值。

② 王甲乙、杨建华、郑健才：《民事诉讼法新论》，台湾广益印书局 1983 年版，第 196 页。

③ 例如上诉期间制度对上诉的规制。提起上诉是当事人就已经作出的不利于己之裁判寻求法律救济的途径，在上诉期间内提起上诉乃是上诉的形式合法性要件之一。法院根据上诉期间制度对上诉权丧失的判定方法与对逾时提出攻击防御方法的判定方法（参见本章第二节之论述）相比，无论在复杂程度和具体内容方面，区别都甚为明显。并且因为逾期上诉而丧失上诉权的法效果，主要意在保障司法裁判的既判力与法的安定性，这与规制逾时提出攻击防御方法旨在促进诉讼的功能也存在显著的不同。

④ 参见郭卫《民事诉讼法释义》，中国政法大学出版社 2005 年版，第 140 页。

⑤ 赵钢、占善刚、刘学在：《民事诉讼法》，武汉大学出版社 2015 年版，第 11 页。

⑥ 姜世明：《民事诉讼法》（上册），台湾新学林出版股份有限公司 2016 年版，第 634 页。

般较为容易与攻击防御方法混淆的是声明，其包括本案声明和诉讼上的声明，应当分别予以注意。

（1）本案声明（Sachanträge）

本案声明与下文中诉讼上的声明均属于民事诉讼当事人行为中的声明一类，"为当事人对于法院、审判长、受命推事或受托推事要求为一定裁判或其他诉讼行为之意思表示"①。其中本案声明"为当事人关于诉或上诉之终局判决，要求法院裁判事项之声明"②。这种对诉讼程序有决定性影响的声明不属于攻击防御方法，而是属于攻击防御本身。举例而言，属于攻击的本案声明包括起诉、反诉、诉的变更、诉的追加、控诉声明（即第二审上诉声明）和附带控诉声明；属于防御的本案声明包括申请驳回诉讼以及（以上诉不合法或者不具有理由为由）申请驳回上诉。

但需要注意的是，当事人提出的用于对本案声明进行理由说明的事实手段和证据方法，则属于攻击防御方法。此种事实手段和证据方法的提出时间对于逾时制裁有着重大关切：如果其是与对诉讼程序有决定性影响的本案声明同时提出，并且也是用于对这种声明说明理由的，则通常不能驳回之；反之，如果此种攻击防御方法与对诉讼程序有决定性影响的声请相分离，并且被逾时提出，则可以驳回。

（2）诉讼上的声明（Prozessanträge）

诉讼上的声明"为关于诉讼程序之进行，要求法院或审判长等诉讼行为之声明"③。诉讼上的声明原则上也不属于攻击防御方法的概念之内。但在诉讼上的声明中有一例外，即所谓证据声请（Beweisantrag）：证据声请属于攻击防御方法，并且可以以其逾时提出而驳回之。除此之外，诉讼上的声明均不得被驳回。诉讼上的声明主要包括申请延长或者缩短期间、申请延期以及申请中止。

2. 其他诉讼行为或概念

（1）自认（Geständnis）

对对方当事人的事实主张的承认（即自认）不属于攻击防御方法。自认的前提条件是该事实对自认人不利，即该事实由另一方当事人承担举

---

① 王甲乙、杨建华、郑健才：《民事诉讼法新论》，台湾广益印书局1983年版，第114页。
② 同上书，第115页。
③ 同上。

证责任，并且被该当事人所主张。① 但是，对不利于己的事实作出这样的承认，实际上并不能构成对诉的理由说明，也无法有助于对诉加以抵拒。也即自认并不能够有助于或者用于当事人进行攻击或者防御。因此，自认并不应当包含于攻击防御方法的概念之下。

由此可以延伸而知，无争议的陈述也同样不属于攻击防御方法。虽然无争议的陈述就其本身而言符合攻击防御方法的一般概念，但是经过进一步观察就会发现，这种无争议性恰恰是一方当事人提出攻击防御方法与对方当事人对此的承认共同作用产生的结果。因此根据通说的普遍观点，无争议的陈述不属于攻击防御方法，不能以逾时为由予以驳回。

（2）法律阐释（Rechtsausführungen）

法律阐释，也被称为法律观点、法律见解，指的是从当事人陈述的各种事实中得出法律上的结论的过程。根据通说的普遍观点，② 法律阐释（对现行有效的法律之内容的解释）也不属于攻击防御方法。法律阐释并非法定的诉状必须载有的内容，当事人及其诉讼代理人不需要主动作出法律阐释，因为自古以来社会一直认为：法院应当是通晓法律的（jura novit curia）。因此，法律阐释不存在逾时的问题。法律阐释也包括地方的自治法规、习惯法和外国法。这些法律规范不会发生逾时，因为对这些法律规范的内容本身就应当适用职权探知主义原则，由法院依职权查明。

（3）控诉理由（Berufungsgründe）

在当事人提起控诉（Berufung）时，无论是法律阐释还是攻击防御方法都在控诉理由的概念范畴之内。由此可见，控诉理由是可以由攻击防御方法组成的，但是控诉理由本身不是攻击防御方法，一定意义上讲它应当属于攻击防御方法的一个上位概念。将控诉理由予以单列，是因为在大陆法系国家和地区，民事诉讼中起诉的诉状应当包含提出诉讼请求的原因，但是在提起控诉的控诉状中则不必包含控诉理由，可以另行提出控诉理由书，因而其具有一定的独特性。

（4）与效行为（Bewirkungshandlungen）

根据大陆法系民事诉讼传统理论，当事人的诉讼行为依照其是否尚须

---

① ［德］罗森贝克、施瓦布、戈特瓦尔德：《德国民事诉讼法》，李大雪译，中国法制出版社 2007 年版，第 827 页。

② Vgl. Zöller, a. a. O., § 282 Rn. 2b; Stein/Jonas, Kommentar zur Zivilprozessordnung, 22. Auflage, 2008, § 282 Rn. 50.

借助于法院的活动才能获取相应的法律效果，可以分为取效行为（Er-wirkungshandlungen）和与效行为。取效行为指的是这种诉讼行为在诉讼程序上不能独立地、直接地产生一定的效果，其须借助于法官的介入才能发生一定的效果。取效行为的任务在于引起法院进行的一定活动，目的在于促使法院某一特定行为的作成（例如促使法院或司法机构作出一定的裁判并且为说明此种裁判的理由提供材料）。① 取效行为主要包括声明、主张和举证，由此可见攻击防御即属于取效行为。

与之相应的，除了取效行为之外，当事人诉讼行为还包括与效行为。与效行为直接发生诉讼法上的法律效力，即直接产生了某种效果。② 也就是说，无须法院为一定行为进行介入就会造成程序性的影响。与效行为将创造一定的诉讼状态。对与效行为，法院应当审查其有效性（gültig/wirk-sam），而非如取效行为一般审查其合法性和有无理由。审查的结果将决定在接下来的诉讼中与效行为是否具有显著性（beachtlich oder unbeachtli-ch）。因为与效行为的有效性和因有效性而具有的显著性都无须经过司法裁决即会产生，所以对于驳回而言，因驳回恰属于司法裁决，故而没有驳回存在的空间。由此可见，与效行为不属于攻击防御方法。与效行为主要为意思表示类的行为，一般包括诉的收回、申诉的收回或者上诉的收回，还包括舍弃和认诺。

二　攻击防御方法的分类

除前文所述的不同类型的非攻击防御方法之外，在攻击防御方法内部，亦存在诸多类型，依据不同的标准，可以将它们予以一定的归类，分门别类进行探讨。

（一）攻击方法与防御方法

依照攻击防御方法提出用于支持的对象的不同，可以将攻击防御方法分为攻击方法和防御方法。从攻击防御方法的概念出发，就可以很自然地发现这种分类。但对于攻击方法和防御方法的概念划分，诸多学者却有着

---

　　① 参见［德］汉斯-约阿希姆·穆泽拉克《德国民事诉讼法基础教程》，周翠译，中国政法大学出版社 2005 年版，"翻译说明"第 1 页；亦参见姜世明《民事诉讼法》（上册），台湾新学林出版股份有限公司 2016 年版，第 481 页；auch Vgl. Prütting, a. a. O.，§ 296 Rn. 48。

　　② 参见［德］汉斯-约阿希姆·穆泽拉克《德国民事诉讼法基础教程》，周翠译，中国政法大学出版社 2005 年版，"翻译说明"第 1 页。

不同的见解。如前文所述，日本学者石渡哲教授认为，攻击方法是指原告为了支持其有关判决事项之声明具有正当性（诉合法并且请求具有理由）而提出并据以为基础的一切裁判资料，而防御方法是指被告为了支持其有关判决事项之声明具有正当性（诉不合法或者请求理由不成立）而提出并据以为基础的一切裁判资料。① 而我国台湾地区学者吴明轩教授则认为，攻击方法指的是当事人因维持自己的声明而提出的于己有利的事实或证据，防御方法指的是当事人为阻碍他造主张事实的成立或者效力的发生而提出的于己有利的事实或证据。② 另有我国台湾地区学者姚瑞光教授认为，攻击方法与防御方法的区别，系因提出者地位不同而有不同，并非因为其内容系积极性或消极性而存在异同。具体来说即为：由原告提出者，称为攻击方法，故而攻击方法为原告为了使自己的诉合法并且具有理由，而提出的一切诉讼资料，包括对于被告的抗辩、再抗辩事实的否认以及自己的再抗辩的主张；由被告提出者，称为防御方法，故而防御方法即被告为了反对原告之诉，主张原告之诉不合法或者无理由而提出的一切诉讼资料，包括对于原告再抗辩事实的否认以及自身抗辩、再抗辩的主张。③

　　学者主张虽然基本相似，但是由细微处观察之仍能发现，在有关攻击方法与防御方法的划分方法上，可以分为两派。一派主张依照提出攻击防御方法之当事人的诉讼地位确定，原告提出的即为攻击方法，被告提出的即为防御方法。石渡哲教授、姚瑞光教授持此种观点。另一派主张依照所提攻击防御方法对其所指向的对象的作用效果或者期待作用效果之不同来划分，用以支持某一声明的即为攻击方法，用以抵拒某一声明的则为防御方法。吴明轩教授即为这一观点的代表。从划分依据看来，两种观点均各有理由，在理论意义上并无轩轾之分。而在实务中，由于在失权制裁判定中两者之间并无差别，故划分标准的不同对于民事诉讼司法实务而言并无影响。

（二）旧的和新的攻击防御方法

　　依据当事人提出攻击防御方法时诉讼程序所处的审级之不同，可以将攻击防御方法分为旧的攻击防御方法和新的攻击防御方法。旧的攻击防御

---

　　① 参见［日］石渡哲《時機に遅れた攻撃防御方法の失権（上）——現行失権規定の解釈論を中心として》，《判例タイムズ》第 9 卷 543 号，1985 年 2 月。

　　② 参见吴明轩《民事诉讼法》，台湾三民书局 2013 年版，第 533 页。

　　③ 参见姚瑞光《民事诉讼法论》，中国政法大学出版社 2011 年版，第 192 页。

方法系由于新的攻击防御方法这一概念的确立而伴生之概念，其指的是当事人在第一审中提出的攻击防御方法，其含义与攻击防御方法的整体内涵相比较并无独立性，纯系对既有事务冠以新的名称，理论上亦无专门之探讨。

　　一般的，如果攻击防御方法在第一审中没有被提出，而是在第二审中首次被主张，则此种攻击防御方法即为新的攻击防御方法。① 除此之外，还有一些攻击防御方法，其在第一审中曾经"出现"，因种种原因又在第二审中"露面"，它们中就存在特殊类型的新的攻击防御方法。例如，对于当事人在第一审中的言词辩论终结之后以非补行之书状的方式或者以补行之书状的有限范围之外的方式或者以虽系补行然而仍然逾时到达法院的书状的方式提出的攻击防御方法，第一审法院依法不再予以斟酌的，当事人如果在第二审中重新作出相关陈述的，此种攻击防御方法亦为新的攻击防御方法。② 在第一审中已经提出但第一审法院不予理睬、不予支持的攻击防御方法，如果在第二审中被法院重新予以斟酌的，也视为提出了新的攻击防御方法。③ 但是需要注意的是，在第二审中不（再）具有争议的攻击防御方法不能被视为新的攻击防御方法。④

　　新的攻击防御方法存在于第二审的攻击防御方法失权规定之中。区分攻击防御方法是否为"新"，主要是根据其面临适用的失权规定的不同来判断的。自进入 21 世纪之后，大陆法系主要国家和地区的民事诉讼法律制度都不同程度地发生或者已经发生较大变革，其中一项内容就是对第二审的改造，将其改造为监督检查和纠正修改第一审判决之错误的手段，而非原来单纯的第一审的继续。因此，对新的攻击防御方法的准许与驳回，就面临着更为严格的法律规定的检视。就德国法一般而言，新的攻击防御方法，只有符合法律规定的几种例外情形的，才有机会被准许进而有机会成为改变诉讼结果的基础。

（三）独立的和非独立的攻击防御方法

　　依据攻击防御方法是否能够构成独立的要件事实，可以将攻击防御方法分为独立的攻击防御方法和非独立的攻击防御方法。如果攻击防御方法

---

① Vgl. Prütting, a. a. O. , § 520 Rn. 66.

② BGH NJW 1979, 2109; 1983, 2030（2031）.

③ BGH NJW 1998, 2977（2978）.

④ BGH NJW-RR 2015, 465 Rn. 9.

构成了具有独立效力的法律规范的完整要件事实，因此其本身单独包含诉的理由（Klagegrund）、须主张的抗辩（Einrede）、对被告抗辩的答辩（Replik），则攻击防御方法即为独立（例如主张合同订立、主张正当防卫、主张违反善良风俗、主张抵销、主张权利失效等）。[①] 如果攻击防御方法单纯地仅是某一法律规范的要件事实的单个组成部分，则攻击防御方法即为非独立。[②]

与攻击方法和防御方法的划分不同，攻击防御方法是否独立不仅仅是学理上的划分，更是实践中探讨攻击防御方法是否可以分层提出的基础，具有较为重要的意义。

（四）几种特殊类型的攻击防御方法

除了传统的两种分类方法之外，攻击防御方法之中还有一些较为特别的类型，值得特别予以关注。

1. 责问（Rügen）

攻击防御方法不仅包括针对诉是否具有理由而提出的事实主张、争执和证据抗辩，而且包括针对诉的合法性提出的事实主张、争执和证据抗辩（即所谓的合法性责问，Zulässigkeitsrügen）。合法性责问既包括被告就诉的合法性提出的攻击防御方法，也包括原告就诉的合法性提出的攻击防御方法。除此之外，程序责问（Verfahrensrügen）也属于攻击防御方法的范畴。

2. 抵销（Aufrechnung）

就抵销而言，应当区分抵销的表示（Erklärung der Aufrechnung）和主张所表示的抵销（der Geltendmachung der erklärten Aufrechnung）。抵销表示属于私法上的形成行为，其合法性、要件和效力是由民法单独规制的。在诉讼中主张（诉前的）抵销是一种诉讼行为，也即被告表示抵销的事实主张；因而它属于一种防御方法。[③] 这一点同样适用于诉讼抵销（Prozessaufrechnung）。当事人在诉讼中通过进行诉讼抵销来实施实体上的法律行为，而当事人同时以诉讼行为的形式提出实施实体上的法律行为，以此

---

① 参见［德］罗森贝克、施瓦布、戈特瓦尔德《德国民事诉讼法》，李大雪译，中国法制出版社 2007 年版，第 433 页。

② 同上。

③ 同上书，第 749—750 页。

作为证据/攻击防御方法。①

3. 撤销（Anfechtung）

撤销（的意思）表示本不属于防御方法，但是在事实主张中作出撤销的表示的，则属于防御方法。

4. 形成权（Gestaltungsrechte）

对于形成权一般可以表述为：应当将行使形成权（Ausübung der Gestaltungsrechte）同在诉讼中主张行使形成权区别开来。主张行使形成权指的是行使形成权的事实主张。只有主张行使形成权才是防御方法。

5. 须主张的抗辩（Einreden）

类似于民法上的抗辩权。在民事诉讼中，行使须主张的抗辩的事实主张，属于防御方法。典型的须主张的抗辩为消灭时效抗辩。德国司法实践通说认为，如果在诉讼中单独提出须主张的抗辩，并且抗辩的基础事实无争议，以至于法院准许须主张的抗辩并不能引起有必要进行证据调查，则不考虑课以失权。

6. 证据抗辩（Beweiseinreden）

所谓证据抗辩，指的是当事人主张对方当事人提出的证据不合法、无证据价值或者与本案无关等内容。② 证据抗辩与反证有相同的根本目的，就是动摇他造所主张之事实的真实性，但是具体的过程和直接指向的对象有着明显区别：反证的提出是为了证明待证事实不真实或者不存在，指向的是本案的要件事实；而证据抗辩并不直接指向事实部分，而是针对他造所举证据方法而提出，通过促使法院对他造证据作出负面评价来获得追求之结果。

三　攻击防御方法与我国民事诉讼

在我国的《民诉法》和司法解释中，立法机关和最高人民法院均没有使用攻击防御方法这一概念，当然也就更未对攻击防御方法的具体内涵作出规定。然而并不能据此认为，攻击防御方法系别家之物，与我国民事诉讼无干。这是因为，攻击防御方法所具体表现为的各种主张、否认、抗

---

① 参见［德］罗森贝克、施瓦布、戈特瓦尔德《德国民事诉讼法》，李大雪译，中国法制出版社2007年版，第750—752页。

② 参见吴明轩《民事诉讼法》，台湾三民书局2013年版，第532页。

辩、证据和证据抗辩等概念，在我国的民事诉讼理论与实务中也是同样存在的，其具体含义以及在司法实践中的运用情况与大陆法系国家和地区立法与司法实践相比也是基本一致的。例如《民诉法》第 119 条和第 121 条规定的起诉必须具有并且在诉状中也应当记明的事实，就属于当事人的主张内容。《民诉法》中规定的答辩，虽然不能直接认为其属于攻击防御方法，但其中潜在包含的被告提出的否认和/或抗辩，显然属于攻击防御方法。至于证据和与证据本身相关的证据抗辩，则无疑是攻击防御方法在我国民事诉讼中表现得最为突出的部分，以至于攻击防御方法的提出期限在我国民事诉讼中往往被狭义理解为举证期限，适时提出攻击防御方法也被局限为适时提出证据。攻击防御方法的概念与制度，从法系意识的源流上看，来自我国法域之外。但是从民事诉讼的共通性上看，其仍是我国民事诉讼制度的组成部分。由于我国民事诉讼制度的不完善，攻击防御方法的制度价值在我国民事诉讼法律制度中没有得到具体的彰显，[①] 理论研究亦不深入。因此，本节对攻击防御方法的内涵探讨主要着眼于域外。但这并非不接地气的纸上谈兵：随着立法与司法的改革，我国民事诉讼法律制度必将在总结自身优势经验和学习域外先进制度的过程中不断获得完善，辩论主义之下的提出攻击防御方法的意义将获得重视，解决对逾期举证的处置效果不佳这一问题也可以从规制逾时提出攻击防御方法的制度中获得启示，攻击防御方法这一概念和对攻击防御方法的研究也将发挥其应有的作用。

第二节　逾时提出攻击防御方法的构成要件

在采行辩论主义（Verhandlungsgrundsatz）的现代民事诉讼中，审理和裁判所要依据的主要事实及证据资料，均由当事人负责主张和收集。辩论主义之下有三大命题，分别为：其一，对于当事人没有主张的事实，法院不得采用作为判决基础之资料；其二，对于当事人之间没有争议的事实，法院不必调查事实的真伪，应当受到该事实的拘束，并将之作为判决基础之资料；其三，法院不得依职权调查证据。[②] 出于加快纷争解决的考

---

① 具体分析参见本书第五章，在此不赘。

② 参见姜世明《民事诉讼法》（上册），台湾新学林出版股份有限公司 2016 年版，第 43 页。

虑，在辩论主义之下，诉讼资料的收集与提出被要求要适时进行。综观各国现行立法通例，为加快诉讼进行、提高诉讼效率，无论是在第一审还是在第二审中，攻击防御方法均被要求在适当的时机下予以提出。这里适当的时机，可以是于某一期日，可以是在某一期间之内。迟误提出的，就有可能构成逾时提出攻击防御方法而可能会受到失权制裁的规制。法院在对当事人可能的逾时提出攻击防御方法行为进行处分时，恰恰如同制裁犯罪，首先就是要认定嫌疑人是否构成了逾时提出。与犯罪要件理论类似，对逾时提出攻击防御方法的判别，也是从要件分析展开的。通常来说，首先要判断诉讼行为是否属于攻击防御方法，但前文对这一概念及其内涵和外延已详尽叙述，在此不赘。因此，本节的要件分析将聚焦于其他四项要件，即迟延提出、诉讼迟滞、因果关系和可归责性。

一　攻击防御方法提出迟延

攻击防御方法的迟延提出，指的是如果当事人做到了程序上的注意，则其本应（与实际发生相比）较早（适时）提出的，[①] 也即当事人违反法律规定的期间或者一般性的适时提出的要求，在攻击防御方法的提出时间方面发生迟误。由此观之，攻击防御方法的提出迟延，是与提出的适时性（Rechtzeitigkeit）相对立的。即当事人应当在诉讼中适时地进行陈述，违反者就有可能构成攻击防御方法的提出迟延。其具体指向民事诉讼中当事人的特别诉讼促进义务和一般诉讼促进义务。因后文将对诉讼促进义务进行更为详细的研讨，在此不再展开。

如果当事人未能按照诉讼的程度和程序上的要求，在为进行诉讼所必要的与适当的时候提出攻击防御方法，或者在言词辩论前未及时用准备书状通知对方当事人致使对方当事人不了解己方之声明和攻击防御方法，则构成逾时提出。实践中被认定为此种情形中的逾时提出的并不多见。其原因诚如前所述，立法对于适时提出的一般性要求之履行持较为宽容的态度，并非强制失权。法律对于履行一般性适时提出要求的前提之描述较为抽象，其具体适用只能依靠法官在个案中具体把握，而法官在没有明确法定标准的规定存在的情况下，对于逾时提出的认定难以形成一个比较明确

---

① 参见姜世明《民事诉讼法》（上册），台湾新学林出版股份有限公司 2016 年版，第 643 页。

统一的心证标准，从裁判的安全性上看更倾向于对发现真相的追寻。因此，除非当事人出现重大过失，规制一般性逾时提出这一措施较少被适用。但是由于适时提出主义的存在，当事人始终被提示应当充分履行各种注意义务，在应当提出攻击防御方法时及早提出以避免诉讼迟滞，否则将可能受到制裁。

与一般性迟延提出不同，在某些事项方面，法律规定了各种法院可以指定的期间。在明确的期间的要求之下，当事人是否超过期间提出攻击防御方法一目了然，因此对于此类提出迟延的判断标准较为清晰明确，实践中争议也较少。需要注意的是有关期间指定方面是否合法的问题。首先，法院所指定的期间必须在法律中明确规定，法院不得滥用自由裁量权在法外设置期间。其次，法院必须进行有效的期间指定。[1] 当事人在期间开始时，必须已经确切了解当时的各个期间的起始时间和终结时间。[2] 同时，期间的长短必须适当。[3] 再次，期间指定必须依法告知被告。指定期间的处分必须送达当事人。最后，指定期间的处分必须由办案法官签字。[4]

二　造成诉讼迟滞的后果

诉讼程序在怎样的情形中就构成了诉讼迟滞，曾经存在很大争议。几经争论，绝对理论已经胜过了相对理论和其他理论成为主流观点。

（一）相对理论（Relative Theorie）

实务界与理论界少部分人是这一理论的代表。这一理论认为应当通过对在适时提出攻击防御方法的情况下诉讼经过的时间的长度与在逾时提出攻击防御方法的情况下诉讼经过的时间的长度进行比较来予以确定。在这一过程中，如果仍然需要对逾时提出的攻击防御方法予以斟酌（预计的诉讼程序持续时间长度），则判断是否迟滞的关键将在于整个诉争在一个

---

[1]　BGH NJW 1986, 133; BGHZ 86, 218（222）; NJW 1990, 2389; vgl. auch BVerfGE 60, 1（7）= NJW 1982, 1453; BGH NJW 1981, 1217.

[2]　BVerfGE 60, 1（7）; BGHZ 76, 236（240）= NJW 1980, 1167; vgl. auch OLG Düsseldorf NJW 1984, 1567.

[3]　Vgl. BGH NJW 1994, 736.

[4]　Vgl. BGHZ 76, 236（241）= NJW 1980, 1167; BGH WM 1982, 1281（1282）; NJW 1991, 2774.

审级之内所要持续的时间长度。这个预计的诉讼程序持续时间长度将与假设当事人适时提出了其实际逾时的攻击防御方法时诉讼程序所需的总的持续时间长度（假设的诉讼程序持续时间长度）进行比较。如果假设的诉讼程序持续时间长度比预计的诉讼程序持续时间长度短，则应当认为存在诉讼迟滞。① 也即在当事人适时提出攻击防御方法的假设情况下审级的终结将会比实际较早时，即存在诉讼迟滞。

相对理论的不适当之处首先在于，适用本意在于避免过度加速②的相对理论并不能实现对过度加速的避免，而适用绝对理论也未必一定导致过度加速。相对理论的不足之处还在于该理论缺乏实用性。这是因为社会生活中存在"大量的各种各样的影响因素"③，实际上对于假设的诉讼程序持续时间长度并不能做到相当程度的信任。否则，法院就将有必要对司法机关内部的民事诉讼处理流程和据推测可能的事件经过就其不确定性和困难程度进行审查。但是，立法的本意并非法院需要负担进行此种确认并予以权衡。④ 这也是德国联邦普通法院（Bundesgerichtshof，BGH）拒绝使用相对理论的首要原因。除此之外，相对理论的不妥之处还在于，迟延提出的当事人有空子可以通过巧妙的提出攻击防御方法来造成法院无法确认存在迟滞，进而避免其攻击防御方法被驳回。也即如果适用相对理论，则无法实现通过驳回当事人逾时提出的攻击防御方法这一途径来制裁富有诉讼策略技巧的当事人的目的。只有当事人无论如何都会担心其逾时提出攻击防御方法会被驳回时，才能实现相关法律制度的目的，即防止出现应当提供给法院的信息像挤牙膏一样地被一点又一点挤出来的情形发生，同时督促当事人适时而全面地陈述其攻击防御方法以便实现诉讼程序的加速进行。BGH 在司法判例中亦认为此理论"具有瑕疵的实践意义"⑤ 而拒绝采用此种理论判断迟滞。⑥ 但部分学者仍然坚持这一观点，认为根据与及时提出的

① Vgl. Zöller, a. a. O., § 296 Rn. 23.
② 过度加速指的是片面强调诉讼程序的加快，将本应予以斟酌的攻击防御方法也以逾时为由加以驳回，导致诉争裁判终结的时间比正常更为迅速。
③ Vgl. BGHZ 86, 198（202）.
④ Vgl. BGH NJW 1989, 719（720）.
⑤ Vgl. Prütting, a. a. O., § 296 Rn. 78.
⑥ Vgl. BGH NJW 1989, 719, 720.

情况相比较来判断迟滞（假设性迟滞或者因果性迟滞）更为合理。①

（二）绝对理论

绝对理论占据绝对统治地位，是为通说。根据这一理论，确认是否存在迟滞，取决于如果许可逾时提出攻击防御方法则诉争持续的时间长度是否会长于驳回逾时提出攻击防御方法之下的相应情形。假如攻击防御方法被适时提出，诉讼程序持续的时间长度是否与许可逾时提出攻击防御方法时的诉讼程序持续的时间长度同样长，则在所不问。绝对理论的实用性从未引起过争议。在适用绝对理论的情况下，驳回逾时提出攻击防御方法以便迅速终结诉争无论如何都与许可逾时提出攻击防御方法的要求互斥，后者至少需要另行安排一个期日。由此在这种情形中可以毫无疑问地肯定存在迟滞的情形。②

反对绝对理论的理由是，以绝对理论为基础进行驳回违反宪法。反对者援引了 BVerfG 的判决，③ 认为这一判决排除了绝对理论的效力，对诉讼程序的过度加速被废止；因此，BVerfG 将对诉讼程序持续的总的时间长度的观察（意即适用相对理论）确定为宪法的要求。④ 对此，BVerfG 在 1987 年 5 月 5 日的判决⑤中反对了这一观点，并且认为绝对的迟滞概念"原则上符合法定听审请求权的要求"。但是 BVerfG 同时认为，如果在适时进行陈述的情况下显然也会发生同样的迟滞的，则不能将逾时提出的攻击防御方法排除在外。基于这一判决，有学者认为，BVerfG 虽然在总体上认可绝对迟滞的概念，但是已经对它进行了相对化的处理（即予以了缓和，形成了一种相对化的绝对迟滞的概念）。其认为，BVerfG 找到了一种中间性的解决方案。虽然在迟滞与否的判断方面仍然必须从绝对迟滞的概念出发。但是如果法院经过自由心证可以明确认识到，即使当事人适时陈述诉讼程序持续的时间长度也还是一样长，则法院必须做出有利于相对迟滞的概念的例外处理。但也有学者认为，BVerfG 的判决仅仅涉及对攻击防御方法迟延提出与诉讼迟滞之间的因果关系的探讨，与诉讼迟滞判断

---

① 参见［德］罗森贝克、施瓦布、戈特瓦尔德《德国民事诉讼法》，李大雪译，中国法制出版社 2007 年版，第 468—469 页。

② Vgl. Prütting, a. a. O. , § 296 Rn. 80.

③ BVerfGE 69, 126 = NJW 1985, 1149.

④ Vgl. Prütting, a. a. O. , § 296 Rn. 81.

⑤ BVerfGE 75, 302 = NJW 1987, 2733.

理论无干，不存在绝对理论的相对化。相对理论将因果关系这一并列于诉讼迟滞的逾时提出攻击防御方法构成要件纳入诉讼迟滞的判断理论中来，恰恰造成了逻辑的杂糅，从而使相对理论丧失实用性，不适于实现程序加速的目的。就目前来看，绝对理论仍然是更为简单明了、易于处理的理论。①

（三）其他理论

在其他理论中较为常见者，为累积理论（kumulative Theorie）。该理论并非一种独立的理论，而只是对相对理论的一种补充，本质上也只是相对理论的一个变体。依据这一理论，并不仅在特定的情形中审查是否存在诉讼迟滞的问题。是否构成诉讼迟滞不仅仅取决于在具体的案件或情形中，如果许可逾时提出攻击防御方法则诉讼程序的持续时间长度会较不允许的情况下诉讼程序的持续时间长度更长。更确切地说，诉讼迟滞的概念必须要在诉讼流程的法定范式（gesetzlicher Leitbild）② 的框架之内进行考量。驳回逾时提出的攻击防御方法不得造成过度加速的后果，而如果遵守法定范式来进行诉讼就不会发生过度加速。适用法定诉讼流程的范式，也就无须如同存在假设的迟延概念的情形中一样引入一种假设性的观察方法。更确切地说，这是一种规范性的视角，因而是一种规范性的迟延概念。实际上，这种理论与相对理论同质，将许可逾时提出攻击防御方法时的预计的诉讼程序的持续时间长度与假设的诉讼程序的持续时间长度即假设依法适时提出攻击防御方法时诉讼程序总的持续时间长度进行比较。只是假设的诉讼程序的持续时间长度的确定方法略不同于相对理论的一般做法。按照该理论，假设当事人适时提出攻击防御方法时诉讼程序会持续多久在所不问；该理论重点关注的是，遵照法定范式时诉讼程序会持续多久。由此可知，累积理论具有相对理论的全部特征，因而同样缺乏实用性，因为同样无法可靠地确定遵照法定范式时的诉讼程序的持续时间长度。③

除了累积理论之外，还有学者主张，只有法院能够识别出逾时提出攻

---

① Vgl. Prütting, a. a. O. , § 296 Rn. 85.

② 一般指立法对约束对象、相关程序等的最低要求，即至少应当具备的要件、起码应当遵守的期间等。参见汤文平《从"跳单"违约到居间报酬——"指导案例 1 号"评释》，《法学家》2012 年第 6 期。

③ Vgl. Prütting, a. a. O. , § 296 Rn. 86f.

击防御方法缺少胜诉的潜力，并且结论是驳回逾时提出攻击防御方法将限于允许先行进行证据评价（否则法院将不得作出驳回决定），驳回逾时提出攻击防御方法才不违反过度禁止原则。也就是说，只有在逾时提出的攻击防御方法无法使当事人获得胜诉或者胜诉希望颇为渺茫时，方可驳回之。但是这种理论同样不具有实用性。只有关于逾时提出攻击防御方法缺少胜诉的潜力的事实提出得到了证明，或者此类事实显而易见不需要证明即可确认，法院才能明确知晓逾时提出攻击防御方法缺少胜诉的潜力。而欲达到这种程度，就需要案件已经"裁判成熟"（entscheidungsreif，达到可以作出裁判的程度）方可知悉。然而攻击防御方法的提出本身就是为了促成案件达到裁判成熟，二者将陷入一个"鸡生蛋、蛋生鸡"的逻辑死循环。在这种情形中，只有不论攻击防御方法的提出合法与否而径行预先进行证据评价，似乎才是唯一的出路。而这恰恰违反了法律的规定，将使规制逾时提出攻击防御方法的法律条款丧失作用。[1]

（四）先期首次期日

另外需要注意的是，对于先期首次期日（früher erster Termin），[2] 通说认为，如果准许逾时提出攻击防御方法将会有碍于法院在先期首次期日中作出裁判，而如果不准许逾时提出攻击防御方法法院就可以在先期首次期日中作出裁判的，则认为存在诉讼迟滞，即绝对迟滞的观念不仅适用于一般的主期日（Haupttermin），也适用于先期首次期日。这是因为先期首次期日不仅仅是对主期日的准备，在适当的情形中法院也会在这样的期日内作出判决。[3]

当然也有观点认为，先期首次期日的作用不固定，如果其主要用于准备主期日，而诉讼参与人明确知悉在这种期日内不能进行包括证据调查在内的终结性的诉讼辩论的，[4] 即使发生迟误期间，如果能够实现准备主期日这一目的，则整个诉讼案件在时间上仍然认为未逾越预定的届满期限，

---

① Vgl. Prütting, a. a. O. , § 296 Rn. 88.

② 也被翻译为"一次终结的期日"，因为在部分情形中通过进行此种期日，诉讼案件即可作出裁判，无须另开主期日进行辩论，故有此名，参见谢怀栻译《德意志联邦共和国民事诉讼法》，中国法制出版社 2001 年版，第 38 页。

③ Vgl. Prütting, a. a. O. , § 296 Rn. 89-91.

④ 即构成所谓的"贯通期日"（Durchlauftermin）。Vgl. BVerfGE 69, 126 = NJW 1985, 1149.

因而不考虑构成诉讼迟滞。只有先期首次期日发挥了主期日的作用（即成为一次终结的期日）的，才存在发生诉讼迟滞的可能，当然这样的期日作用必须明确通知各方当事人。①

对此应当认为，依照立法理念，先期首次期日的设置本来就是为了无须安排主期日即可实现诉讼的终局性终结。它是"一次真正的言词辩论……它随后首先让并非真正有争议的案件有机会从审理中被撤回……在真正有争议的案件中，它将引起对显著可以促使法院作出裁判的有争议的法律关系作出限制并加以讨论，并且如果达到可以作出裁判的程度的话也会促成法院就纠纷作出裁判"。只有在无法实现终局性终结案件这一目标时，先期首次期日才用来准备主期日。只有不以主期日为标准来对诉讼是否迟滞做出确认时，先期首次期日才能发挥终局性终结诉讼的作用。因为如果根据是否能够像假设适时提出了攻击防御方法一样情况下的同样的方式来进行主期日从而作出判断，则由于法院准备义务的存在而使任何情况下都不会归结为诉讼迟滞。在这种情况下，诉讼迟滞永远不会发生就会成为必然，在先期首次期日中实现对诉争作出裁判的功能就无法实现。因此，通说的观点才是正解的。②

（五）诉讼迟滞的构成要件

1. 提出的攻击防御方法具有显著性（erheblich）

只有具有显著性的攻击防御方法之提出才能够造成诉讼迟滞。不具有显著性的攻击防御方法可以轻易地被忽略不计。

2. 诉讼程序发生延长

诉讼迟滞必须意味着诉讼程序的延长。诉讼程序是否被延长应当依据绝对理论进行判断确定。对于是否存在诉讼迟滞，法院原则上必须在最后一个言词辩论的期日进行审查。审查的前提为诉争已经到了可以作出裁判的程度（裁判成熟）。③ 如果准备书状包含逾时提出的攻击防御方法，则无论是在最后一个言词辩论的期日还是在该书状提交到达法院的时候，都必须对是否存在迟滞这一问题进行审查。书状发生迟误是一种例外的情形，在这种情形中不应当在言词辩论中审查，而应当在发生迟误的书状提

---

① Vgl. Prütting, a. a. O., § 296 Rn. 93.

② Vgl. Prütting, a. a. O., § 296 Rn. 99-102.

③ Vgl. BGH NJW-RR 1999, 787.

交到达法院时审查逾时提出攻击防御方法是否造成了诉讼程序迟滞。[①]

3. 间接迟滞

在确认是否存在迟滞时，不应当只依据逾时提出的攻击防御方法本身是否系单独导致诉讼程序被延长。假如许可逾时提出攻击防御方法将造成必须采取进一步的措施，从而导致发生诉讼程序被延长的后果，则也可以确认存在诉讼迟滞（所谓的间接迟滞）。只要逾时提出攻击防御方法与发生诉讼迟滞之间具有因果关系，就满足间接迟滞的构成条件。[②] 例如，证人虽然出席庭审并因此可以接受讯问，但是当该证人的证言有利于有逾时提出行为的当事人之一时，对该证人进行的讯问将造成有必要讯问没有出席庭审的反证人（Gegenzeuge），则可以肯定存在诉讼迟滞。[③]

4. 迟滞的显著性

对此存在较大争议。有观点认为，迟滞在直至对其进行确认时为止不能是显著轻微，更不能完全不具有显著性，迟滞必须具有一定的重要程度并且要将迟滞与预计的诉讼程序持续的时间长度进行比较衡量。[④] 但是相反的观点认为，是否构成诉讼迟滞并不取决于迟滞是否完全不具有显著性或者是否几乎不具有显著性，也不取决于造成超过期间和诉讼迟滞的过错的程度是否使驳回逾时提出攻击防御方法在比例原则的范围内具有合理性。该观点进一步说明，因为如果显著性必须借助于假设的诉讼程序的持续时间长度才能确定，则当事人就有机会（空子）通过将其陈述/提出的攻击防御方法变得非常冗长来使其逾时显得不再显著。在这种情况下，立法者通过设置本条驳回规定而力求实现的目的就将再也无法达到。[⑤]

5. 整个诉讼案件

通说认为，整个诉争的迟滞是驳回的前提。只要诉争就其所在审级而言尚无法整个地作出裁判，并且无法在完全的法律和平（Rechtsfrieden）的状态中促成判决的作成，则具有显著性的攻击防御方法之提出就不会造成诉争终结的迟滞。只有在对逾时提出的攻击防御方法不予斟酌才能终结

---

① Vgl. Stein/Jonas, a. a. O., § 296 Rn. 58, 101.

② BGHZ 83, 310（312）= NJW 1982, 1535; BGHZ 86, 198（201 f.）= NJW 1983, 1495.

③ BGHZ 83, 310（312）= NJW 1982, 1535.

④ OLG Hamburg NJW 1979, 1717（1719）.

⑤ Vgl. Prütting, a. a. O., § 296 Rn. 107f.

整个诉争时，不准许逾时提出攻击防御方法才会显得具有合理性。[1] 因此，如果一个诉争中，既存在本诉又存在反诉，就不得以仅单独针对本诉或反诉的一部判决来驳回逾时的攻击防御方法。更确切地说，只有能够同时对本诉和反诉（即对诉讼整个地）作出裁判，才能予以驳回。[2] 不过这一主流观点受到了批评，批评者认为这会造成当事人为了避免攻击防御方法被驳回而"逃往反诉"或者"逃往诉的追加"。因此，司法实务中也有对通说的修正，即如果反诉的追加系权利滥用，尤其当追加反诉的目的仅仅是逃避逾时的法律后果时，则法院也可以考虑以一部判决驳回逾时提出攻击防御方法。[3]

6. 自由心证

诉讼迟滞是否构成，当事人不承担举证责任。立法一般将对失权前提的确认安排为由法院通过自由心证来完成，这是为了防止出现旷日持久的证据调查，费时费力的证据调查违背了程序加速的目标。[4]

三　迟延行为与迟滞后果之间有因果关系

如果造成诉讼迟滞的原因不仅包括当事人的行为，还包括法院的错误，则在这种情况下逾时提出攻击防御方法不得被驳回。只有在当事人违反诉讼促进义务是诉讼迟滞的唯一原因时，才能将逾时提出攻击防御方法予以驳回。这一规则今天已经成为普遍接受的做法。由此可见，迟延提出与诉讼迟滞之间因果关系的唯一性，方为逾时提出攻击防御方法的构成要件。

因果关系的唯一性天然基本上要求排除法院在因果关系中的参与，否则就不能认为逾时提出攻击防御方法成立。这是因为规制逾时提出攻击防御方法，意在督促当事人履行适时提出义务。如果诉讼迟滞的发生系源自法院违法或违规行为的介入（例如没有履行送达、告知职责），则不能单独苛责当事人。[5] 此处需要注意的是，所谓"唯一"因果关系，旨在排除法院因素，盖因法院承担诉讼指挥职责，其本身在行使职权的同时也承担

---

① BGHZ 77, 306（308）= NJW 1980, 2355.

② BGHZ 77, 306（308）= NJW 1980, 2355；BGH NJW 1981, 1217；1989, 2821（2823）.

③ NJW 1986, 2257（2258）.

④ Vgl. Prütting, a. a. O., § 296 Rn. 118.

⑤ Vgl. Musielak/Voit, Zivilprozessordnung, 13. Auflage, 2016 § 296 Rn. 17–18.

了相关的法定义务，法院违法进行诉讼活动系对诉讼秩序的破坏，其对于当事人行为将具有重大影响。在法院与当事人共同造成诉讼迟滞的情形中，当事人的逾时提出总是法院违法行使职权的影响结果，法院行为—当事人行为—迟滞后果之间形成因果递推关系。因此从根本上看，造成诉讼迟滞的原因在法院。而由于诉讼中第三人（当事人之外的人，非诉讼参与人中的第三人）原因造成诉讼迟滞的，因其在诉讼中的地位与法院有根本性不同，其对于因果关系的影响与法院不可同日而语。

（一）法院造成诉讼迟滞

1. 违反准备义务

如果法院违反其准备义务，则法院就共同造成了诉讼迟滞。如果法院在准备言词辩论期日时没有完成其所有可以期待其完成的事项，从而无法防止诉争发生迟滞，则就属于违反准备义务造成诉讼迟滞。

具有期待可能性的事项包括通过发布在通常的工作状态下也可能会发布的命令对当事人陈述发生逾时做出补救。不具有期待可能性的事项则包括颁布紧急命令和将言词辩论期日推迟过久使在这样的期日内可以全面而充分地对逾时的陈述予以斟酌。言词辩论期日不得为了能够补做鉴定人鉴定而推迟得过久。如果在进行广泛的证据调查时，应当聆讯大量的证人，或者必须对有争议的法律关系进行相当大程度的澄清，则这样的证据调查不具有期待可能性。然而，如果争点简单并且划定明确，通过在言词辩论的范围内讯问少量的、传唤起来非常方便的证人就能使争点获得澄清，而且这一过程无须耗费不可期待的时间量的，则准备措施总是具有期待可能性。与此相反，指定额外的日期进行言词辩论，使证据调查仍可得以进行，以此来对逾时的证据提出进行补救的，不具有期待可能性。不将期日安排在尽可能最近的一天而安排在了另外的日期，这显然也是不具有期待可能性的。如果在最接近的期日内在具体的事件上大约有一小时的时间可以供使用，则法官不得越过这样的最接近的期日另行指定期日。①

如果法院采取措施仍然不能防止程序发生迟滞，则法院必须赋予当事人自行采取措施防止程序发生迟滞的权利。具体而言，例如如果无法传唤证人，则必须给予当事人机会就期日提出证人。当然，只有对证人进行讯

---

① Vgl. Prütting, a. a. O., § 296 Rn. 121.

问不会"以不具有期待可能性的方式强行开启"言词辩论期日，法院才需要承担这样的义务。①

2. 违反阐明义务

如果法院违反了其应当履行的提示、释明义务，例如没有提示当事人或者没有适时提示当事人有必要对其事实陈述进行补充，则如果当事人是基于法院逾时的提示将攻击防御方法引入诉讼中，从而导致发生诉讼迟滞，则前述的法院的错误与诉讼迟滞之间就存在共同因果关系（法院错误系诉讼迟滞的共同致因）。

如果第一审法院违反了其释明义务和阐述义务，该法院据此不得不对第二审中发生的逾时后果承担共同责任，则控诉审法院（第二审法院）有义务对第一审法院的程序瑕疵进行修复，修复的具体措施为第二审法院将案件依法发回重审，或者第二审法院自行通过给出有助于查明案件事实的提示和进行相应的程序设计来消除第一审中的瑕疵产生的后果。

但是在法院作出合法、适当的释明之后，当事人基于法院的释明才引入诉讼中的事实陈述（在诉讼中根据法院释明提出的攻击防御方法）并非在任何情况下法院都必须予以斟酌。更确切地说，基于法院释明而提出的攻击防御方法，只要当事人在法院释明前已经违反了自身的适时提出攻击防御方法相关义务的，其所提出的攻击防御方法也仍然构成逾时。

（二）第三人造成诉讼迟滞

与来自法院方面的原因不同，如果第三人（与当事人）共同造成了诉讼案件的迟滞，则也可以认为当事人迟延提出与诉讼迟滞之间具有因果关系。② 如果造成诉讼迟滞的原因普遍存在于诉讼之中，并且该原因并不取决于攻击防御方法是否被适时提出，则逾时提出攻击防御方法的当事人就不能以此为由对诉讼迟滞免除责任。③ 这是由于第三人对诉讼的影响程度与法院具有显著的不同。例如，如果当事人逾时提出证人，而法院对证人进行了合法的传唤但证人无充分的正当事由拒不到庭，就构成了前述的这种情形。此时当事人与证人共同造成诉讼迟滞，当事人的提出迟延和证人在期日的不出席均与诉讼迟滞之间构成因果关系，而二者之间并无实质

---

① Vgl. Prütting, a. a. O. , § 296 Rn. 123.

② Vgl. BGH NJW 1982, 2559（2561）；1989, 719（720）.

③ BGH NJW 1989, 719（720）.

性影响，该二者的叠加仅仅是造成了诉讼迟滞程度的加深（即终结诉讼案件所需的时间将被拖延更长时间）。所以不能认为第三人方面的原因与当事人逾时提出之间具有与法院违反义务同当事人行为之间关系一样的因果传递性，前二者仅仅是一种并列的关系。当然，如果当事人适时提出证人，但是在法院依法传唤证人后证人无正当事由拒不到庭，则由此造成的诉讼迟滞显然不能认为与当事人之间具有因果关系，因为当事人的行为本身不构成迟延提出，不过这应当在迟延提出这一要件的范畴之内予以讨论。

四　迟延行为具有可归责性

逾时提出攻击防御方法可以被驳回的，仅限于当事人对迟延提出可被归责，也即这里承担的是类似于民法中的过错责任，对于迟延提出攻击防御方法具有过错的当事人才有面临失权制裁的危险。只有当事人违反了其应当履行的诉讼促进义务，当事人才存在过错。[①] 但是这种过错，在各种具体的迟延提出情形中略有不同。对于迟误特定期间而迟延提出的，只要是简单过错（einfaches Verschulden）即轻过失（leichtes Fahrlässigkeit）即可。如果当事人不能展示出其对诉讼程序的谨慎态度，同时根据具体的诉讼状况和当事人自己个人的人际关系情况该当事人有能力做到谨慎，则就认为存在简单过错。如果通常的、遵守秩序的律师必须具备的谨慎要求未被适用，并且在个案中遵守谨慎要求也具有期待可能性，则可以肯定为当事人进行代理的律师存在过错。诉讼代理人的过错以及法定代理人的过错应当归责于当事人（即视为当事人的过错）。而相反的，当事人患病则为典型的非过错情形。[②] 这里的当事人患病，显然也包括法定代理人或者诉讼代理人患病。而在其他情形中，如果当事人、当事人的诉讼代理人或当事人的法定代理人违反了当事人应当承担的谨慎义务，且这种违反在程度和/或范围上大得异乎寻常，并且行为人没有注意到每一名诉讼参与人都本来必须清楚明了的事项，则鉴于存在重大过失，就发生了逾时提出。[③]

---

① 　BVerfG NJW 1989, 706; 1987, 1621; BVerfGE 67, 39 (41) = NJW 1984, 2203.

② 　Vgl. Prütting, a. a. O., § 296 Rn. 133.

③ 　Vgl. Prütting, a. a. O., § 296 Rn. 149.

第三节　逾时提出攻击防御方法的分类

依据不同的标准，可以对逾时提出攻击防御方法进行归类。进行归类的意义在于，对于不同类型的攻击防御方法，其在构成要件方面的一些细节性要求和失权制裁的标准方面存在着不同，因而对于司法来说具有较为重要的实践意义。

一　依违反义务的类别划分

如前文所述，逾时提出攻击防御方法均构成了对诉讼促进义务的违反。而诉讼促进义务根据其具体要求可以分为特定性要求（特别诉讼促进义务）和一般性要求（一般诉讼促进义务）。根据这一划分，可以将逾时提出攻击防御方法分为违反一般诉讼促进义务的逾时提出以及违反特别诉讼促进义务的逾时提出。

违反特别诉讼促进义务的逾时提出攻击防御方法，一般指的是违反了法院依法设定的具体期日或者期间而逾时提出攻击防御方法。因为法院指定期日或者期间的存在，对该类逾时提出攻击防御方法的甄别较为一目了然，遵照逾时提出攻击防御方法的构成要件理论进行判断即可。由于法院已经明确指定期日或者期间，在这种前提下仍然迟延提出，一般认为其主观恶意性较大，应当着重予以制裁。故而对于违反特别诉讼促进义务而逾时提出攻击防御方法的，一方面只要具有一般过错（即轻过失）即可，不要求重大过失或者故意；另一方面，立法往往对于这种行为也是以课以失权制裁为通例，而以准许为例外，只要这种违反特别诉讼促进义务的逾时提出攻击防御方法的全部要件均符合的，法院则必须驳回逾时提出的攻击防御方法。即使各方当事人陈述、说明一致，也不能避免这种驳回。[①] 即使双方当事人一致要求法院不要考虑适用驳回的法律规定，也必须予以驳回。[②]

违反一般诉讼促进义务的逾时提出攻击防御方法，一般指的是违反了法院关于适时提出的原则性要求，没有适时进行陈述并且没有进行完全陈述。一般来说，当事人在言词辩论中应当按照诉讼的程度和程序上的要

[①]　Vgl. Stein/Jonas, a. a. O., § 296 Rn. 124, 150.

[②]　Vgl. Prütting, a. a. O., § 296 Rn. 179.

求，在进行诉讼所必要的与适当的时候，提出其攻击防御方法。另外，特定的攻击防御方法应当在言词辩论之前通知（对方当事人）。这里涉及的攻击防御方法指的是对方当事人如果不预先了解就无从对其有所陈述的攻击防御方法。如果在言词辩论之前就已经将攻击防御方法较早地通知了对方当事人，使对方当事人能够获得必要的信息，则认为该攻击防御方法获得了适时提出。① 如果违反了这样的一般性要求，就构成了一般诉讼促进义务上的逾时提出攻击防御方法。与特定性的逾时提出攻击防御方法相比，立法对这类一般性的逾时提出攻击防御方法不甚严苛。这是因为立法对此的要求本来就较为原则性，同时对逾时提出攻击防御方法的构成与否由有赖于法院根据诉讼状态或者程序上的要求进行自由心证，则如果较多地驳回提出，可能会存在违反比例原则、影响程序公正性的危险。基于这一考虑，立法一般要求此种逾时提出攻击防御方法需存在重大过失，即如果当事人、当事人的诉讼代理人或当事人的法定代理人违反了当事人应当承担的谨慎义务，且这种违反在程度以及范围上大得异乎寻常，并且行为人没有注意到每一名诉讼参与人都本来必须清楚明了的事项，即为重大过失。法律也授权法院对是否驳回此类逾时提出攻击防御方法自行裁量，即使当事人行为符合逾时提出攻击防御方法的构成要件，但法院如果认为准许逾时提出更为妥当的，仍然可以准许逾时提出。双方当事人之间的合意，也可以促使法院作出准许逾时提出的裁决。这一点与特定性的逾时提出攻击防御方法有着显著的不同。

二　依诉讼阶段划分

依照逾时提出攻击防御方法发生的诉讼阶段（一般指的是审级），可以将其分为在第一审中逾时提出攻击防御方法和在第二审中逾时提出攻击防御方法。这一划分的标准为审级，更为明确。同时这一划分也具有较强的实践意义。这是因为集中审理原则要求之下的民事诉讼在第一审和第二审上有着明确的不同分工，这就使立法对于逾时提出攻击防御方法的规制也有不同的要求，需要区别对待。

在第一审中，由于案件初次系属于管辖法院，因而不存在已经提出过的攻击防御方法，一切攻击防御方法均为新，因而对于第一审中的逾时提

---

① 　Vgl. Prütting, a. a. O. , § 296 Rn. 139f.

出攻击防御方法，其甄别方法、法律效果和规制手段，均与前文所提之一般性要求无甚大的差别。有着续审制传统的大陆法系民事诉讼，其第二审的诉讼程序要求，也是在第一审的基础之上建立起来的，第一审诉讼程序具有基础性、通用性。因而第一审中的逾时提出攻击防御方法，在特点上也具有普遍性，故而成为对逾时提出进行规制的范本。

参照前文对于攻击防御方法的分类可知，在第二审中逾时提出攻击防御方法，其提出的内容既可能是旧的攻击防御方法，也可能是新的攻击防御方法。而对于此二者，除了适用第一审的有关普适性规则之外，立法往往也会给出一些特别的规定。对于逾时提出旧的攻击防御方法的，如果该攻击防御方法系被一审法院依法驳回的，则其在第二审中依然不得提出。而对于逾时提出新的攻击防御方法的，则只有在例外的情形中，为了保证程序的公正性和保障相关当事人的一定利益，方可准许逾时提出；并且在一定的情形中，当事人还需要进行一定的证明活动。从一定意义上看，在第二审中逾时提出攻击防御方法，将面临更为严格的审查，当事人本身也将承担其一定的附带义务。这也反映出现代民事诉讼倡导加快程序、督促当事人尽可能在第一审中全面提供诉讼资料以及遏制当事人"逃往二审"、打击实施拖延诉讼行为的坚决态度。

本章小结

本章研讨了攻击防御方法及其逾时提出等的基本概念及其内涵和外延。民事诉讼中的攻击防御方法一般指的是当事人用于为诉之声明说明理由或者用于对诉之声明形成防御而提出的全部的事实上和法律上的主张、无须主张的抗辩、争辩、需要主张的抗辩、证据方法和证据抗辩。应当将攻击防御方法与攻击防御本身区别开来。同时，声明等一部分取效的诉讼行为以及与效的诉讼行为不属于攻击防御方法。攻击防御方法本身也包含了很多类型，并且可以依照不同标准进行分类。逾时提出攻击防御方法，如对其进行制裁，须首先审查其是否满足诸项构成要件，主要包括攻击防御方法的提出迟延、造成诉讼迟滞的后果、这二者之间的因果关系以及当事人无免责事由。同样，依据不同标准也可以对逾时提出攻击防御方法进行分类。在我国民事诉讼中同样存在攻击防御方法的具体内容，对其进行研究对于我国民事诉讼制度的进一步完善也具有积极意义。

第二章

逾时提出攻击防御方法的规制手段

第一节　规制手段的演进

诉争系属于管辖法院之后，当事人将围绕其诉讼请求提出事实上和法律上的主张，并根据其主张提出证据方法。各国民事诉讼法律对于当事人实施这些诉讼行为在时间上的限制，大体经历了由法定顺序主义到随时提出主义，直至而今的适时提出主义的发展历程。现今民事诉讼中规制逾时提出攻击防御的手段主要为失权制裁，当然也存在其他的辅助性规制措施。历经演进的各种规制手段，其作为上层建筑的一个方面，总是受到社会经济基础的制约，同时又对社会发展状态产生了不同的影响。回顾逾时提出攻击防御方法的规制手段的演进历史，也是对已有的各种规制手段的历时性对比，从总结经验、吸取教训的角度看，对于研究如何妥适处置逾时提出攻击防御方法、解决效率与公正这一对矛盾均有重要的意义。

一　法定顺序主义时期

法定顺序主义，指的是当事人提出攻击防御方法，必须遵守一定的顺序，如果违反法定顺序，则不发生提出的效力。[①] 法定顺序主义又可以分为证据分离主义（Prinzip der Beweistrennung）和同时提出主义（Eventualmaxime）。如遵循前者，则在司法审判中，提出作为判决基础的事实上的主张同提出证据方法被划分为完全隔离的两个阶段。在第一阶段中当事人提出事实上的主张，该阶段完成之后才继续进行证据调查。在进入证据调查阶段后，就不准许当事人再行提出事实上的主张。[②] 而如果遵循后者，

[①]　参见杨建华、郑杰夫《民事诉讼法要论》，北京大学出版社 2013 年版，第 16 页。

[②]　参见王甲乙《自由顺序主义之检讨》，载民事诉讼法研究基金会编《民事诉讼法之研讨》（三），台湾三民书局 1990 年版，第 333 页。

则围绕达成同一目的所涉及的事实上的主张及其相关的证据方法，当事人必须在同一时间点上或者在一定的期间内完成提出，否则不发生效力。[1]

在德国的普通法时期，法定顺序主义就被采用，这成为法定顺序主义的滥觞。当时有关的规定非常严格，德国学者称为"纯粹的同时提出主义"（die reine Eventualmaxime）。[2] 当时为防止当事人散漫无秩序地提出攻击防御方法，导致迟滞诉讼之终结，立法就诉讼审理设有严格的阶段，关于攻击防御方法的提出，分为主张、抗辩、再抗辩加以整理，于每一阶段以证据判决进入证据调查阶段。当事人于某一法定阶段迟延提出攻击防御方法的，在之后的其他阶段不得予以补充。此一时期，德国民事诉讼制度采书面审理主义，以配合法定顺序主义的实行。[3] 具体而言，当时的德国民事诉讼立法一般规定，第一阶段由原告主张事实并声明证据，第二阶段由被告主张事实并声明证据，第三阶段进行证据调查，双方当事人于各阶段终结后，丧失再为主张事实及再行声明证据的权利。[4]

法定顺序主义的推行，本质在于防止当事人随时任意提出攻击防御方法、避免诉讼案件因此久拖不决，其可使诉讼行为之顺序明确，按部就班确实地接近诉讼之终结。[5] 其立法的出发点意在提高司法效能，提高社会效率，本有其合理之处。其在适用之初，也能够督促当事人按照法定顺序的要求提出攻击防御方法，积极推动诉讼进行，促进诉争的快速终结。但是，严格的法定顺序主义伴随着强大的失权制裁效果，也造成了当事人因为害怕失权，双方当事人尽可能多地提出各种事实和证据，不重要的甚至毫无相关性的事实和证据均被提出由法院审查。[6] 当事人滥行提出假定之主张或假定之抗辩之情形时有发生，增加了法院的负担，本来意在制止诉讼迟滞的制度，反而招致了诉讼迟延。[7] 并且当事人如果未能遵守法定顺

---

① 参见陈荣宗、林庆苗《民事诉讼法》（上），台湾三民书局2013年版，第56页。

② 同上。

③ 参见王甲乙《自由顺序主义之检讨》，载民事诉讼法研究基金会编《民事诉讼法之研讨》（三），台湾三民书局1990年版，第334页。

④ 参见陈荣宗、林庆苗《民事诉讼法》（上），台湾三民书局2013年版，第56页。

⑤ 参见王甲乙《自由顺序主义之检讨》，载民事诉讼法研究基金会编《民事诉讼法之研讨》（三），台湾三民书局1990年版，第334页。

⑥ 参见陈荣宗、林庆苗《民事诉讼法》（上），台湾三民书局2013年版，第56页。

⑦ 参见王甲乙《自由顺序主义之检讨》，载民事诉讼法研究基金会编《民事诉讼法之研讨》（三），台湾三民书局1990年版，第334页。

序，产生失权之效果，将削减裁判基础之资料，不适于发现真实，尤其违反了权利保护的立法精神。① 随着时代的进步，法定顺序主义的诸多弊端也愈发凸显。法国大革命之后，法国在新的民事诉讼法律中率先采用言词审理主义，随之摈弃了法定顺序主义。随后，各国也纷纷效仿法国，以随时提出主义取代法定顺序主义。法定顺序主义时代遂告结束。

二　随时提出主义时期

所谓随时提出主义，也被称为自由顺序主义（Prinzip der Prozessfreiheit)，指的是对当事人之诉讼行为，不设一定顺序，允许当事人于言词辩论终结前得随时主张事实、提出证据，并无时期、样态上的任何限制，因为当事人在言词辩论终结前，无论何时均得提出攻击防御方法，故称之为随时提出主义。②

法国大革命之后，在法国的法律制度领域也发生了革命，诉讼法从实体法中分离出去，成了独立的法律部门；③ 新的民事诉讼法律以言词辩论主义为原则，关于攻击防御方法的提出，改为适用随时提出主义，废除了证据分离主义以及通过证据判决区别举证阶段的方式，而允许当事人在同一诉讼程序中可以适时地、混合地主张事实和提出证据。因此，当事人可以按照审理和诉讼进行的状态，自由地提出必要的诉讼资料，使言词辩论呈现活力，提升诉讼效率。随时提出主义的确立，代表了司法领域反封建革命的成果，彰显了资产阶级追求自由的精神，与自由资本主义社会发展的经济基础相协调，这使法国的民事诉讼法成为各国资产阶级革命或者改良之后的效仿对象。德国、日本在制定本国民事诉讼法典时，均确立了随时提出主义基本原则。南京国民政府时期，我国颁布施行了第一部《民事诉讼法》，④ 其中第 196 条明文确立了随时提出主义原则。⑤ 随着第三次国内革命战争中国民党当局败退台湾，这部"法律"仍然在我国台湾地

---

① 参见王甲乙《自由顺序主义之检讨》，载民事诉讼法研究基金会编《民事诉讼法之研讨》（三），台湾三民书局 1990 年版，第 335 页。

② 同上书，第 334 页。

③ 参见周枏《罗马法原论》，商务印书馆 2014 年版，第 937 页。

④ 南京国民政府 1935 年 2 月 1 日修正公布，并自同年 7 月 1 日起施行。

⑤ 该条规定："攻击或防御方法，得于言词辩论终结前提出之。当事人意图延滞诉讼，或因重大过失，逾时始行提出攻击或防御方法者，法院得驳回之。但不致延滞诉讼者，不在此限。"

区施行。直至 2000 年后两次修改"法律"，随时提出主义才被适时提出主义所取代。

采行随时提出主义，当事人可以混合性地提出事实上的主张并提出证据方法，就其主张及举证的时期并无任何限制，因此当事人可以随时在其自认为方便时提出诉讼资料，与民事诉讼立法所期望的发现真实目的较为符合。但是，随时提出主义在当事人提出攻击防御方法的时间限制上较为宽松，一般仅为言词辩论终结前，这里的言词辩论终结，应当指的是事实审上的言词辩论终结，故作为法律审的第三审（上告审）的言词辩论不包含在内。也就是说，按照随时提出主义的要求，当事人在第二审言词辩论终结前均可以任意地、随时地提出事实上的主张及相关证据方法，其时间幅度过于广阔，这就会使当事人在注意力方面会不太集中，可能造成当事人迟延提出攻击防御方法，导致将审理的重心移至第二审程序，助长轻视第一审审判程序的风气，甚至当事人可能将有利的诉讼资料留至接近第二审言词辩论终结之前，作为对其有利的诉讼技巧使用，易生突袭性裁判之弊端，值得检讨。①

目前民事诉讼第二审程序普遍采续审制，若依随时提出主义，当事人于第二审言词辩论终结前均可以提出新的攻击防御方法，则第二审言词辩论，就具体民事诉讼事件而言，就将具有非常重大的关键性意义，这就很容易使当事人不重视第一审程序，导致滥用诉讼权利提起第二审上诉及诉讼程序普遍持续较长时间成为趋势。另外，法律也不宜明文限制言词辩论的次数，作为防止诉讼迟滞的方法。这是因为理论界普遍认为，诉讼程序的长短是事实范畴的内容，而不属于法律规范问题，并且如果勉强限制言词辩论的次数，则必须加强对失权效果的规定，这将重蹈法定顺序主义的覆辙。② 随时提出主义之下诉讼的久拖不决，也将加大诉讼在时间、金钱方面的成本消耗，与现代民事诉讼追求的迅捷性、经济性背道而驰，不符合法治国理念和当事人的切身利益。

三　适时提出主义时期

德国自 ZPO 颁布施行以来，一直实施随时提出主义，随着德国在第

---

① 参见王甲乙《自由顺序主义之检讨》，载民事诉讼法研究基金会编《民事诉讼法之研讨》（三），台湾三民书局 1990 年版，第 335 页。

② 同上。

二次世界大战之后，经济获得繁荣发展，由此与经济活动有着较为密切关联性的民商事诉讼案件也大量发生，法院的民事案件负担加重，当事人拖延诉讼，民事纠纷的司法救济消耗时间过多，[①] 面对这些老问题的回归，人们将其归咎于随时提出主义所存在的固有的弊端，立法者开始着手对ZPO进行改革和修正。1976 年 12 月 3 日颁布的《用于简化和加速司法程序的法律（das Gesetz zur Vereinfachung und Beschleunigung gerichtlicher Verfahren，简称为 Vereinfachungsnovelle）》[②]（通常被翻译为《简化修订法》）重新设计和显著收紧了有关攻击防御方法提出时限的有关立法规定。这部法律的颁布施行，标志着德国民事诉讼转为采行适时提出主义。所谓适时提出主义系指当事人应将其所掌握之事实、证据及相关诉讼资料，尽可能于言词辩论终结前的诉讼阶段中提出，否则将承担不利的法律后果。也即在证据适时提出主义模式下，攻击防御方法应当根据诉讼进行的程度，在言词辩论终结前的适当时间提出。[③] 适时提出主义中的"适时"，一般被理解为法律规定的适当时期或者法院酌定的适当时期。[④] 例如德国就对不同情形中的攻击防御方法之提出，分别规定了不同的适时提出要求，并预设了逾时提出的制裁模式，使当事人既不能在攻击防御方法的提出上任性而为，也无须按照所谓"法定顺序"机械地提出攻击防御方法，法院在准许或者驳回攻击防御方法上也有了一定的自由裁量权，在一定情形中其可以根据诉讼的进展情况和程序上的要求进行相应的权衡。在德国的影响之下，日本于 1996 年，我国台湾地区于 2000 年和 2003 年，也分别修改了各自的民事诉讼法典，抛弃了秉承多日的随时提出主义，效仿德国也转向了适时提出主义。

---

① 参见 [德] 皮特·高特沃德《民事司法改革：接近司法·成本·效率》，载 [英] 阿里德安·A. S. 朱克曼主编《危机中的民事司法》，傅郁林等译，中国政法大学出版社 2005 年版，第 221 页。

② BGBl. I S. 3281.

③ 我国台湾地区学者许士宦教授为适时提出主义做了更为翔实的概况，其认为适时提出主义系指当事人必须在庭审前特定阶段提出具体、特定的攻击防御方法，从而促进案件争议焦点的明确与特定，否则将遭受被法院驳回其逾时提出攻击防御方法的不利后果，同时为防止范围过于绝对的补充，还规定了一些例外情形，即使超出了举证的时间范围但符合法定特殊情形的，证据仍不当然失效。参见许士宦《新民事诉讼法》，北京大学出版社 2013 年版，第 208—214 页。

④ 参见陈计男《程序法之研究》（四），台湾三民书局 2005 年版，第 17 页。

适时提出主义的创立目的在于将诉讼案件审理实事纠纷的中心重新确定在第一审，因为进行第一审的时间点最为接近民事纠纷发生的时间，因而在第一审中当事人最有可能有效地进行证据收集并将这些相关的诉讼资料提交法院，进而使第一审法院形成心证，实现立法对诉讼迅捷性、经济性的要求。适时提出主义相对于法定顺序主义更为灵活机动，当事人可以更为自由地实施诉讼行为，对于发现案件真实情况、寻求实体正义都更为有利；而相对于随时提出主义，适时提出主义又可以更好地避免当事人在关键时刻进行证据突袭以及实施拖延诉讼的行为等问题的出现，更有利于固定争点，实现审理集中化，节省司法资源，实现程序正义。适时提出主义结合了法定顺序主义和随时提出主义两种模式的优势，又避免了两者的不足，力求既保证诉讼的公正性，又保证程序的安定性，因此在当今世界的民事诉讼中被广泛运用。

第二节　逾时提出攻击防御方法失权制裁概述

一　失权制裁的基本内涵

在采行适时提出主义的民事诉讼法律制度之下，当事人必须按照法律的原则性要求，根据诉讼的进行状态和程序上的要求，在适当的时间点或时间段之内，向审理案件的法院提交诉讼资料。违反法律规定的要求而未能适时提出的，就将面临嗣后不得再行行使权利、逾时实施诉讼行为将被驳回的制裁。此即所谓民事诉讼失权制裁的一般化描述。民事诉讼中的当事人失权，有学者认为已经制度化，系指在民事诉讼活动进行过程中，当事人没有正当理由而未在法定或者指定的期限内行使特定的诉讼权利时，在后续的诉讼程序中遂丧失行使此种诉讼权利的制度。①

从上述定义可以发现，民事诉讼中失权制度涵盖范围是非常广泛的。除了涉及当事人的攻击防御方法之提出外，还涉及当事人的其他诉讼行为。例如当事人在申请回避方面的失权，当事人在提起反诉方面的失权，

---

① 参见刘显鹏《民事诉讼当事人失权制度研究》，武汉大学出版社 2013 年版，第4页。

当事人在申请再审方面的失权，如此种种，不一而足。因此笔者认为，就本书所探讨的逾时提出攻击防御方法之失权制裁而言，其基本的内涵应当限于：民事诉讼中的当事人无正当事由未能在法律规定的期限内提出攻击防御方法时，或者违反法律的原则性要求未能适时地提出攻击防御方法时，法院可以依法实施的将该攻击防御方法予以驳回或者不准许提出的制裁措施。

二　失权制裁的性质

当事人因为可以归责于其本身的事由，而逾时提出攻击防御方法，导致发生诉讼迟滞的，一般即符合逾时提出攻击防御方法的构成要件。在这种情形中，法院对于逾时提出攻击防御方法是否具有自由裁量决定是否课以失权制裁的权限？法院有无权限决定在失权制裁之外对逾时提出攻击防御方法的当事人予以惩处？这些问题就涉及逾时提出攻击防御方法失权制裁的性质之所在。

（一）义务与负担之辨

实际上，根据失权制裁的实施条件与效力后果可以发现，对当事人适时提出攻击防御方法的要求，与证明责任不同，其本质上并非如同证明责任一般是一种诉讼法上的负担（Last），而系因当事人违反公法上之义务（Verpflichtung）所课以的制裁。这是因为，当事人所承担的诉讼促进义务，也是一种公法上的义务，其义务的设立在于对社会整体效率、对司法资源和纳税人利益的保护，具有普适性。因此，民事诉讼中的当事人违反诉讼促进义务因而受到失权制裁的，立法所保护的法益并非仅及于同一诉讼案件中的其他当事人。故而针对逾时提出攻击防御方法的失权制裁，并非一种诉讼法上的法效果。对于涉及公益的部分，其他当事人并无权利进行任意处分。[1]

需要指出的是，与一般的因违反公法上的义务而遭受的处罚相比，逾时提出攻击防御方法之失权制裁又具有其独特性，其从表面看并不会直接产生对当事人的人身权利（拘留）或者财产权利（罚款）具有影响的惩处，其直接影响的是当事人在诉讼中的利益。因而逾时提出攻击防御方法的失权制裁，与不履行证明责任的后果这种诉讼法上的负担类似，产生一

---

[1] 参见许士宦《新民事诉讼法》，北京大学出版社 2013 年版，第 304 页。

种诉讼法上的不利益的效果。

　　但是，从本质上来看，逾时提出攻击防御方法的失权制裁与证明责任等具有明显不同。盖因就民事诉讼当事人在诉讼法上的负担而言，其受保护的法益所涉及的其他主体仅限于同一诉争中的对造。如果一方当事人在举证中存在不足，但是另一方当事人仍然对此予以认可（即放弃自己在诉讼上的利益），依据辩论主义精神，法院亦应听之任之。与之相比，违反诉讼促进义务的逾时提出攻击防御方法，对其制裁具有一定的国家强制性，不以当事人意志为转移。一般认为，当事人之间的合意也不足以避免法院径行适用失权制裁的法律效果。由此可见，失权制裁的强制性程度远高于诉讼法上的负担，其仍然属于违反公法义务而产生的制裁措施。

　　与公法上一般的行政性处罚相比，失权制裁的法律效果主要在于当事人主张或者证据方法被驳回，最严重的后果当属整个诉讼案件的败诉。两者相互比较，表面来看是行政性处罚更为严厉，因为这种处罚直接限制了人身自由，或者造成了财产的减损。但是深入观察就可以发现，在具体的个案中，如果某一攻击防御方法对于诉争具有显著性，也即对于该当事人在诉讼案件中的胜败具有重大意义，则承受失权制裁而不得提出该攻击防御方法的当事人，就将面临败诉的结果。一旦败诉，其在民事权益上受到的负面影响未必小于拘留、罚款等处罚措施。例如200万元的诉讼标的额，显然是远远超过20万元以下的罚款的。失权制裁这种"具有潜力"的间接影响，也会对当事人预先产生震慑，使当事人因畏惧遭受此种惩处而适时地提出攻击防御方法。因而其惩罚力度也未必低于拘留、罚款等处罚，较之不痛不痒的"训诫"更是具有优越性。

　　（二）与责问权的关系

　　如第一章所指出，对诉的合法性责问也属于攻击防御方法，其自然具有逾时提出之可能。然而除了针对诉的合法性的责问之外，对于逾时提出攻击防御方法，当事人是否可以行使责问权，如果当事人对此享有责问权而当事人不提出责问的，攻击防御方法之逾时提出是否如同诉讼行为瑕疵一般获得治愈。对此存在一定的争议。

　　1. 肯定说

　　该说认为当事人逾时提出攻击防御方法，已经符合失权规定的各项要件，如果对方当事人对此没有提出异议，而径行就该攻击防御方法提出声明或者有所陈述，则认定对方当事人丧失责问权，逾时提出攻击防御方法的瑕疵，即因对方当事人的不责问而获得补正。[①] 该观点肯定了失权规定属于当事人的责问事项。

2. 否定说

该说则认为法院或者当事人的诉讼行为违背诉讼程序时，其他当事人可以主动舍弃责问权（明示无异议），或者因为未能适时提出责问而丧失责问权（默示无异议，即直接就相关攻击防御方法进行陈述），但如此处置只能限于被违反的诉讼程序系专门用于保护当事人的利益而设置的情形；与之相反，如果诉讼程序的设置系出于保护公共利益，则失权规定将兼有保护公益的目的，对此当事人和法院均应当严格履行遵守程序的义务，则即使对方当事人没有行使责问权，此时逾时提出攻击防御方法在法律上的瑕疵仍然不能因此获得治愈。[②]

究竟应当赞同哪一种观点，笔者认为，应当从责问权和逾时提出攻击防御方法之失权制裁的具体属性出发进行探究。民事诉讼中的责问权，在德国称为 "Rügerecht"，在日本称为 "責問権"。通常认为，所谓责问权是指在民事诉讼中，对于已经发生的违反诉讼法规的诉讼行为表示异议，主张此种诉讼行为无效的当事人权利，该责问权也被称为与诉讼程序有关的异议权。[③] 而被责问的瑕疵行为，有些仅侵害提出责问的当事人的权益，有些则涉及公共利益。一般来说，民事诉讼法在对公共利益进行保护时，往往会设置强制性规定，而对当事人个体利益的保护则倾向于制定任意性规定。如果诉讼行为违反的是任意性规定，当事人可以不行使责问权。这被称为责问权的舍弃。另外需要注意的是，不知道有关诉讼行为违反了任意性规定因而没有提出异议的当事人，在诉讼程序继续进行之后，就不得再行使责问权。也即因当事人未予注意而没有意识到有关诉讼行为违反了任意性规定的，当事人同样不得在其后补行主张责问权。这被称为

---

① 参见吴明轩《民事诉讼法》，台湾三民书局 2013 年版，第 1344 页；亦参见陈荣宗、林庆苗《民事诉讼法》（下），台湾三民书局 2015 年版，第 704 页。

② 参见许士宦《集中审理与审理原则》，台湾新学林出版股份有限公司 2009 年版，第 173—177 页。

③ 参见［日］长谷部由起子《民事诉讼法》，岩波书店 2014 年版，第 16 页。

责问权的丧失。① 而对于违反诉讼法上的强制性规定之情形，则无论当事人是否提起责问，法律都不承认责问权的舍弃或者丧失，瑕疵不因当事人未提出责问而获得治愈。而当事人行使责问权获得成功的法律效果则表现为已经发生的瑕疵诉讼行为归为无效。由此可见，责问权基本上是为了保护对方当事人在诉讼程序上的利益而特别设置的一项诉讼程序上的权利，以当事人自行主张为基本而以强制性保护公共利益为例外，其救济的法律效果类似于回复原状。而立法为责问权设置了舍弃和丧失制度，则是出于对程序的安定性和诉讼的经济性的考量。而攻击防御方法之失权制裁，则完全是基于诉讼促进义务，由国家立法对诉讼当事人的强制性要求，其欲实现之目标不仅仅在于个案的程序加速，而且是更为宏观层面上的社会整体司法效能的提升，从提高整体效率、节省并充分利用司法资源的角度，维护社会公共利益，保障纳税人的利益。因此，攻击防御方法之失权制裁，显然是出于公益目的一种公权力对私权利行使的制约，与主要保护个体权利的责问权显然不在统一范畴之内；逾时提出攻击防御方法，无论是在理论上还是在司法实践中，其造成的违法后果既不会也不能因为对方当事人没有提出责问而获得治愈性补正。故二者泾渭分明，不可混为一谈。

三　失权制裁的种类

前文已经对攻击防御方法以及逾时提出攻击防御方法进行了分类，以后者为制裁标的的失权制裁，也将随之本应存在对应以及不对应的种类划分。然而失权制裁在彰显审级特征方面，并无明显区别。唯有法院在课以失权制裁的自由裁量权限方面，存在一定的差异性，并且这种差异也分别体现了失权制裁与不同的诉讼促进义务之间的关联性。

（一）强制失权与裁量失权

依据法院在对逾时提出攻击防御方法课以失权制裁自由裁量权限，可以将失权制裁划分为强制失权和裁量失权。前者系法律直接规定，在逾时提出攻击防御方法要件该当的情况下，法院必须课以失权制裁，没有做出其他选择之余地。后者系法律授权法院，对于当事人逾时提出攻击防御方法的，有权根据具体案情、诉讼进行之状态等进行综合考量，在此基础之

---

① 参见［日］长谷部由起子《民事诉讼法》，岩波书店 2014 年版，第 16 页。

上决定是否处以失权制裁。①

　　在立法上，此种分类被较多地加以考虑，因其在立法技术与司法引导方面具有显著意义。强制失权者，立法上一般被规定为"应予驳回""不准提出"，或者以驳回为原则而以准许为例外，此种失权制裁，以 ZPO 第296 条第 1 款、② 我国台湾地区"民事诉讼法"第 276 条第 1 款③为代表；裁量失权者，立法上一般被规定为"可以驳回""得驳回"，或者以准许为原则而以驳回为例外，此种失权制裁，以 ZPO 第 296 条第 2 款、④ 我国台湾地区"民事诉讼法"第 196 条第 2 款⑤为代表。

　　强制失权与裁量失权的区别，往往反映了当事人所负诉讼促进义务种类的不同。在采行适时提出主义的先驱德国，针对当事人所需承担的诉讼促进义务，诚如前文所述，分为特别诉讼促进义务和一般诉讼促进义务。当事人在违反特别诉讼促进义务时，由于提出期限具体而明确，当事人违反则推定其主观恶意性较大，因而被课以强制失权；而当事人在违反一般诉讼促进义务时，由于对当事人应当提出攻击防御方法的强制性要求较为原则化，诉讼的进展状态等依赖于法院的判断，据此被课以裁量失权。从合理性上讲，这样的区分似乎还是较为妥当的。

　　（二）故意失权与过失失权

　　依据当事人逾时提出攻击防御方法、引起失权制裁时的主观方面的不

---

　　① 但对通说的这一观点，亦存在批评意见。如有见解认为通说为错误观点，其主张如果承认法院具有此种自由裁量权，则诉讼上武器平等原则的要求就无法得到维护，因为在相同的情势中法官可以有时候驳回有时候又不驳回。也无法知悉，法官在主持自由裁量时还可以进行哪些权衡。也就是说事实上在所谓裁量失权的范畴内并不存在进行自由裁量的空间，因为未能发现有力证据证明法律允许自由裁量的差异化执行。因此，对裁量失权的解释应当是：在驳回的构成要件确实符合的情形中，法院必须予以驳回。即使法律条文作出授权性的表达，这种表述也只能在法院被赋予法律上的权力这一意义上进行理解。Vgl. Prütting, a. a. O.，§ 296 Rn. 181.

　　② 参见丁启明译《德国民事诉讼法》，厦门大学出版社 2016 年版，第 69—70 页。

　　③ 参见黄荣坚、许宗力、詹森林、王文宇编《月旦简明六法》，台湾元照出版有限公司 2016 年版，第肆-30 页。我国台湾地区立法上所用"款"与"项"与祖国大陆意义相反。本书依照《中华人民共和国立法法》（以下简称《立法法》）的规定，对引用的我国台湾地区"民事诉讼法"条文中的"款""项"之用法做了技术性调整，对其分析也按照《立法法》规定的相关概念和意义进行使用。

　　④ 参见丁启明译《德国民事诉讼法》，厦门大学出版社 2016 年版，第 70 页。

　　⑤ 参见黄荣坚、许宗力、詹森林、王文宇编《月旦简明六法》，台湾元照出版有限公司 2016 年版，第肆-21 页。

同，可以将失权制裁分为故意失权和过失失权。

所谓故意失权，顾名思义，系指当事人实施某种作为或者不作为，其明知自己的行为会造成攻击防御方法的迟延提出，并且其希望或者放任这样的结果发生，从而招致失权制裁。而过失失权，则指的是当事人实施某种作为或者不作为，其应当预见到自己的行为会造成攻击防御方法的逾时提出，但是因为疏忽大意而没有预见这样结果的发生，从而招致失权制裁。

从各国立法和司法实践上来看，对故意逾时提出攻击防御方法的，均课以失权制裁，这与惩罚故意的不法行为的基本原则是相一致的。但是当事人的主观方面很难直接判断，一般都要通过外观化的其他事实进行间接证明，较少有当事人会明显故意地实施逾时提出攻击防御方法的行为，因此在实践中，故意失权发生的概率并不大，更多的是表现为过失失权。对于过失失权，大陆法系国家和地区的立法普遍将其分为轻过失引起的失权和重大过失引起的失权。一般来说，对于违反一般诉讼促进义务逾时提出攻击防御方法的，需要当事人具有重大过失以上的主观方面（即重大过失或者故意），法院才会考虑课以失权制裁；而对于违反特别诉讼促进义务逾时提出攻击防御方法的，当事人只要具有轻过失以上的主观方面，法院就应当给予失权制裁。这也是从主观方面的区分体现了立法对不同类型逾时提出攻击防御方法在制裁力度上还是有所侧重的。

第三节　失权制裁程序

一　失权制裁程序的启动

立法者一般较为关心的，乃是确认对逾时提出攻击防御方法课以失权制裁的要件，即符合哪些前提则构成逾时提出攻击防御方法，符合哪些要件可以对其进行失权制裁。而对于失权制裁的程序，则并非立法的重点所在，一般规定得较为简略，由法院自行确定和依据判例确定。但是一个基本原则就在于，对驳回逾时提出攻击防御方法之要件的确认，应当符合程序加速、诉讼促进的基本原则，因此费时费力的证据调查是应当避免的，主要以法院自由心证为主，可以辅以当事人进行一定的疏明。①

（一）程序启动的主体

1. 法院依职权启动

在具体的个案中，对于符合失权规定各项要件的逾时提出攻击防御方法，在对其施以失权制裁时应当进行的相关程序，可以由法院依职权启动。对此，无论是理论界抑或实务界均无甚异议。对于属于强制失权的，法院自然应当依职权审查当事人行为是否符合失权要件，根据审查结果决定是否使其发生失权的法律效果；而对于属于材料失权的，即使对方当事人没有提出声明要求法院驳回涉嫌逾时提出之攻击防御方法，但是法院经过审查具体个案的情形，认为在此等具体情况下驳回逾时之提出更为妥适的，法院也可以依职权启动失权制裁程序。

2. 依当事人申请发动

仍然存在争议的是，当事人有无资格成为失权制裁程序的启动者。日本《民事诉讼法》第157条第1款规定了法院可以依申请驳回逾时提出攻击防御方法，②据此在日本的民事诉讼学界有观点认为当事人有申请适用失权规定的权利。但在德国、我国台湾地区等大陆法系国家和地区的民事诉讼法律中，并未如同日本一般规定失权制裁可以"依申请"适用。有学者认为，为了避免当事人过度激化对立，应当采纳否定意见，即类似于我国民事诉讼中的审判监督程序。依据《民诉法》的规定，审判监督程序只能由具有审判监督权的法定机关即分别由人民法院

---

① 疏明这一概念源自德国，被称为 Glaubhaftmachung，其类似于证明，但是证明标准被大大降低。通常情况下的证明标准要求为：为确认诉讼中的争议事实必须达到高程度的盖然性。这一盖然程度被描述为"排除了任何合理怀疑的盖然程度"或者"以肯定性为限的盖然性"。但在一些事实情况中，根据法律的特别规定，当事人依照法院的要求进行疏明即可，其证明标准只要达到具有较低程度的盖然性（优越的盖然性）即为足够。其通常是对一些"法律上具有显著意义的事实是否存在"提出一些事证作为依据基础。疏明必须以法律明确规定为限，法院不得在法律规定之外准许当事人进行疏明。参见［德］汉斯-约阿希姆·穆泽拉克《德国民事诉讼法基础教程》，周翠译，中国政法大学出版社2005年版，"翻译说明"第4页。

② 日本《民事诉讼法》第157条【驳回攻击和防御方法】第1款：对于当事人因故意或重大过失而提出的延误时机的攻击或防御方法，法院认为其目的是由此致使诉讼终结迟延时，根据申请或依职权，可以作出裁定驳回。参见白绿铉编译《日本新民事诉讼法》，中国法制出版社2000年版，第73页。

和人民检察院来提起。① 与此相类似，当事人在失权制裁程序中，当事人的申请也仅有促使法院依职权启动失权制裁程序的意义。② 当然也有学者认为，基于保障适时审判请求权和公正程序请求权等法理上的要求，法官在行使诉讼指挥权进行审判实务活动时，应当倾向于保护当事人的合法利益，并应当针对程序样态和实际情况的不同，从实质上确保此种利益的具体化。因此，在保护当事人利益所必要的范围内，受诉法院的裁量也应当受到一定程度的制约。③ 具体到逾时提出攻击防御方法之失权制裁而言，就在于应当赋予当事人在诉讼案件中其他当事人逾时提出攻击防御方法时有申请法院驳回该攻击防御方法之提出的权利。④ 相比之下，这种折中性的观点具有合理性。虽然逾时提出攻击防御方法系公法上的义务，但亦有促进个案诉讼程序快速进行、避免当事人遭受不必要的诉讼时间消耗、保护对方当事人的利益的考虑。正如审判监督程序之立法精神，在我国的民事诉讼中，当事人虽然没有审判监督权，不能直接提起审判监督程序，但其可以依法申请再审，且当其再审申请符合法定情形时，人民法院即应当对案件进行再审。⑤ 同理，当事人如果认为对方当事人有逾时提出攻击防御方法的情形，其依法申请法院驳回此种攻击防御方法之提出，且其驳回申请符合法定要件时，法院即应当对相关攻击防御方法予以驳回，这样的处理模式与促进诉讼、提高效能等主流立法理念应当是并行不悖的。并且允许当事人提出申请，也为当事人在申请被驳回时寻求进一步的司法救济，保留了一个窗口。据此，笔者认为当事人有权提出申请，法院审查申请后决定是否启动失权制裁程序的方式，较为符合现代民事诉讼立法趋势。

另外需要提及的是有关责问权行使之问题。如前文所述，失权制裁与当事人行使责问权区别显著。法院在启动失权制裁程序时，固然不应以当事人的申请为前提，同时也不能以当事人舍弃或者丧失责问权为由而认定

① 参见赵钢、占善刚、刘学在《民事诉讼法》，武汉大学出版社 2015 年版，第 311—315 页。

② 参见吕太郎《适时提出主义》，《台湾本土法学杂志》2001 年第 19 期。

③ 参见民事诉讼法研究基金会编《民事诉讼法之研讨》（五），台湾三民书局 1996 年版，第 414 页。

④ 参见许士宦《新民事诉讼法》，北京大学出版社 2013 年版，第 304 页。

⑤ 参见赵钢、占善刚、刘学在《民事诉讼法》，武汉大学出版社 2015 年版，第 314 页。

攻击防御方法的逾时提出因此获得了诉讼行为瑕疵意义上的治愈，从而不进行失权制裁转而对逾时提出攻击防御方法予以准许。总体上讲，失权制裁并不属于责问权的范畴之内，两者各有其意义所在。因此，法院在启动失权制裁程序的过程中，也不应对责问权的问题进行不必要的衡量。

（二）当事人合意的影响

法院在其将要启动失权制裁程序时，其基本前提就是所涉攻击防御方法之逾时提出符合失权规定中的各项要件。在这种情况下，如果当事人仍然能够达成一致意见，希望法院不课以失权制裁，即合意要求排除失权的法效果之适用，法院在此时是否应当受到当事人合意的影响甚至约束呢？大陆法系国家和地区的学者（尤其是德国）对此亦存在不同见解。少数意见认为，以辩论主义为基础的民事诉讼，当事人负责收集诉讼资料并承担主张责任和举证责任，如果个案中双方当事人都希望能够查明事实、解决纠纷，实现实体正义，而均不同意适用失权规定来迅速作出判决，法院就应当依照当事人的合意停止适用失权规定。[①] 多数意见对此则持否定态度，认为从失权规定的立法目的和具体行文出发，并不能够推导得出法院应当对双方当事人合意予以尊重的任何意思。法院在作出驳回决定时，并不必理会当事人的态度（包括合意）。即使当事人之间达成合意，共同要求法院对逾时提出的攻击防御方法予以斟酌，法院也不应当盲目听从，仍然应当依法驳回。同时，失权规定的目的不仅仅是在个案中加快诉讼程序的进行，更是要整体性地使诉讼程序进行更为迅捷、高效，从而减轻法院的负担。假使准许双方当事人通过达成合意而排除失权规定的适用，则失权规定的立法目的将难以实现，该规定也将沦为空谈。故而即使各方当事人陈述、说明一致，也不能避免法院对逾时提出攻击防御方法之驳回。即使双方当事人一致要求法院不要考虑适用驳回的法律规定，法院也必须予以驳回。[②] 除此之外，还有一种折中的意见，认为如果法条规定为"可以驳回"（裁量失权）或者其他类似表达的，则可以由于当事人之间形成合意而排除失权规定的适用；如果法条规定为"应当驳回"（强制失权）或者其他类似的表达的，则此种规定所保护之利益不仅限于对方当事人，而且还有对公共利益的保障与尊重，因而在此种失权规定者，不能由于当事

---

　　①　Vgl. Bettermann, ZZP 91（1978），365，383f.；E. Schneider, NJW 1979, 2506，转引自吴从周《论迟误准备程序之失权》，《东吴法律学报》2005 年第 16 卷第 3 期。

　　②　Vgl. Prütting, a. a. O.，§ 296 Rn. 179.

人之间形成合意而排除失权规定的适用。①

综合几种观点可以发现，几种意见之间的争议不外乎当事人（双方共同的）意思表示对法院适用失权规定是否能够产生影响。正如在前文中所探讨，当事人的申请并不能构成当事人启动失权制裁程序的充分条件，只能成为引起法院启动失权制裁程序的一个动因，法院是否启动失权制裁程序并不受到当事人主张适用失权规定的意思表示之影响。在承认这一原则的基础上即同理可知，法院是否启动失权制裁程序同样也不应当受到当事人拒绝适用失权规定的意思表示之影响。逾时提出攻击防御方法的失权规定，要求当事人共同协助法院迅速推进诉讼，其本身就是防止当事人在攻击防御方法的提出时间上滥用自由权利，恣意拖延而使诉讼程序散漫甚至发生混乱进而产生诉讼久拖不决。为了促使当事人依照法定的进度实施诉讼行为，在法律规定的适当的期限内及时提出攻击防御方法，法院就应当对违反法律规定的当事人予以失权制裁，在失权规定的诸项要件均获得满足的条件下驳回当事人逾时提出的攻击防御方法。当事人只要诉讼行为有失而无免责事由，则其受到制裁将不可避免。与严重破坏法律秩序的犯罪相同，对诉讼行为的违法之处予以惩处也是在于其"必定性"。② 只有（有过错地）逾时提出攻击防御方法必受惩罚，这种震慑作用才能深入人心，立法希望达到的效果才能实现。而谈及立法目的还应再次强调的是，失权规定的立法目的不仅仅在于个案的程序加速，还在于诉讼整体的高效与社会资源的充分调用。法院不是个别人的法院，而是全体纳税人的法院，一个案件的久拖不决会影响其他纳税人对司法资源的利用。建立在这个意义之上的失权规定，显然是不容当事人通过自己的意思表示（即使是双方达成的合意，也仍然是个体意思表示）任意处分失权规定的适用与否的。因此笔者亦赞同多数意见，支持法院在失权规定的适用方面无须受到当事人之间合意的影响。

（三）失权制裁前的通知

法院依法适用逾时提出攻击防御方法之失权规定，固然既不以当事人

---

①　Vgl. Heinz Thomas/Hans Putzo/Klaus Reichold/Rainer Hüßtege, Zivilprozessordnung, 31. Auflage, 2010, § 296 Rn. 7.

②　参见［意］贝卡里亚《论犯罪与刑罚》，黄风译，中国方正出版社 2004 年版，第 57 页。

申请为前提，也不受当事人双方达成的合意所影响，乃是基于司法对法律秩序的维护需要。但是，驳回逾时提出的攻击防御方法，毕竟将会对被驳回之当事人在诉讼程序上以及实体法上的权利或者其他利益构成影响甚至是较为重大的影响；另外，当事人诉讼行为于失权规定所涉之要件是否该当，是否足以适用失权规定，均依赖于法院依职权进行审查并通过自由心证作出裁量，基于加快诉讼的考量并不需要进行"费时费力"的证据调查，因此在失权裁决形成的过程中，当事人在程序参与度上从一般立法规定的角度看是不足的。为了防止失权裁判对逾时提出攻击防御方法的当事人造成裁判突袭，[①] 在就驳回作出裁判之前，应当以一定的方式保障裁判针对的当事人行使法定听审请求权，具体为法院应当提示该当事人法院预计将要驳回其提出的攻击防御方法并给予该当事人机会就其无过错进行陈述和疏明。[②]

二　失权制裁程序的进行

失权制裁程序启动后，法院应当对涉嫌逾时提出之攻击防御方法进行审理，依职权查明其相关情形是否符合失权规定之全部要件，以此决定是否作出驳回裁判。这一程序过程虽系法院依职权进行，但是当事人也非完全置身事外，毕竟裁判的作出首先对各方当事人的利益均有影响，另外按照立法的规定当事人也要在这一过程中承担一定的证明或者疏明的责任。

（一）主张责任

1. 对攻击防御方法的判定。对于涉嫌逾时提出的诉讼行为是否构成攻击防御方法，当事人不承担主张责任。该诉讼行为是否构成攻击防御方法，是纯粹的法律问题，此类问题应当由法院进行裁判。[③]

2. 对违反诉讼促进义务的判定。对于确认当事人是否违反了其诉讼促进义务具有重大显著意义的必要事实，法院必须将其引入诉讼中来予以审查。对于此种事实的相关情况，当事人无须承担主张责任。[④] 这是因为从普遍的立法上看，当事人在失权制裁程序中对其逾时提出攻击防御方法无过错需要承担一定程度的证明或者疏明责任，而对于其他事实的证明，

---

① 参见许士宦《新民事诉讼法》，北京大学出版社 2013 年版，第 329 页。

② Vgl. Prütting, a. a. O., § 530 Rn. 29.

③ Vgl. Prütting, a. a. O., § 296 Rn. 165.

④ Vgl. Prütting, a. a. O., § 296 Rn. 166.

法律一般不作要求。据此应当得出的结论是，立法明确强调免责事由的证明责任，恰恰表明了立法者的态度，即当事人对于其他事项不承担主张责任以及附随于主张责任的证明责任。

3. 对诉讼迟滞和因果关系的确认。对诉讼迟滞的确认，由法院依据自由心证予以进行。法院自由心证的内容只涉及诉讼迟滞，不涉及过错。相关的事实基础的主张责任，当事人无须承担。这也同样适用于逾时/迟延与诉讼迟滞之间因果关系的事实前提。①

4. 对可归责性的判定。当事人违反特别诉讼促进义务逾时提出攻击防御方法的，其必须具有免责事由（无过错）方可免于遭受驳回裁判。也即当事人对能够得出其对于逾时提出攻击防御方法不存在过错的事实承担主张责任。而对于当事人违反一般诉讼促进义务逾时提出攻击防御方法的，其可归责性的主张责任之承担问题则存在一定的争议性。部分意见认为当事人对此也应当承担主张责任。② 但是一般来说，正确的观点应当是逾时的当事人无论如何都不必承担主张责任，法院依据诉讼资料足以对此形成心证。当然如果法院形成临时心证，认为逾时的当事人存在重大过失或者故意，则对此种心证予以反驳，以反证的方式提出主张并予以证明，从而动摇这种临时心证，即为当事人所应当承担的任务。③

（二）证明责任和证明度

1. 攻击防御方法。当事人的提出或者陈述是否属于攻击防御方法，属于法律问题，应由法院依职权裁决，当事人对此不承担证明责任。

2. 证明责任与主张责任的关系。因为原则上主张责任和证明责任在各个方面都不能分离，所以在当事人不承担主张责任的各种情形中，当事人也不承担证明责任。也即当事人对是否违反诉讼促进义务、对诉讼是否发生迟滞以及对迟延提出与诉讼迟滞之间是否存在因果关系均不承担证明责任。④

---

① Vgl. Prütting, a. a. O. , § 296 Rn. 167f.

② Vgl. BGH NJW 1982, 2559（2561）；WM 1984, 1620（1622）；1985, 264（267）；OLG Köln OLGZ 1985, 488（489）；OLG Köln ZIP 1985, 436（437）.

③ Vgl. Prütting, a. a. O. , § 296 Rn. 169f.

④ Vgl. Prütting, a. a. O. , § 296 Rn. 173.

3. 一般证明度。① 对于违反诉讼促进义务以及迟延提出与诉讼迟滞之间的因果关系，适用一般证明度。也就是说，只有违反诉讼促进义务或者迟延提出与诉讼迟滞之间的因果关系的事实前提法院认为确实可信时，法院才得以行使其职权作出驳回裁判。而对诉讼迟滞的确认由法院通过自由心证决定之；这种确定是一种预测裁判，这种预测裁判需要事实基础作为支撑。因为在绝对理论的范畴内，法院必须预测如果驳回逾时提出的攻击防御方法诉讼程序将持续多久以及如果准许逾时提出攻击防御方法诉讼程序将持续多久。在这种预测的范围内，法院拥有很宽泛的裁量空间，采用这样宽泛的裁量空间将有利于逾时提出的当事人。这是因为，立法者已经将对诉讼迟滞的确认交予法院进行自由心证，其目的在于保障在集中审理主义之下对作出实体正义的裁判这一目标的必要性限制不会过分严苛。②

4. 对无过错的证明责任。通说认为，对于违反特殊促进义务的情形，逾时的当事人应当对其无过错承担主张责任和证明责任。在案情真伪不明的情况下，即使无法确认当事人的过错，也必须驳回当事人的提出。但是通常不会产生真伪不明的情形，这是由于当事人必须（依照法院的要求）对其无过错予以疏明。③ 诚如前文指出的，疏明区别于证明，并不必达到证明的充分性和高度盖然性，其证明难度是很低的。除非当事人拒绝或者放弃主张和疏明，或者当事人的外观行为显然让人无法相信其不存在过错，当事人对此的疏明一般都能获得成功。而在重大过失的证明事实方面，必须达到使法院充分相信方为成立。对此适用一般证明度，仅进行疏明是不够的。因此当事人在对此提出反证时，应当按照一般的证明对待。④

（三）驳回裁判的作出

驳回逾时提出攻击防御方法的裁判应当如何作出，存在一定的争议

---

① 所谓一般证明度，指的是这里的证明标准与当事人通常承担证明责任时完成证明所要达到的证明标准程度相同，即使法院经审酌诉讼资料形成心证确认待证事实为真实的最低确信标准。参见姜世明《举证责任与证明度》，台湾新学林出版股份有限公司 2008 年版，第122 页。

② Vgl. Prütting, a. a. O., § 296 Rn. 174f.

③ Vgl. Prütting, a. a. O., § 296 Rn. 176.

④ Vgl. Prütting, a. a. O., § 296 Rn. 177.

性。关于驳回当事人逾时提出的攻击防御方法，学界普遍认可法院不得先行通过中间裁定予以驳回，而后在终局判决中方才说明理由，此系对当事人诉讼权利和申辩权利的保障。但对于驳回当事人逾时提出的攻击防御方法，法院是否可以通过中间裁定作出，存在不同的意见。德国学者普遍认为，驳回逾时提出攻击防御方法，应当在判决的裁判理由中予以宣布，而不能以特别裁定的形式宣布驳回。此种判决并不必须是终结审级的判决，也即法院在一部判决、原因判决或者附保留的判决中都可以宣布驳回。[①]需要强调的是，无论是准许或者驳回逾时提出攻击防御方法，法院都应当在判决的裁判理由中作出裁判。作出此种裁判，既不能考虑使用中间判决，也不能考虑使用特别裁定。不能使用中间判决是因为此种裁判不涉及决定诉讼程序继续进行的争议；不能使用特别裁定是因为在辩论终结之前无法预见到逾时提出攻击防御方法是否会造成诉讼迟滞的效果。[②] 我国台湾地区学者则对此问题存在分歧。吴明轩教授与德国学者同持反对意见，[③] 许士宦教授等则表达了肯定态度，[④] 此外还存在折中意见。[⑤] 但各方对此均没有详细展开陈述理由。

　　事实上，之所以产生这样的分歧，原因在于德国与我国台湾地区的民事诉讼法在裁定适用范围上以及对驳回裁判的理解上存在差异。ZPO 第303 条规定："中间争点可以裁判的时候，可以以中间判决作出裁判。"其第 301 条、第 302 条和第 304 条则分别对一部判决、保留判决和原因判决分别作出了规定。[⑥] 而我国台湾地区"民事诉讼法"第 383 条第 2 款则规

　　[①]　Vgl. Stein/Jonas, a. a. O., § 296 Rn. 174. 亦参见 ［德］罗森贝克、施瓦布、戈特瓦尔德《德国民事诉讼法》，李大雪译，中国法制出版社 2007 年版，第 473 页。

　　[②]　Vgl. Prütting, a. a. O., § 530 Rn. 29.

　　[③]　吴明轩教授认为："法院驳回当事人提出之攻击或防御方法，不得以独立之裁判行之，仅须于终局判决之理由项下，谕示此项裁判之意旨为已足。"吴明轩：《民事诉讼法》，台湾三民书局 2013 年版，第 534 页。

　　[④]　许士宦教授认为："法院驳回提出之裁判，无论系以独立之裁定（参见新法第 447 条第 2款），或于终局判决之理由中为之，均无不可。"该观点承继自邱联恭教授之观点。参见许士宦《新民事诉讼法》，北京大学出版社 2013 年版，第 328—329 页。

　　[⑤]　王甲乙教授等认为："驳回攻击防御方法，应于终局判决之理由中为之，如其攻击防御方法系关于中间判决之标的事项者，则于中间判决理由中为之，倘就其应否驳回生中间之争执者，并得先为中间判决。"王甲乙、杨建华、郑健才：《民事诉讼法新论》，台湾广益印书局 1983年版，第 198 页。

　　[⑥]　参见丁启明译《德国民事诉讼法》，厦门大学出版社 2016 年版，第 70 页。

定："诉讼程序上之中间争点，达于可为裁判之程度者，法院得先为裁定。"① 可见，德国与我国台湾地区的民事诉讼立法在对待中间争点的裁判问题时，存在立法规定上的区别。在德国民事诉讼中，裁定适用范围较为有限，其中涉及中间争点的裁判只能以判决形式作出。与之相反，我国台湾地区的民事诉讼立法对裁定的适用持开放态度，对中间争点的裁判亦适用裁定。这就表明，对于中间争点的裁判，德国采用中间判决，我国台湾地区采用中间裁定，二者在功能上相类似。但是另一方面，德国通说认为，中间判决应当涉及决定诉讼程序继续进行的争议，但是驳回裁判仅为法院对攻击防御方法之逾时提出的处置，所涉及的争议在于诉讼资料是否有资格被引入诉讼中来，而对于程序的推进各方均无异议，因而驳回裁判不在中间判决的范畴之内，不能使用中间判决作出驳回裁判。而我国台湾地区的普遍观点则认为中间争点范畴较为广阔，对攻击防御方法之逾时提出的争议亦属于其中，以中间裁定作出驳回裁判并无不妥。两相比较，其区别系来源于各自立法措辞以及对具体法律术语之外延的理解不同，而在当事人针对裁判寻求救济的方式方面差异也不大，实际并无优劣之分。

　　还须注意的是，法院在作出驳回裁判时，应当在裁判理由中将失权规定中法定的驳回要件均已获得满足的各项事实一一详细载明。② 不过关于当事人的过错，法院只要说明法院为什么不能相信当事人无过错即可。③ 裁判驳回的对象必须是针对具体的攻击防御方法，不得笼统地将一份书状予以驳回。④ 这就要求法院对驳回的理由及其所依据的事实基础进行详尽阐明，并且驳回裁决必须具体化，必须要具体到单个的攻击防御方法，不能整体性地驳回一组攻击防御方法，亦不能将攻击防御方法的具体物理载体作为驳回对象。

---

① 黄荣坚、许宗力、詹森林、王文宇编《月旦简明六法》，台湾元照出版有限公司 2016 年版，第肆-38 页。

② Vgl. Heinz Thomas/Hans Putzo/Klaus Reichold/Rainer Hüßtege, a. a. O., § 296 Rn. 43; Prütting, a. a. O., § 530 Rn. 29.

③ Vgl. Prütting, a. a. O., § 530 Rn. 29.

④ Vgl. Prütting, a. a. O., § 296 Rn. 178.

三　与失权制裁程序有关的权利保障与救济

由于失权制裁的法律效果对被制裁之当事人之诉讼法上的利益以及实体法上的利益将产生重大影响，因此立法对于失权制裁的适用及其程序的进行的总的态度是较为慎重的，法律在失权制裁程序部分为潜在的失权当事人规定了保障其权利的内容，同时也为当事人就失权制裁之驳回裁判寻求法律救济提供了路径。

（一）与失权制裁程序有关的权利保障

如前文所介绍，法院在启动失权制裁程序、作出驳回裁判前，为了防止失权裁判对逾时提出攻击防御方法的当事人造成裁判突袭，应当将其欲作出失权裁判之意思告知潜在的失权当事人，给予该当事人对此进行陈述的机会。此即法院在失权制裁程序启动前应当履行的提示义务。事实上，根据当前各国和地区民事诉讼的发展趋势，法院在民事诉讼中的释明义务（或曰阐明义务、提示义务，源自德国民事诉讼中法院的 Hinweispflicht）在不断被加强，法院对当事人承担的义务愈来愈多。例如在 ZPO 中，德国的立法者在不断强化法官的诉讼指挥权的同时，也加强了法官在诉讼中应当承担的释明义务。依据 ZPO 第 139 条，法院在依据失权规定进行失权制裁程序并作出驳回裁判的，应当提示当事人注意其中的疑点，因为失权制裁属于法院依职权进行之事项；在必要时，法院还应当从事实上和法律上两个方面向当事人就事实关系和法律关系进行释明并提出相关问题；如果当事人不能立即就法院的释明作出说明，法院还应当依当事人的申请指定期间，要求当事人在该期间内通过书状作出相应的补充说明。[①] 我国台湾地区"民事诉讼法"在 21 世纪经历两次修法之后，也加强和扩大了法官在阐明方面的权利和义务。如审判长在民事诉讼中应当行使一般阐明权和特别阐明权，当事人提出攻击防御方法意旨不明的，抑或声明或者事实上以及法律上的陈述不明了或者不完整的，又或者主张不明了或者不完整的，审判长应当命令当事人将不明了者叙述清楚，将不完整者补充完整。[②] 又如审判长应当及时与当事人进行沟通，如果当事人由于不熟知法律而错失发表意见或者提出主张时机的，或者可以利用同一诉讼程序提起

---

① 参见丁启明译《德国民事诉讼法》，厦门大学出版社 2016 年版，第 36—37 页。

② 参见黄荣坚、许宗力、詹森林、王文宇编《月旦简明六法》，台湾元照出版有限公司 2016 年版，第肆-21 页。

其他诉讼的，审判长应当及时提示，避免裁判突袭。① 法院还应当协助当事人整理争点或者晓谕争点。② 基于当事人行为唯一致因原理，当法院没有尽到阐明义务导致当事人逾时提出攻击防御方法时，法院即不得驳回该逾时提出之攻击防御方法，以充分做到在失权制裁方面当事人的权利获得较为充足的保障。

（二）失权制裁的救济

法院驳回逾时提出的攻击防御方法，对当事人影响较为重大，而法院在繁重的司法工作中，其各种裁决均难免可能存在疏漏甚至错误之处。故而为遭受失权制裁的当事人提供司法救济渠道，既是对当事人合法权益的保障，也是在实体正义受到程序正义约束的前提之下对不当或者过激行为的矫正与纠偏。

1. 救济方式的选择。在遭受失权制裁之后，当事人能通过司法途径寻求到的救济方式不外乎提起上诉或者与上诉具有相似性的其他法律手段。而从具体的救济方式上看，一般应当根据法院驳回逾时提出之攻击防御方法的方式来确定救济方式。

（1）在对终局判决提起上诉时一并声明不服

第一审法院经审查认为涉嫌逾时提出的攻击防御方法符合失权规定载明要件，在判决理由中说明驳回当事人逾时提出攻击防御方法的，当事人能否在第二审中向第二审法院重新提出，各方存在不同的观点。肯定说认为，当事人在第一审意图延滞诉讼或因重大过失逾时始行提出攻击防御方法，经法院驳回者，即与未在第一审法院提出同，如在第二审法院提出，应认为新攻击防御方法。③ 否定说则认为，如果攻击防御方法在第一审中没有被提出，而是在第二审中首次被主张，则此种攻击防御方法才为新的攻击防御方法，④ 因此对于当事人在第一审中已经提出的攻击防御方法，不能再认为其系在第二审中首次主张，故不能归类为新的攻击防御方法。

笔者赞同否定说。第一审法院经审查认为相关攻击防御方法之提出于

---

① 参见黄荣坚、许宗力、詹森林、王文宇编《月旦简明六法》，台湾元照出版有限公司2016年版，第肆-25至肆-26页。

② 同上书，第肆-29至肆-31页。

③ 参见王甲乙、杨建华、郑健才《民事诉讼法新论》，台湾广益印书局1983年版，第572页。

④ Vgl. Prütting, a. a. O. , § 520 Rn. 66.

失权规定之要件该当，因而驳回该攻击防御方法之提出的，这种驳回在第二审中继续有效的前提只能是第一审法院的驳回裁判为合法。而对于第一审法院作出的驳回裁判是否合法，只能是经由失权当事人提出上诉并对驳回声明不服、第二审法院经过审查之后方能作出确认。因此，从逻辑上来看，此种攻击防御方法显然并非第二审中的新的攻击防御方法，其法律适用应当与新的攻击防御方法有所区别。虽然新的攻击防御方法中往往包含在第一审中已经提出但是第一审法院明显忽视或者认为不重要的攻击防御方法，但是这种明显忽视或者认为不重要系第一审法院对攻击防御方法在根本上的无视和未予置评，因此可以视为在第一审中未予提出从而成为第二审中的新的攻击防御方法，这与被驳回的攻击防御方法显然是有重大区别的。是故当事人提起第二审上诉并对第一审法院的驳回裁判声明不服的，于法理并无不妥之处，显然是一种正常的寻求司法救济的方式。

（2）提起上诉并附随声明不服

对逾时提出攻击防御方法的驳回裁判，并非一定要以终结审级的终局性判决作出，一部判决（德国）或者中间裁定（我国台湾地区）等非终局判决被各自立法选择为适当的形式。但是对于非终局判决，立法不允许单独提出上诉（包括我国台湾地区的相关的中间裁定，立法也没有单独明确规定可以提起抗告）。但是此种中间判决涉及第一审法院对当事人所提出的攻击防御方法不予斟酌，对终局判决的结果显然会产生较大影响，不对其进行审查不能解决第一审终局判决是否正确的先决问题。因此，立法亦给予当事人提起第二审上诉，由第二审法院对驳回裁判一并予以审判的机会，[①] 以此对当事人进行司法救济，确保司法裁判的公正与合理。

2. 救济事由的确定。法院对当事人提出之攻击防御方法驳回与否，对于当事人诉讼案件的胜败密切相关，意义重大，为保障当事人利益和司法裁判的正确性，法律给予了当事人救济渠道。当事人在选择救济渠道时，自然应当根据其所认为的法院裁判存在之违法或者不当之处，提出自己寻求救济的事由。而法院在适用失权规定时违法或者不当的，不外乎两种情形：要么错误地适用失权规定予以驳回，要么错误地没有适用失权规定未予以驳回。

---

① 参见 ZPO 第 521 条、日本《民事诉讼法》第 283 条、我国台湾地区"民事诉讼法"第 438 条。

（1）错误地适用失权规定予以驳回。这指的是所谓的逾时提出攻击防御方法并不满足失权规定的全部要件，法院本不应当驳回但错误地依据失权规定将该攻击防御方法予以驳回的情形。法院的错误驳回将造成当事人程序法方面的不利益，在实体法上也会造成当事人权益损害，甚至在宪法层面对当事人的基本权利也有侵害。据此提出司法救济的，显然属于选择正当事由，符合失权规定的立法目的。

（2）错误地没有适用失权规定未予以驳回。此即逾时提出攻击防御方法于失权规定全部要件该当，法院本应依法予以驳回但没有驳回。在这种情形中，对方当事人是否能够据此寻求司法救济，存在一定的疑问。德国理论界和实务界的通说对此持有反对意见，认为当事人都无可争议地不能强制要求驳回对方当事人逾时提出的攻击防御方法。法院准许逾时提出攻击防御方法的，当事人不得声明不服；法院不可以补行驳回，因为如果允许法院补行驳回就可能会得出一个实体上故意出错的判决。违法对逾时提出攻击防御方法予以准许，就会将即将发生的、有危险的诉讼迟滞的驳回前提消除掉，从而实现自我治愈。但是该观点同时认为，对于被告的合法性责问，如果法院违法准许其逾时提出，当事人可以对此声明不服。①对于德国通说的观点，亦有学者提出批评。如我国台湾地区黄国昌教授认为，适时提出主义之下的诉讼促进之要求，应当与构建于集中审理主义之下的审理构造结果观察，因此之所以要求当事人应当在适当时期提出攻击防御方法，其目的在于促进特定化和限缩争点，于当事人而言，就是告知其有必要就对于相关的争点而言具有必要性的事实和证据进行收集（在必要时亦须进行保全）。相对地，就一方当事人未提出争执的事项，对方当事人一般都不会就相关事证进行收集和保全，此乃基于对对方当事人的信赖，由此也可以在客观上节省全面收集、保全各项事证的各种成本。有鉴于此，法院驳回逾时提出攻击防御方法，出发点不仅限于公益目的，也在于保护对方当事人的信赖利益并防止诉讼突袭，这里存在对双方当事人之间公平合理性进行权衡的问题，因此对于原审法院违法不适用失权规定驳回逾时提出的攻击防御方法的，对方当事人应当有权在合法上诉中声明不服，上级法院经审查作出肯定性确认的，仍然应当驳回原审中逾时提出

---

① Vgl. Prütting, a. a. O., § 296 Rn. 183f.

的攻击防御方法，以此维护双方当事人之间的公平性。①

对于这一争议，笔者认为应当不能一概而论。逾时提出攻击防御方法之失权制裁程序只能由法院启动，对方当事人的申请只能起到促进和推动作用。而是否适用失权规定作出驳回裁判，均由法院依法经由自由心证最终作出裁决。法院未能依法驳回逾时提出攻击防御方法的，同一审级之内的终局判决显然是在对逾时提出的攻击防御方法进行斟酌的基础上作出的。则在此前提之下，可以分为以下几种情形：法院经斟酌，对逾时提出的攻击防御方法不予采信，未将其作为裁判基础，则对方当事人在裁判中不会因此遭受不利益，从提高诉讼经济性的角度出发着实没有必要赋予该当事人权利可以要求第二审法院再行驳回逾时提出的攻击防御方法；但是如果逾时提出攻击防御方法的当事人在第二审中再行提出该攻击防御方法，则因为该攻击防御方法本在第一审中就系逾时提出，不宜简单认定法院的违法准许就可以将其瑕疵治愈，否则会产生当事人违法行为与法院违法行为二者共同作用就可以将瑕疵诉讼行为予以治愈的荒诞结论，纵容此种逾时提出攻击防御方法，不仅损害对方当事人的合法权益，亦无助于实现失权规定在促进诉讼、提高效能、节省资源等公益方面的目的。故在这种情形中，应当许可对方当事人对第一审法院违法准许逾时提出攻击防御方法声明不服，第二审法院即可在依法审查其是否逾时提出后驳回之，而无须对其进行实质性审查造成更多时间和其他资源的浪费。

而对于第一审法院经斟酌对逾时提出的攻击防御方法予以认可并将之作为裁判基础者，对方当事人是否能够寻求司法救济，则应当根据其遭受不利益之情形、违法准许逾时提出攻击防御方法对整个诉争所产生的影响（包括程序促进方面和实体正义的实现方面）以及逾时提出的当事人的过错性质等因素进行综合考量。笔者认为原则上以倾向于维持第一审判决对逾时提出的攻击防御方法的认定为宜，即不允许对方当事人寻求救济，避免在明知一定的事实的情况下仍然作出与事实不符的实体错误判决的这种明显不合逻辑的事件发生，同时这也体现了对原审判决既判力的尊重和对法的安定性的维护。只有在逾时提出行为过错较大、对当事人危害较为严

① 参见黄国昌《误未驳回逾时攻防之法理效果》，《月旦法学教室》2006 年总第 43 期。

重的情况下，才可以给予对方当事人寻求救济的机会。① 此时宜基于诚信原则、平等原则，由司法给予受害者救援。

综上所述，从总体上看，对于应当适用失权规定而没有适用的情形，原则上还是应当不设救济方式，而以提供救济为特例。

（三）法院对声明不服的处置

对于法院作出的关于失权制裁的裁判，当事人只能选择在提起上诉时一并声明不服或者附随声明不服。在大陆法系国家和地区，上诉（Rechtsmittel）包括第二审上诉（Berufung，日本翻译为"控诉"并在其《民事诉讼法》中使用）和第三审上诉（Revision，日本作"上告"）。因为第一审法院和第二审法院均存在作出驳回裁判之可能情形，故对驳回裁判的上诉就有可能分属第二审上诉和第三审上诉，法院对其的处置方式因审级不同而有所不同。

1. 第二审上诉。当事人对第一审判决提起上诉的，法院应当根据具体情形的不同进行相应的处置：如果上诉系于上诉期间届满后提出、系对不得声明不服之判决提起、上诉存在其他不符合形式要求之处或者具有其他不合法的情形，则法院应当裁定驳回之。第二审法院还需要对当事人上诉进行其他形式性审查，确保上诉并非无意义的提出以及第二审审理具有原则性意义。

在实质审查方面，如果第二审法院认为第一审法院驳回裁判不正确的，则其对于当事人在第二审中再次提出的该攻击防御方法，可以重新进行斟酌。如果第二审法院认为第一审判决存在重大瑕疵，由第二审法院进行证据调查将过于广泛或者耗费大量时间和成本，或者有必要保障当事人的审级利益的，则可以撤销原判决并将之发回第一审法院重审。

2. 第三审上诉。当事人对第二审判决提起上诉的，其针对的应当是

---

① 例如前述黄国昌文中所载之案例：甲对乙诉请交付买卖价金，乙于准备程序终结后行言词辩论时，始逾时提出消灭时效之抗辩，甲虽提出异议，唯法院误未施以失权之效果，而在判决理由中斟酌该时效抗辩并判决乙胜诉。因乙从未在准备程序中提出时效抗辩，甲并未意识到消灭时效有可能成为争点而未对相关事证进行保全（例如证人丙曾经听闻乙请求甲允许其缓期清偿而构成默示承认之时效中断事由），在乙逾时提出该时效抗辩后，对甲有利的事证或许均已逸失（例如丙死亡或者下落不明），乙的逾时提出攻击防御方法绝非仅造成诉讼迟滞，其危害更在于对甲构成诉讼突袭，造成了严重的不公平。参见黄国昌《误未驳回逾时攻防之法理效果》，《月旦法学教室》2006 年总第 43 期。

第二审法院在判决中许可上告的判决，或者当事人在对不许可上告提出抗告并且第三审法院予以许可后提起第三审上诉。对于第三审上诉本身是否满足合法性要件，法院应当予以审查，对不合法的上诉应当裁定驳回。因为在大陆法系国家和地区，第三审为纯粹的法律审，与审查案件事实的第一审和第二审有着本质区别，所以提起第三审上诉的理由只能是认为第二审判决违反法律。故而当事人提起第三审上诉的依据包括法院对不准许提出攻击防御方法根本没有说明理由，或者法院因为错误理解逾时、过错或迟滞等法律概念而未对不准许说明理由，或者在驳回以及准许提出攻击防御方法时违反了法律的规定。第三审法院应当对具有原则性意义的法律问题进行审查，如果认为第二审法院在解释和适用法律方面存在明显的错误，即应当支持上诉，撤销原判决，而后根据案件是否已经达到裁判成熟来决定发回第二审法院重审或者自行裁判。①

第四节　其他规制手段

除了最为主要的失权制裁之外，对逾时提出攻击防御方法的规制手段还包括一些补充性质的措施，这其中就包括在大陆法系国家和地区较为常见的诉讼费用负担调整之方法以及我国采取的行政罚。

一　诉讼费用负担

民事诉讼中的诉讼费用由败诉一方当事人负担是各国立法的通例。但是，民事诉讼的进行应当贯彻普遍平等原则（Allgemeiner Gleichheitssatz）。普遍平等原则一般意在保障民事诉讼程序中当事人在法官面前的诉讼地位的平等性，要求法官在涉及实体正义的利益方面平等适用法律（诉讼中的武器平等）。② 该原则还进一步体现为对恣意行为的禁止。③ 就诉讼费用的负担而言，为了限制当事人的恣意行为，对逾时提出

---

① 例如原判决错误地准许逾时提出攻击防御方法，第三审法院依法对此作出改正后，一般即可在对该攻击防御方法不予斟酌的情况下依据已有的诉讼资料掌握案情，而无须更新重开言词辩论，则就无须将案件发回第二审法院重审而可以自为判决。

② BVerfGE 69, 248（254）= NJW 1985, 3005；vgl. auch BVerfGE 54, 117（124 f.）= NJW 1980, 1737.

③ BVerfGE 55, 72（89）= NJW 1981, 271.

攻击防御方法之当事人予以惩戒，判令由其负担全部或者部分诉讼费用，正是普遍平等原则在诉讼费用负担方面的具体体现。

判令由逾时提出攻击防御方法的当事人在胜诉的情况下仍然负担全部或者部分诉讼费用，是大陆法系国家和地区民事诉讼立法中的常见做法。ZPO 在其第 95 条和第 96 条中规定了当事人因迟误或者提出无益的攻击防御方法的，即使其获得本案胜诉，法院也可以命其负担由于迟误或者提出无益的攻击防御方法而产生的诉讼费用。① 日本《民事诉讼法》第 63 条规定了当事人未在适当的时期及时提出攻击防御方法导致诉讼发生迟滞的，即使该当事人胜诉，法院也可以使其承担因迟延而产生的诉讼费用中的全部或者部分。② 我国台湾地区"民事诉讼法"与前两者类似，其第 82 条亦规定，当事人未于适当时期提出攻击防御方法而致诉讼延滞的，即使该当事人胜诉，因延滞而产生的费用，法院可以命令其负担全部或一部。③

对于诉讼费用的负担，大陆法系各国和地区的普遍做法是将其规定为法院的职权范围。例如我国台湾地区的判例即认为，是否命令胜诉的当事人负担诉讼费用，是法院依职权裁量的事项，当事人不得对此任意指摘。④ 但是对于此种负担之裁判，受不利益之当事人是否可以寻求司法救济，各国和地区间的规定则不尽相同。ZPO 禁止当事人单独就诉讼费用提起司法救济;⑤ 日本《民事诉讼法》则许可当事人可以对诉讼费用的确定提起异议以及对法院就该异议作出之决定提起抗告;⑥ 而我国台湾地区的相关法律则对此未予规定。由此可见在诉讼费用负担的司法救济方面，各国在立法目的以及相关理念方面存在较大冲突。

二　行政罚

与大陆法系国家和地区调整民事诉讼费用负担相类似但又有所不同，我国采用了由人民法院对逾时提出攻击防御方法的当事人作出行政罚予以

① 参见丁启明译《德国民事诉讼法》，厦门大学出版社 2016 年版，第 22 页。
② 参见曹云吉译《日本民事诉讼法典》，厦门大学出版社 2017 年版，第 25 页。
③ 参见林东法《民事诉讼法》，台湾东法学苑 2008 年版，第 85 页。
④ 同上。
⑤ 参见 ZPO 第 99 条第 1 款。
⑥ 参见日本《民事诉讼法》第 71 条。

制裁的规定。这一规定首见于《民诉法解释》第 102 条。人民法院可以采取的具体处罚措施包括训诫和罚款。在我国的司法实践中，已经出现了人民法院在民事诉讼审理过程中对逾期举证的当事人予以训诫和罚款的案例。[①] 从训诫和罚款的性质来看，最高人民法院在制定《民诉法解释》时，将逾期举证视为妨碍民事诉讼的违反秩序的行政违法行为，据此规定人民法院可以对此行使警察权，对违反秩序的行为进行行政性的处罚。

本章小结

本章从规制手段的演进历程入手，研讨了对逾时提出攻击防御方法进行规制的有关问题。在适时提出主义之下，对逾时提出攻击防御方法应由法院依据法定程序课以失权制裁。失权制裁本质上是一种基于公法义务的制裁，依据不同标准其可以分为强制失权和裁量失权以及因故意引起的失权和因过失引起的失权。失权制裁程序应当由法院启动，法院进行相关审查并作出自由心证，当事人除了在部分情形中对免责事由承担疏明义务外，对其他要件事实不承担主张责任和证明责任。当事人认为法院作出的驳回裁判不当或者适用失权规定不当，可以通过上诉寻求司法救济。除失权制裁之外，法院还可以通过调整诉讼费用负担或者课以行政处罚等方式，对逾时提出攻击防御方法的当事人进行制裁。

[①]　训诫案例如一起土地承包经营权纠纷案件中，被告因逾期举证，被案件审理法院予以训诫。参见牛文良《无故逾期举证，法院予以训诫》，2015 年 7 月 20 日，富平县法院网（http：//sxfpfy. chinacourt. org/public/detail. php？id=1273）。又如上海市长宁区人民法院对一起商事案件作出判决，对被告某商贸公司无故逾期提供证据的行为予以训诫，责令该商贸公司向法院提供《具结悔过书》，向法庭和其他当事人道歉，保证今后不再发生此类情况。参见袁玮《法院训诫无故逾期举证当事人》，《新民晚报》2013 年 3 月 20 日 A11 版。罚款案例如苏州市吴中区人民法院对逾期举证行为开出的首张罚单，一起建设工程施工合同纠纷的被告某公司因在第一审中拒不举证、在第二审中逾期举证被罚款 5 万元。参见马俐《故意逾期举证　当事人吃 5 万罚单》，《人民法院报》2016 年 2 月 17 日第 3 版。又如一起民间借贷纠纷中，当事人徐某因故意逾期举证拖延诉讼，严重影响正常的诉讼程序，被北京市密云区人民法院罚款 8 万元。参见黄晓宇《当事人逾期举证被罚 8 万元》，《北京晨报》2016 年 8 月 2 日 A11 版。

第三章

规制逾时提出攻击防御方法的法理基础

第一节　诉讼促进义务

案多人少，司法程序繁杂冗长，欠缺效率，是各国民事司法在发展和改革的道路中遇到的共同问题。节约司法资源、提高司法效能，无论是在最高人民法院发布的《人民法院第四个五年改革纲要》中，[①] 还是在美国联邦最高法院 2014 年年终报告中，[②] 都是被多次提及、着重强调的工作要点和努力方向。法律对权利的有效保护不仅要求法院彻底调查法律争议并以此为基础作出正确的判决，还要求权利能够迅速得到实现。[③] 诉讼周期的过于漫长往往会使胜诉贬值，此即古老法谚所云"迟到的正义非正义"（Justice delayed is justice denied）。为了解决诉讼拖延、程序冗长的问题，各国在司法改革的过程中均在探索促进诉讼、提高效能的有效路径和方式。在从随时提出主义向适时提出主义过渡之后，"诉讼促进义务"这一概念被引入立法思想之中，民事诉讼的各个参与方都被赋予了相互协力、共同推进诉讼迅速进行的义务。

一　诉讼促进义务的含义

（一）基本内涵

从狭义上讲，诉讼促进义务指的是民事诉讼中当事人的一种义务，该

[①] 参见任鸣《最高人民法院发布〈人民法院第四个五年改革纲要〉》，《法律适用》2014 年第 8 期。

[②] 参见［美］约翰·罗伯茨《美国联邦最高法院 2014 年年终报告》，黄斌、杨奕编译，《人民法院报》2015 年 1 月 16 日第 8 版。

[③] 参见［德］罗森贝克、施瓦布、戈特瓦尔德《德国民事诉讼法》，李大雪译，中国法制出版社 2007 年版，第 565 页。

义务要求当事人既要作出具有充足内容的陈述（完全陈述），又要及时地陈述（适时陈述）。① 而从广义上看，承担诉讼促进义务的不仅仅是当事人，法院在民事诉讼的进行中也应当承担其相应的诉讼促进义务。法院或者进一步说是法官的诉讼促进义务被认为是其释明义务的深层次体现。② 因此可以认为，民事诉讼中的诉讼促进义务，涵盖了立法对法院和当事人的诸项要求，包括法官应当及时作出提示和释明，当事人应当适时提出攻击防御方法和为其他诉讼行为，违反法律规定的迟误会遭受失权制裁以及应当采取各种措施防止诉讼迟滞等。

（二）历史渊源

从世界范围内的立法上来看，诉讼促进义务这一概念应当认为也是发端于德国，但其提出并非自 ZPO 颁布之时起。实际上，自 ZPO 颁行以来，其历次修改人们都在追寻解决法院负担过重、当事人拖延诉讼、法律救济耗时过多这些一再出现的问题。1924 年的修改增加了法官的诉讼指挥权，限制当事人对诉讼的控制权，引入集中审理原则；1933 年则再次强调了集中审理原则，并为遏制诉讼拖延规定了相应的措施。③ 这些新的理念和措施，虽然没有提及诉讼促进义务，但是成为诉讼促进义务进入立法、成为理念的基础。在此基础之上，1976 年的《简化修订法》全面吸收了 1955 年成立的民事诉讼法修订委员会于 1966 年提交的长篇报告的主要精神（全面修订 ZPO，民事诉讼程序应当实现加快和集中审理），对民事诉讼进行了重大的改革。高效率的"斯图加特模式"在全国的民事诉讼中广泛推行，言词辩论程序被加快和集中，诉讼促进义务在民事诉讼法律制度中被正式确立。法官和当事人被要求均须承担诉讼促进义务。

（三）从语言学视角分析

诉讼促进义务这一概念来自德国，其原文为 Prozessförderungspflicht。该词语系由三个单词组成的复合词，其中 Prozess 表示"诉讼、程序"，Pflicht 表示"义务"，而 Förderung 表示"促进"，是这一概念的核心。Förderung 派生自动词 fördern，原本表示"进一步向前"，工业革命后又拓展包含了"从地球内部拿出，通过采掘获取"之意，现在一般表示"开

---

① Vgl. Prütting, a. a. O., § 296 Rn. 59.
② 参见柯阳友、吴英旗《民事诉讼促进义务研究》，《山东警察学院学报》2006 年第 3 期。
③ 参见丁启明译《德国民事诉讼法》，厦门大学出版社 2016 年版，"译者前言"第 2 页。

采、发掘，资助、促进"。① 从语义和语法上来看，与之相搭配的一般是矿藏、石油、煤炭，或者贸易或艺术的发展、了解、友谊，抑或食欲、消化等，这些采掘和资助、促进的对象，至少属于值得开采或者促进的东西，是具有价值，值得人们去追求的目标或者财富。② 据此有学者批评认为，与这些值得追寻的事物相比，诉讼根本不值得促进，与此相反，人们总是倾向于避免诉讼或者友好地解决诉讼，诉讼只是解决纠纷的手段而非目标。因此，该观点认为"诉讼促进义务"这一概念并不妥适，甚至有美化诉讼、片面强调全体社会人对诉讼所承担的责任之嫌。但实际上这是一种扩大解读的误会。这里的促进，仅可以理解为时间上的促进、不拖延。如果在时间层面之外进行理解，则会超越立法目的。

（四）特征

1. 防止拖延。诉讼促进义务的核心思想是防止拖延。在民事诉讼中，法律并不要求当事人积极实施诉讼行为，是否陈述和陈述内容的多寡均由当事人自行决定，虽然当事人可能会因为不陈述或者不完全陈述而败诉，但是法律对这种不积极的不作为并不会课以制裁。但是如果当事人在诉讼之初一言不发，在应当陈述的时间点或者时间段内不陈述或者不完全陈述，而在这之后却滔滔不绝，造成诉讼程序发生迟滞，这就违反了诉讼促进义务。由此观之，实际上诉讼促进义务其主要思想仍然是禁止当事人有过错地拖延诉讼。③

2. 公法义务。诚如前文所言，对逾时提出攻击防御方法课以失权制裁属于违反公法义务的制裁，其根源就在于诉讼促进义务属于公法义务。其与诉讼法上的负担（例如证明责任）有很大不同。诉讼法上的负担指向的是当事人在诉讼过程中可能实施的中性行为，立法对不实施中性行为者并无负面评价，并且不对此种行为进行处罚，只是由此造成的相应的诉讼法上的效果需要由行为人承担。而公法上的义务则要求当事人不为某种或者某些行为，这是立法所不期望出现的行为，属于负面评价。如果当事人实施了负面的作为或者不作为，将遭受法律的制裁。就诉讼促进义务而言，不履行该义务的当事人将遭受失权制裁，这是由国家高权行为（sta-

---

① Vgl. Günther Drosdowski [Hrsg.], a. a. O., S. 199.

② 参见［德］迪特尔·莱波尔德《当事人的诉讼促进义务与法官的责任》，载米夏埃尔·施蒂尔纳编《德国民事诉讼法学文萃》，赵秀举译，中国政法大学出版社 2005 年版，第 388 页。

③ 同上书，第 389 页。

atlicher Hoheitsakt)① 所施加的不利益，是法律对这种行为进行谴责所形成的法律效果。

二 诉讼促进义务的分类

依据不同标准，诉讼促进义务同样可以被区分为不同的类别。本书的分类依据的是诉讼促进义务的承担主体之不同以及诉讼促进义务在特定性方面的差异。

（一）依据义务承担主体划分

依据诉讼促进义务的承担主体之不同，可以将诉讼促进义务分为法官的诉讼促进义务和当事人的诉讼促进义务。

1. 法官的诉讼促进义务

法官的诉讼促进义务表现为其释明权和诉讼指挥权的扩张。此类诉讼促进义务并非当事人逾时提出攻击防御方法规制制度之基础，因此本书不做详细探讨，只做简单介绍。以德国法上的法官的诉讼促进义务为例，具体来说，其主要包括以下几个方面：

（1）法官的询问权。法院必须督促当事人对全部重要的事实进行充分翔实的说明并提出恰当的诉讼请求。为了实现这一目标，法官应当从事实和法律两个方面，就事实情况和法律关系与当事人进行讨论并进行发问。法官在言词辩论中和言词辩论之前的准备程序中都应当行使该项职权。②

（2）言词辩论的准备。法官可以采取广泛的措施进行言词辩论的准备，其目的在于使程序尽可能在主期日得以终结。可以采取的具体措施包

---

① Unter einem Hoheitsakt （staatlicher Hoheitsakt） versteht man eine Anordnung, die der Staat von oben herab （hoheitlich） beschließt, bei der somit Staat und Bürger in einem Über‐Unterordnungsverhältnis （Subordinationsverhältnis） zueinander stehen. 高权行为（国家高权行为）指的是国家自上而下（高权性地）决定作出的安排或者发布的命令，因此在这种安排或命令中国家和公民相互之间处于上下级关系（从属关系）。Zu den Hoheitsakten zählen unter anderem: Gesetze （Hoheitsakt der Legislative）, Verwaltungsakte （Hoheitsakt der Exekutive） und Gerichtliche Entscheidungen （Hoheitsakt der Judikative）. 属于高权行为的包括法律（立法高权行为）、行政行为（行政高权行为）和司法裁判（司法高权行为）。参见维基百科"Hoheitsakt"词条（https://de. wikipedia. org/wiki/Hoheitsakt#cite_ note-1）。

② 参见［德］罗森贝克、施瓦布、戈特瓦尔德《德国民事诉讼法》，李大雪译，中国法制出版社 2007 年版，第 565—566 页。

括命令当事人对准备书状进行补充或者解释，向法院提交文书或者勘验物，规定对某些事实方面的争点进行说明的期间；要求国家机关或者国家机关工作人员向法院报告文书或者提供官方答复；命令当事人本人出席以及传唤证人和鉴定人。[①]

（3）言词辩论之前的证据裁定。法院在言词辩论之前亦可以作出证据裁定（Beweisbeschluss）。在证据裁定的基础上，法院还可以在言词辩论之前就进行一部分证据调查。[②]

（4）在书面程序中对当事人进行督促和指定期间。在书面的准备程序中，法院应当在送达起诉状的过程中督促被告在两周的不变期间内作出愿意进行答辩的意思表示。在进行督促的同时，法院应当另行指定两周的期间，要求被告在该期间内提出答辩状。如果被告未作出表示，或者被告认诺原告主张的请求权的，则法院应当依原告的申请在书面程序中作出缺席判决或者认诺判决。[③]

（5）在先期首次期日中进行督促并指定期间。法院在安排先期首次期日时，也应当指定一个答辩的期间，或者首先简单督促被告提出防御方法。如果诉讼程序经过先期首次期日没有得到终结的，同时法院认为被告已经发表的意见并不充分的，法院就应当指定期间要求被告进行书面答辩。[④]

（6）指定期间要求原告对答辩发表意见。在书面准备程序或者先期首次期日中，法院可以为原告指定至少两周的期间，要求原告对被告的答辩提出书面意见。指定此种期间的前提是答辩状已经送达原告。[⑤]

（7）不准许或者驳回攻击防御方法。当事人迟误法院指定期间或者法定期间的，法院可以不准许或者驳回该当事人逾时提出的攻击防御方法。[⑥]

（8）费用的负担。法院可以判令有过失的当事人负担因其过失（迟误、延长期间）而产生的费用。如果胜诉方基于其本来可以在前一审级

---

① 参见［德］罗森贝克、施瓦布、戈特瓦尔德《德国民事诉讼法》，李大雪译，中国法制出版社 2007 年版，第 566 页。

② 同上。

③ 同上。

④ 同上书，第 567 页。

⑤ 同上。

⑥ 同上。

中提出的新的主张而获得胜诉，则法院可以判令胜诉方负担部分或者全部上诉费用。法院还可以要求当事人负担特殊的因拖延产生的费用。对此，法院应当以裁定作出，在作出裁定之前应当听取当事人的意见，作出的裁定必须详细说明判令负担的理由。①

（9）根据案卷状况裁判。如果诉讼达到可以裁判的程度，则法院可以在双方当事人缺席或者一方当事人缺席而另一方当事人不辩论时依职权根据案卷状况作出裁判，而当一方当事人缺席而另一方当事人进行了言词辩论时则依出席一方当事人的申请根据案卷状况作出裁判。②

2. 当事人的诉讼促进义务

当事人的诉讼促进义务即狭义上的诉讼促进义务。规制攻击防御方法之逾时提出，正是基于当事人的诉讼促进义务。正如本书在引言中所述，当事人所承担的这种义务又可以分为两种，分别是一般诉讼促进义务和特别诉讼促进义务。前者指的是当事人有适时提出攻击防御方法以促进诉讼的义务，后者指的是当事人有于法定或法院指定的一定期间内提出攻击防御方法的义务。此种分类下文将予以详述。

（二）依据诉讼义务的特定性差异划分

根据诉讼义务在特定性方面的差异，可以将当事人的诉讼促进义务划分为一般诉讼促进义务和特别诉讼促进义务。仍以德国为例，其具体内容如下：

1. 一般诉讼促进义务（allgemeine Prozessförderungspflicht）。该义务要求当事人在根据诉讼状态/诉讼程度而确定并显示出的时间点以及范围和程度上将其提出的攻击防御方法引入诉讼程序中来。③ 如果当事人可以在言词辩论终结前的任意时间自由提出攻击防御方法，则诉讼程序就不能顺利地得以终结。据此，当事人必须充分履行真实义务和完全义务，④ 尽早

---

① 参见［德］罗森贝克、施瓦布、戈特瓦尔德《德国民事诉讼法》，李大雪译，中国法制出版社 2007 年版，第 567 页。

② 同上。

③ Vgl. Prütting, a. a. O.，§ 296 Rn. 59.

④ 真实义务起源于奥地利《民事诉讼法》。广义上的真实义务包括狭义上的真实义务与完全义务。狭义上的真实义务是一种禁止当事人说谎的要求，当事人承担真实义务即意味着其不可以在明知为不实事项的情况下仍然予以陈述；或者明知对方当事人的陈述为真却仍然进行争执。完全义务则要求当事人不可以只陈述于己有利的部分事实，对于于己不利的事实，当事人也应当予以陈述。真实义务仅涉及事实上的陈述，而不涉及法律上的陈述。参见姜世明《民事诉讼法》（上册），台湾新学林出版股份有限公司 2016 年版，第 487 页。

地提出全部攻击防御方法，以证明诉讼的合法性和具有理由。对于被告的答辩，这一义务具体体现在被告被要求应当按照诉讼的程度和程序上的要求，在答辩中提出为进行诉讼所必要与适当的防御方法；并且答辩应当在至少两周的答辩期间内提出。原告对被告之答辩欲发表意见的，与被告答辩在诉讼促进义务方面作相同要求。证明责任并不必然对阐明义务和诉讼促进义务构成限制，因为在一些特别的情形中，阐明义务和证据协力义务亦会发生，相关当事人在此种情形中依然应当履行诉讼促进义务。诉讼促进义务并不意味着向同时提出主义的回归，因为在一些例外的情况下，部分陈述仍然可以先予以保留，根据诉讼的程度和程序上的要求在不违法的合适的时间点上提出。当事人违反一般诉讼促进义务而没有适时提出攻击防御方法的，将会面临法院驳回逾时提出攻击防御方法的失权制裁。①

2. 特别诉讼促进义务（besondere Prozessförderungspflicht）。该义务也被称为特殊诉讼促进义务（spezielle Prozessförderungspflicht），指的是当事人应当在法律直接规定或者法院依法规定的期间内按照诉讼的程度和程序上的要求进行陈述的义务。② 与一般诉讼促进义务的原则性要求不同，特别诉讼促进义务针对的是当事人对具体期间的违反，是对当事人遵守法定或者法院指定期间的要求。具体来说，特别诉讼促进义务包含如下几个方面：

（1）遵守普通书状期间。对于请求和攻击防御方法，如果对方当事人不事先获知就不能据以有所陈述的，每个当事人都应当在言词辩论之前通过准备书状通知其他当事人，使其他当事人能对此有所了解。一方当事人逾时提交此种书状的，如果这种逾时提出不属于应当被课以失权制裁的逾时提出攻击防御方法，则法院应当为对方当事人指定一个期间，听取该当事人在对书状有所了解后发表意见。③

（2）适时提出合法性责问。如前文所述，合法性责问也属于攻击防御方法，故而也受到诉讼促进义务的约束，必须适时提出。具体来说，合法性责问必须在法院开始进行本案审理之前提出。如果法院在言词辩论之前指定了答辩期间的，则合法性责问就应当在该期间内提出。如果合法性

---

① 参见［德］罗森贝克、施瓦布、戈特瓦尔德《德国民事诉讼法》，李大雪译，中国法制出版社 2007 年版，第 568 页。

② Vgl. Prütting, a. a. O. , § 296 Rn. 59.

③ 参见［德］罗森贝克、施瓦布、戈特瓦尔德《德国民事诉讼法》，李大雪译，中国法制出版社 2007 年版，第 568 页。

责问属于可以舍弃的责问，则在当事人逾时提出此种合法性责问时，法院只有在当事人具有免责事由时才能准许逾时提出责问。[①]

（3）遵守法定期间和指定期间。当事人尤其应当在法定期间和法院为其指定的期间内提出攻击防御方法。违反合法有效的期间规定而没有适时提出攻击防御方法的，该攻击防御方法原则上应当被驳回。例外的情形见于法院依据自由心证认为准许逾时提出不会造成诉讼迟滞或者当事人无过错的，逾时提出攻击防御方法才能获得法院准许。[②]

另外，在第二审中，也需要遵守特别诉讼促进义务，违反该义务逾时提出攻击防御方法的，也会被课以失权制裁。可见诉讼促进义务不仅仅是第一审中当事人应当履行的义务，实乃贯穿民事诉讼程序的始终。

三　诉讼促进义务的具体化

上述有关当事人诉讼促进义务的内容，立法虽然进行了较为详细的规制，但是对于当事人而言，其在实施诉讼行为、进行民事诉讼的过程中，这样的规定仍然显得较为抽象。尤其是在一般诉讼促进义务方面，其要求当事人按照诉讼的程度、状态确定提出攻击防御方法的时间点以及程度和范围。对这种完全不确定的笼统性规定，法官和律师也需要仔细思考，遑论非法律专业的当事人，其可操作性是较低的。失权规定的一个重要目的就是防止当事人挤牙膏式地将诉讼资料一点又一点地提交法院，[③] 但是诉讼促进义务的抽象规定对于攻击防御方法提出时间点和范围的不明确，极易诱发当事人重新按照同时提出主义之下的固有方式，将各种诉讼资料——无论其对于诉讼和裁判是否具有显著意义——都一股脑地全盘提出，无关资料的堆砌反而更容易导致诉讼的拖延。同时，具体举证责任在当事人之间的转换，[④] 也表明具有裁判显著意义的攻击防御方法也并非总

---

① 参见［德］罗森贝克、施瓦布、戈特瓦尔德《德国民事诉讼法》，李大雪译，中国法制出版社 2007 年版，第 569 页。

② 同上。

③ Vgl. Prütting, a. a. O., § 296 Rn. 2.

④ 即主观具体证明责任，是主观证明责任的一个方面，其解决的是在法官对案件待证事实形成一定程度的心证的情形下，应当由哪方当事人继续提供证明的问题。主观具体证明责任的承担是在诉讼证明过程中随着法官心证的变化而在当事人双方之间交替转换的。参见胡学军《具体举证责任论》，法律出版社 2014 年版，第 304 页。

是要在诉讼开始阶段就全部提出，随着诉讼的进行按照证明责任的要求提出反而才是符合程序逻辑的做法。因此，有必要确定一个履行诉讼促进义务的具体方式，一方面降低无关资料提出的概率，另一方面给予当事人以指导，使其了解应于何时在什么范围、什么程度上提出攻击防御方法。

（一）诉讼促进义务的履行

1. 主线胜诉论。关于诉讼促进义务的具体履行方式，主要有两种观点：一种为主线胜诉论。该观点认为，当事人应当首先通过提出必要的攻击防御方法的方式奠定一条通往胜诉的"主要作战路线"，只要所提出的攻击防御方法足以证实该路线确有胜诉之机会，当事人就完成了诉讼促进义务的履行。而在当事人注意到随着诉讼的进行，其所为之陈述无法确保其获得胜诉时，其才有必要提出其他攻击防御方法。[①] 该观点认为例如消灭时效抗辩等就可以不必在诉讼之初即提出。

对于这一观点，理论界即有学者提出批评，司法实务界亦持谨慎态度。通常认为，在履行诉讼促进义务时，提出的攻击防御方法应当内容充分。只有对于一方当事人在诉讼前或者诉讼外提出的内容（陈述），对方当事人可以进行保留而不提出攻击防御方法，这种保留不被认为违反诉讼促进义务和注意义务。[②] 例如原告主张其享有本由被告所享有的一项债权，则被告只需予以否认即可；在原告主张债权转让并提出的同时，当事人对于其于诉讼前或者诉讼外获知的各种状况，不承担说明义务。也就是说，任何当事人不能被强制要求预先做好防备，对不构成诉讼争议的标的或对象的事实情况进行防御。[③] 但是在原则上，当事人不能保留反对权（Gegenrecht，例如抵销、撤销、消灭时效抗辩权）不先行提出。实际上，就与诉讼标的相关的形成权而言，一旦进入诉讼程序，当事人就不得依据民事法律的规定在除斥期间内任意时间行使。通说认为："如果某一形成状态业已发生，则必须实施形成行为（即行使形成权）并将该事实引入诉讼中来。"[④] 必须首先引入诉讼中来的就包括消灭时效抗辩权。由此可

---

① Vgl. Grunsky, Taktik im Zivilprozess, 2. Aufl., Köln 1996, Rn. 229, 转引自刘显鹏《民事诉讼当事人失权制度研究》，武汉大学出版社 2013 年版，第 56 页。

② Vgl. Prütting, a. a. O., § 282 Rn. 9f.

③ Vgl. Prütting, a. a. O., § 296 Rn. 10.

④ Vgl. BGH NJW 1985, 2481 (2482); BGHZ 91, 293 (303) = NJW 1984, 1964; BAG BB 1984, 345.

见，对于主线胜诉论的观点，由于其所提出的可以支持"通往胜诉"的诉讼资料的范畴依据的是当事人主观认识，其标准性不具有客观性，同时很不确定；同时反对权的必须先行行使，又使当事人自行决定提出和保留攻击防御方法的自由受到了限制。这样的缺陷，使该观点在理论上和实践中受到的关注度大大下降，无法成为通说。

2. 分级提出论。另一种观点为分级提出论（Staffelung des Vorbringens），该观点提出当事人可以对攻击防御方法的提出进行分级，在其全部可以使用的攻击防御方法中，部分进行陈述（vortragen）而部分进行预告（ankündigen）。该观点认为，当事人在诉讼中必须陈述的事实包括可以驳倒对方当事人已用事实证实的诉讼陈述的事实和让诉看起来没有理由（被告方面）的事实或者让诉看起来有理由（原告方面）的事实。对于这类事实，只要当事人负有证明责任，当事人就必须至少要提出一个证据方法进行证明。如果当事人已经提出的证据被证实不充分，则该当事人想要引入诉讼中来的其他证据方法以及反证（Gegenbeweis）就必须全部向法院和对方当事人予以预告（ankündigen）。如果当事人此前提出的攻击防御方法被证实不充分，则当事人必须预告其想要引证的其他事实以及反对权（例如抵销、消灭时效抗辩权），以使法院知悉在发生这种情形时当事人会将什么变成自己的陈述内容。对此当事人必须予以澄清的是，这些其他的事实和证据方法只是应当预告但不是必须予以提出。为了进行这样的澄清，当事人可以通知法院，其只是在最初对其提出和陈述的内容进行了保留，但是他仍然拥有进一步进行提出和陈述的权利。[1]

在进行攻击防御方法分级时，当事人必须额外地让其予以保留、在一定的情形中可能会提出的攻击防御方法予以个别化（Individualisierung）。所谓个别化，就是要确保予以保留的攻击防御方法为独立的攻击防御方法，并且预告法院其计划提出何种攻击防御方法。预告的作用在于使法院得知当事人打算让什么成为诉讼程序的一项内容，因此预告只需要表明其打算引入何种诉讼资料即可而不需要进行详细陈述。预告与提出的不同之处在于，依据宪法精神，凡合法提出的攻击防御方法，法院必须进行斟酌；而预告则不会触发法院这样的义务，相反法院不得对预告的攻击防御方法进行审查和评价。即便如此，预告仍然可以构成法院行使释明职权的

---

[1]　Vgl. Prütting, a. a. O. , § 282 Rn. 20f.

前提，即当事人在其攻击防御方法提出不充分的情况下针对这种情况已经预告了其他的攻击防御方法时，就应当认为其履行完成了诉讼促进义务，法院此时应当就攻击防御方法提出不充分对当事人进行提示。如果法院未进行这样的提示而径行作出裁判，并且法院本身也认为当事人应当就其预告的攻击防御方法进行提出和陈述的，则法院就构成了裁判突袭。尤其应当重视证据方法的预告，这可以使法院较早知悉有哪些证据方法会被提出。[①]

总体来看，将攻击防御方法分割为已经提出的攻击防御方法和已经预告的攻击防御方法并不违反失权规定的立法目的，前提是当事人必须全面地通知法院其予以保留而可能会在随后提出的全部攻击防御方法。法院基于这种知悉才能在适当的时机行使职权提示当事人进行必要的陈述，从而防止了当事人实施诉讼突袭，并且能够避免诉讼迟滞。除此之外，分级提出还可以实现诉讼经济性。例如：在建设工程承包人提起的承揽报酬之诉中，如果被起诉的业主已经主张了消灭时效抗辩权，则被告显然就不需要再对建设工程存在大量的建筑瑕疵进行陈述并以事实证明之（瑕疵证明显然是较为费时费力的）。[②] 正是基于这些优点，分级提出论在民事诉讼法学界才更受青睐，成为各界较为推崇的一种诉讼促进义务的具体履行方式。

(二) 诉讼促进义务的减轻[③]

在当事人履行自身诉讼促进义务的同时，法院也可以采取一些措施以减轻当事人的诉讼促进义务。例如在第二审中，如果当事人的行为虽然满足了其（已经被减轻的）诉讼促进义务的要求，但是即便如此其仍然没有将对于诉讼作出裁判具有重大意义的全部的攻击防御方法予以提出，并且当事人后来又提出了新的攻击防御方法，则诉讼程序就可能发生了迟滞。但是此种诉讼迟滞并不以当事人的错误行为为基础，而是基于法院以错误的方式减轻了当事人的促使促进义务。

如果法院让当事人明确知晓其陈述对于胜诉而言已经足够，即发生诉讼促进义务的减轻。在言词辩论中进行通知，或者法院作出胜诉判决并且在判决中表明当事人已经提出的攻击防御方法已经足以使法院认定当事人

---

① Vgl. Prütting, a. a. O. , § 282 Rn. 22ff.

② Vgl. Prütting, a. a. O. , § 282 Rn. 27f.

③ Vgl. Prütting, a. a. O. , § 296 Rn. 127–129.

已经满足了其诉讼促进义务的要求，即会发生此种诉讼促进义务的减轻。对诉讼促进义务的要求的减轻在第二审中继续有效。因此，胜诉的当事人在第二审中原则上不得提出超越第一审已经作出的陈述范围的其他的攻击防御方法。① 只有对方当事人提出了新的攻击防御方法的，或者第二审法院依法提示当事人有必要提出其他的攻击防御方法，才可以不适用该规则。②

即使是发生了无效的期限延长，③ 也应当认为法院对当事人的诉讼促进义务进行了改变。当事人不必在原始设定的期限终结前提出攻击防御方法。可以具体理解为，当事人只要在延长之后的期限届满前提出攻击防御方法即为适时，当事人在这个时间点之前陈述均不违反诉讼促进义务。延长期限但是没有规定具体期限的，则法院不得适用失权规定。④

第二节　诚实信用原则

一　诚实信用原则的含义

诚实信用原则，是道德要求在法律领域里的延伸，是民事法律范围内乃至整个私法范围内的基本原则。诚实信用原则要求"民事主体在从事民事活动、行使民事权利和履行民事义务时，应本着善意、诚实的态度，即讲究信誉、恪守信用、意思表示真实、行为合法、不规避法律和曲解合同条款等"⑤。该原则早先是一项私法——尤其是民法领域中的债法——中的一项最重要原则（被称为帝王条款），后来逐渐拓展至其他部门法领域。自 20 世纪以来，诚实信用原则在整个法学领域都获得了较大的重视，无论是立法还是司法，均已不再顾及公法和私法之间的区别以及实体法与程序法之间的差异，转而将该原则广泛地适用于不同的法律领域，由此诚实信用原则进而成为更为高位阶、深层次的法律理念而为人们所信奉和

---

① BGH NJW 1981, 1378；1982, 581（582）；Vgl. Heinz Thomas/Hans Putzo/Klaus Reichold/Rainer Hüßtege, a. a. O., § 282 Rn. 1.

② BGH NJW 1981, 1378；1982, 581（582）.

③ Vgl. BGH NJW 1983, 2030.

④ BGH NJW 2012, 2808.

⑤ 马俊驹、余延满：《民法原论》，法律出版社 2005 年版，第 39 页。

遵循。①

在民事诉讼领域引入诚实信用原则，是随着经济社会的不断发展而逐渐实现的。近代的民事诉讼法学理论通说认为，私法关系与诉讼关系有着本质上的不同：在私法领域适用的诚实信用原则，并不适合于民事诉讼这一公法领域；对诉讼中当事人和法院等诉讼主体的诉讼行为的要求，应当以明确的程序法律规范为依据，而不应基于"诚实信用"这一道德规范。但是随着社会的变迁，尤其是在进入 20 世纪之后，私法中的私权自治、个人主义、自由主义等基本理念受到了冲击，立法的修改使这些普遍性原则受到了一定的限制。与此相对应，在民事诉讼领域中，以个人主义为中心的诉讼观念得到了一定的修正，认为对于当事人违反信义、不诚实进行诉讼从而影响到诉讼程序的安定和对方当事人合法权益保护的行为，也应当予以合理地规制。在民事诉讼中，当事人的诉讼行为不仅要符合明确的程序法律规范的要求，也应当遵从道德规范的约束，于是，诚实信用原则成为民事诉讼法中的基本原则就逐渐得到了理论上的认可和立法上的确认。及至当前，民事诉讼中的诚实信用原则，一般即指法院、当事人和其他诉讼参与人在参与民事案件审理和实施诉讼行为时应当公正、诚实和善意。②

就世界各国来看，自 19 世纪末 20 世纪初开始，很多国家在其民事诉讼法中都对诚实信用原则作了规定，诸如 1895 年的奥地利《民事诉讼法》、1911 年的匈牙利《民事诉讼法》、1933 年修改后的德国《民事诉讼法》即为如此。日本 1998 年实施的《民事诉讼法》第 2 条也明确规定了这一原则，即："法院应为民事诉讼公正并迅速地进行而努力；当事人进行民事诉讼，应以诚实信用为之。"③

二　诚实信用原则的立法沿革与发展

诚实信用原则的立法沿革源远流长。其滥觞于罗马法中的主观诚信和客观诚信。其中主观诚信是当事人主观上不知道或者内心确信自己的行为未侵害他人权利的一种主观心理状态，主要适用于取得时效、添附、继承

---

①　参见刘荣军《程序保障的理论视角》，法律出版社 1999 年版，第 208 页。

②　参见赵钢、占善刚、刘学在《民事诉讼法》，武汉大学出版社 2015 年版，第 48 页。

③　同上。

和家庭法等领域。客观诚信是一种诉讼法领域的诚信，指的是当事人忠实履行自身义务的行为。① 罗马法在其发展过程中形成了与严法诉讼相对立的"诚信诉讼"这一诉讼形式，将诚实信用的道德要求化为了法律对当事人的行为要求，要求当事人在维护自身权益的必要之外不能损害他人的利益，对诉讼主体是否诚实信用的评价标准客观化，将当事人的主观心理、一般法律标准和社会普通民众的行为标准以及社会背景均纳入评价标准中来，形成较为客观的评价体系。② 由于该评价体系的客观性使客观诚信在法律适用中的可操作性较之主观诚信要强很多，所以在后世大陆法系国家私法原则的发展过程中，客观诚信逐渐成为诚实信用原则的全部内容。

　　西罗马帝国灭亡后的中世纪，是大陆法系逐步形成的时期，也是诚实信用原则进化的重要阶段。中世纪法学家继承了罗马法时期对诚实信用原则的研究工作，并完成了对这一原则进行理论化的工作。学者们对主观诚信进行了论述，对占有诚信的要件进行了修改，对诚信婚姻和法人诚信展开了详细的论述，并且借助日耳曼法创立了诚信取得制度。③ 另外，客观诚信从古罗马时代的诚信诉讼被发展为普遍存在的诚信，从一个诉讼问题转化为一个实体问题，并且要求所有的合同都必须普遍性地为诚信的。法学家们为客观诚信确立了三项行为标准：首先是说话算数，其次是不以误导他人或者使用粗暴的交易条件来牺牲他人，最后是按照诚实的人的行为标准来履行义务。这一研究成果，使诚实信用原则成为近代民事实体法基本原则的原则，但是也在一定程度上成为该原则脱离诉讼法的致因。因此，诚实信用原则进入民事诉讼领域，也算是一种螺旋式上升的向罗马法的回归。④

　　进入近现代，诚实信用要求先后发生了与法官自由裁量权的分离和重新聚合。在以法国大革命为代表的资产阶级革命后，饱受封建司法恣意裁判的资产阶级在制定民法典时要求详尽规范法官行为，法官被要求机械地执行法律，不得任意解释法律和创立规则，诚实信用原则被认为需要依赖

---

　　① 参见徐国栋《民事基本原则解释：诚信原则的历史、实务、法理研究》，北京大学出版社 2013 年版，第 97 页。

　　② 同上书，第 97、127、128 页。

　　③ 同上书，第 154—166 页。

　　④ 同上书，第 167—170 页。

法官的主观判断而受到了极大的限制，甚至在奥地利的《民法典》中诚实信用这一术语直接被取消。但是随着社会的发展，尤其是随着自由资本主义经济向垄断资本主义经济过渡，国家干预对自由经济以及个人自由的限制日益明显。同时，过于机械的法律制度使法官成为司法活动中的机器人，不具有灵活性地适用法律、法律漏洞无法弥补等带来的问题同样突出。因此，在这一时期制定的瑞士《民法典》和德国《民法典》中，诚实信用原则再次回归法律条文，并成为一项普遍适用的原则。德国立法者用"诚实信用"（Treu und Glauben）表示罗马法中的客观诚信，用"善意"（guter Glaube）表示罗马法中的主观诚信，形成了客观诚信占统治地位的开端。德国法的做法在大陆法系国家被普遍效仿，尤其是在日本制定近代民法和中国清末修律时为后两者所学习。①

从 20 世纪开始，诚实信用原则向民法之外的其他部门法领域扩张，包括宪法、行政法、经济法、刑法和刑事诉讼法、民事诉讼法和国际法。② 诚实信用原则本身具有的普世价值性，使其进入其他部门法领域具有了可能性，对于填补法律漏洞、实现法治的衡平亦具有必要性。在民事司法实践中，这种必要性的意义更为显著，其对于补充当事人因无法面面俱到而产生的意思表示不足和调和彼此利益具有重要的作用。因之，在当代社会法律制度中，诚实信用原则之功能主要有二：一是解释或者补充意思表示（法律行为）的准则，即依据该原则合理探求当事人意思表示的真正含义，而不是拘泥于所用的文字或者语句，同时依据该原则衡量和评价当事人之间的法律行为，提高法律行为的伦理价值；③ 二是解释或者补充法律规定的准则，即司法机关在具体适用法律时依据该原则对法律进行合理解释，立法机关在制定和修改法律时应当遵循诚实信用原则，在具体的法律规定中可以适当地将该原则予以具体化。④ 包括民事诉讼法律在

---

① 参见徐国栋《民事基本原则解释：诚信原则的历史、实务、法理研究》，北京大学出版社 2013 年版，第 171—194 页。

② 正如公法学者拉邦德（Laband）所言："诚实信用原则，一如其中私法之领域，可以支配公法之领域。苟无诚实与善意，立宪制度似难实行。诚实与善意，为行使一切行政权（司法权、立法权亦同）之准则，同时亦为其界限。"See McDaniel v. Trent Mills（1929），197 N. C. 342，148 S. E. 440，Chief Justice Stacy's Opinion，转引自何孝元《诚实信用原则与衡平法》，台湾三民书局 1992 年版，第 8 页。

③ 参见施启扬《民法总则》，中国法制出版社 2010 年版，第 376 页。

④ 同上书，第 377 页。

内，诚实信用原则的上述功能在法律具体运行的方方面面均经常性地得到了体现，成为各种规制性法律规则与原则的法理根源。

三　诚实信用原则在民事诉讼中的定位

诚实信用原则在民事诉讼中如何定位？这个问题实际上目前已经有了较好的解决。那就是与民法以及其他部门法一致或者类似，诚实信用原则之于民事诉讼法律，其功能和作用主要就是如前所述的两种。即社会发展的动态性和民事纠纷的复杂性，使法律规定和当事人的约定无法完全覆盖当事人的各种行为，诚实信用原则此时就可以发挥"润滑剂"的作用，对当事人之间的利益进行调整，同时司法机关在理解和适用法律时，亦要遵守诚实信用原则，做到合理地解释和应用法律规定，使对当事人行为的法律评价更加接近真实，更加科学严谨，也更加契合社会道德观念。在利益多元化和效率至上的今天，诚实信用原则更是成为要求当事人之间履行协力义务，协同推进诉讼高效进行的一项重要的法理依据。因此，诚实信用原则在民事诉讼中也成为一项基本原则，并对逾时提出攻击防御方法之失权规定进行指导，有着确实的理论根据与实践需要。

除此之外，诚实信用原则的定位也反映在该原则如何适用的问题上。目前一般认为，在民事诉讼中，无论是对当事人还是对法院，诚实信用原则都是可以并且应当予以适用的。其中，该原则对当事人的要求主要有禁止滥用诉讼权利（包括不得滥用权利拖延诉讼）、禁止恶意制造诉讼状态、在诉讼中禁反言、诉讼中的权利失效、履行真实陈述义务等。其中的诉讼中的权利失效，就涵盖了对逾时提出攻击防御方法的规制。而该原则对法院的要求则主要包括禁止滥用自由裁量权和禁止裁判突袭。[①] 法院在当事人提出攻击防御方法过程中应当行使职权履行阐明、提示义务，以及法院在适用失权规定时自由裁量权受到的限制，均体现了诚实信用原则对法院的约束。在诉讼参与各方均认真履行诚实信用原则的基础之上，对逾时提出攻击防御方法的规制制度才能合法而高效地运行。

---

① 参见赵钢、占善刚、刘学在《民事诉讼法》，武汉大学出版社 2015 年版，第 49—50 页。

第三节　法定听审请求权

一　法定听审请求权的含义

法定听审请求权，也被称为法定听审权（der Anspruch auf rechtliches Gehör），或者更为简单地被称为合法听审（das rechtliche Gehör）。该权利概念的提出源自德国，德国宪法《德意志联邦共和国基本法》（Grundgesetz für die Bundesrepublik Deutschland）（以下简称《基本法》）第 103 条第 1 款对此予以了规定。该条法律规定赋予司法程序参与人就对于裁判具有重要意义（显著性）的事实情况发表意见的权利；与此相应地，法院应当获悉当事人提出、表达的内容并应当对此予以斟酌、权衡。[1] 就法定听审请求权而言，最核心的思想就是，当事人必须有机会通过作出以事实为基础的陈述对法院的意志形成产生影响作用。[2] 在表达与听取的共同作用之下，由《基本法》第 103 条第 1 款所保障的这项在法治国家的法律程序中最为核心的诉讼权利将得以实现。[3] 由此可知，所谓法定听审请求权，其主要就是指在诉讼中诉讼参与人都享有的就对于裁判具有重大意义的事实情况进行陈述的权利。这一权利属于宪法所保障的公民的基本权利，司法机关有义务行使保障职责，必须充分确保给予诉讼参与人这样的发表意见、提出内容的机会，并且应当对其陈述的内容进行审酌。

对法定听审请求权进行保障的历史由来已久，但是最初该权利并不见于立法，其来自学者的学术研究并为判例所采纳。在第二次世界大战之后，《基本法》才将法定听审请求权纳入其中，使之具有了宪法层面的基本权利属性。民事诉讼中的原则与规则的确立，亦被要求做到与法定听审请求权相融洽，这是因为法定听审请求权可以促进法院作出正确的正义裁判，保障当事人的人格尊严，实现

---

[1]　St. Rspr.；vgl. nur BVerfG NJW 1983, 2762（2763）；BVerfGE 59, 330 = NJW 1982, 1635；BVerfGE 60, 1 = NJW 1982, 1453；BVerfGE 66, 260；BVerfGE 69, 145 = NJW 1985, 1150；BVerfGE 69, 141 = NJW 1986, 833.

[2]　BVerfGE 49, 212（215）.

[3]　BVerfG NJW 1983, 2762（2763）.

法治国家的原则。①

　　法定听审请求权的基本内容范围甚广。首先是知悉权（受通知权，das Recht auf Orientierung），包括在诉讼系属法院之后接受合法通知以及获知其他当事人陈述内容的权利和阅卷权利。与此相应，法院应当承担的义务为依据民事诉讼法相关规定进行送达以及进行相关的通知，就其他当事人的陈述向该当事人进行通知，并为当事人查阅案件卷宗提供必要之便利（例如除依法可以不公开的文件之外都应当依当事人申请向其公开）。②其次是陈述权（das Recht auf Äußerung），此乃法定听审请求权保障之核心。陈述权包括两个方面，一方面是法院应当保障当事人可以向法院提出主张、声明、说明和发表意见等；另一方面是法院作出的裁判应当以当事人在法定听审请求权保障之下陈述的内容为基础，否则裁判即不具有合法性。一般来说，陈述权的标的涵盖事实、证据以及法律观点。而在保护次数方面，很难做到量化，但并不意味着当事人可以随心所欲在任意时间陈述（此即规制逾时提出攻击防御方法之法理依据所在之一）。③与上述权利相对应的，则是法院的审酌义务以及法律对裁判突袭的禁止。对于当事人依法行使陈述权所涉全部标的，只要当事人在法定期间或者法院指定期间内提出书状，法院即应当予以审酌，裁判基础应出自经审酌之陈述（并非一定全部陈述，但不得超出）。法院首先应当知悉当事人陈述之内容，其次应当对陈述进行评价和斟酌。此外，在裁判中对裁判理由予以较为详尽的说明，也是体现法院对陈述进行了认真审酌的必由之路。只有法院充分履行审酌义务，才能防止发生裁判突袭。如前所述，裁判基础一定要来自经法院审酌的当事人提出的诉讼资料，并非一定是全部，但是必须以此为最大范围。如果法官违反释明义务，使裁判以在当事人未受适当程序保障的情况下得到的事实上或者法律上的见解为基础和依据，造成法院作出的裁判与当事人根据合法的诉讼资料在通常情况下所能预期的裁判结果相差甚远，此即构成了裁判突袭（Überraschungsentscheidungen）。④为了避免这样的情况发生，法官必须依法对当事人进行提示，充分保障当事

---

①　参见姜世明《民事程序法之发展与宪法原则》，台湾元照出版有限公司 2003 年版，第56—60页。

②　同上书，第69—72页。

③　同上书，第72—77页。

④　同上书，第82页。

人的程序利益，督促当事人适时提出攻击防御方法，从而保障其法定听审请求权，确保裁判基础的合法与稳固。

二　法定听审请求权与失权规定的相容性

逾时提出攻击防御方法之失权规定的目的在于将法院从审查当事人提出内容的真实性的义务以及以当事人提出的内容为基础作出裁判的义务中解放出来。失权规定允许法院对当事人的提出、陈述不予斟酌。当然，法院获悉当事人逾时提出的内容这项义务并不受失权驳回规定的影响。进一步来说，这种知悉是必要的，只有知悉才能够确认是否存在驳回的前提。[1] 失权规定并未规定可以不经知悉即予以驳回。法院必须在这一点上对逾时提出的内容进行审查，审查其是否具有显著性或者其是否系争议性陈述。单纯进行了上述审查，尚不能认为法院已经对当事人提出的内容进行了斟酌。当法院对逾时提出的内容审查其真实性，并且法院在认为其具有真实性后即以提出的内容为基础作出裁判的，才属于进行了斟酌的情形。[2]

法院必须在适用失权规定时对当事人提出的攻击防御方法不予以斟酌，这是当事人法定听审请求权的界限。这一界限是由立法者在侧重程序加速的利益考量之下确定的，是具有合法性的。[3] 法定听审请求权在各种诉讼程序中如何具体落实，必须由单行的司法程序法律自行规定。因此，司法裁判由于程序法或实体法方面的原因而对事实情况全部或者部分不予斟酌的，如果此种原因符合程序法的规定，并且不存在违宪的情形，则这种不予斟酌就不违反法定听审请求权的要求。[4]

如果当事人本有充分的机会在所有于他而言重要的争点上表达意见，但是由于该当事人自认为的正当事由而耽误了意见的表达，[5] 或者如果当

---

① BVerfG NJW 1987, 485.

② NJW 1980, 263（264）；NJW 1976, 2113.

③ Vgl. BVerfGE 69, 145（149）= NJW 1985, 1150; 2000, 945（946）（stRspr）.

④ BVerfGE 69, 248（253）= NJW 1985, 3005; BVerfGE 69, 141（144）= NJW 1985, 833; BVerfGE 66, 260（263）; BVerfGE 60, 1（5）= NJW 1982, 1453; BVerfGE 62, 249（254）= NJW 1983, 1307; BVerfGE 69, 145（149）= NJW 1985, 1150; BVerfGE 54, 117（123）= NJW 1980, 1737; BVerfGE 51, 188（191）= NJW 1980, 277.

⑤ Vgl. BVerfGE 54, 117（123）= NJW 1980, 1737; BVerfGE 69, 126（137）= NJW 1985, 1149; BVerfGE 69, 145（149）= NJW 1985, 1150.

事人本有机会进行事实陈述，"但是该当事人有过错地未使用这个机会而放任机会流逝"①，则此时适用失权规定即符合宪法的要求，不存在对法定听审请求权的侵犯。与此相反，如前文所述，只有当事人违反了其应当履行的诉讼促进义务，当事人才存在过错，如果当事人无过错而仍遭受失权制裁的，则这样的失权制裁将违反法定听审请求权。因此，当事人存在过错，是失权规定符合法定听审请求权要求的前提之一。除过错性之外，失权规定符合法定听审请求权要求的前提还包括当事人的过错会对诉讼程序造成影响。当事人的过错必须与诉讼程序的迟滞具有因果关系，并且该过错是诉讼程序迟滞的唯一原因。不满足该前提而适用失权规定，就会构成权力滥用，因为失权规定本身的立法目的就是防止诉讼迟滞的发生。②

总体来看，失权规定系对法定听审请求权的例外规定，因为失权规定会不可避免地对作出实体正确的裁判造成不利影响，并且随之可能带来严重的后果。因此出于保障当事人法定听审请求权的需要，以及基于发现真实和实现实体正义的要求，在适用失权规定制裁逾时提出攻击防御方法时，都应当慎之又慎。③

三　合宪性冲突的解决

失权规定在司法适用的过程中，由于其与当事人基本权利以及实体正义之间强烈的紧张关系，使实践中总是难免会出现失权规定与法定听审请求权之间的合宪性冲突。以德国为例，长期以来，一个悬而未决的问题一直困扰着民事诉讼学界，即错误适用失权规定是否必然违反了对法定听审请求权的保障义务。④ 有鉴于此，BVerfG 于 1987 年 5 月 5 日作出违宪审查的判决，对该问题给出了否定的回答。⑤

BVerfG 之所以认为对失权规定的错误适用并不必然违反法定听审请求权在宪法层面的要求，是基于失权规定作为法定听审请求权之严格例外的这一特质。通常认为，违宪审查必须超出单纯的恣意监督的范围，即对

---

① BVerfGE 75, 183（191）= NJW 1987, 2003; BVerfGE 55, 72（94）= NJW 1981, 271; BVerfGE 54, 117（124）= NJW 1980, 1737; vgl. auch BVerfG NJW 1989, 706; 2000, 945（946）.

② Vgl. Prütting, a. a. O.,§ 296 Rn. 13.

③ Vgl. Prütting, a. a. O.,§ 296 Rn. 14.

④ Vgl. BVerfG NJW 1989, 3212; 1990, 566（und 2373）; 1991, 2275; 1992, 299.

⑤ BVerfGE 75, 302 = NJW 1987, 2733.

民事诉讼活动的合宪性审查不宜轻易启动。只有对特定的宪法规定的违反才必须接受审查，在此过程中由于审查强度各有不同，这种不同之处将会体现在被适用的法律规则与基本权利之间的相关性的不同方面。也就是说，这种法律规则的适用所影响到的基本权利的保护范围越宽泛，或者该法律规则所保障的同时也使基本权利保护的范围越宽泛，则对适用规则的监督审查强度就越大。BVerfG 在判例中认为："失权规定限制了在诉讼程序中行使法定听审请求权的可能性，因而通常会在与基本权利相关的范围内产生影响。其必然结果就是，与通常适用一般的法律规范相比，在适用失权规定时，基本权利被侵犯的门槛可以更容易被达到。"但是因为错误适用失权法律规定的情形有很多，所以不能认为错误适用民事诉讼法律中的失权规定就必然构成违反宪法精神，侵犯了当事人的法定听审请求权。不能将失权规定视为法定听审请求权的最外围权利边界，因为这样会将失权规定这个诉讼法规则上升成为宪法层面的规则，而这是失权规定本身达不到也不需要达到的高度。

单从失权规定和法定听审请求权的表面来看，失权规定预设了时间限制，即当事人只能在诉讼程序中的一个确定的时间点之前拥有法定听审请求权，但是该请求权在期限届满之后将消灭，因此每一个驳回逾时提出攻击防御方法的裁决在形式上都侵犯了当事人的法定听审请求权。而单从宪法的笼统规定来看，法定听审请求权的行使并没有受到明确的特殊规定的限制。因此，解决两者间（即法定听审请求权与失权规定）的冲突只能是基于宪法所规定的基本权利内在的界限。而这里对于法定听审请求权而言，这种界限即为法的安定性和有效权利保护原则。在民事诉讼中，如果一方当事人只是为了防止诉讼程序终结而在庭审中一再举手示意要求发言，则诉讼程序可能就会无法终结。这样就无法实现在适当的时间内进行权利保护，法的持续稳定性也就无法实现。① 因此，实现权利的有效保护，实现法秩序的安定，是宪法对包括法定听审请求权在内的基本权利的内在限制。

基于这种限制，立法者才根据宪法精神和民事诉讼需要制定出了失权规定。但是在适用上，合宪性要求使失权规定的适用必须确保当事人有充分的机会在所有对其具有重要性的点上发表意见，只有在当事人有过错地

_____

① 　Vgl. Prütting, a. a. O., § 296 Rn. 27.

未使用这个机会而放任机会流逝，当事人的过错对诉讼程序造成了影响，并且构成了诉讼迟滞的唯一原因时，适用失权规定才会不构成对法定听审请求权的真正侵犯。因此，对于失权规定与法定听审请求权之间可能的冲突，宪法审查所应当审查的主要就是三个方面：一是当事人是否有机会发表意见；二是当事人是否有过错地未使用该机会而放任机会流逝；三是是否可以立即辨识出当事人违反义务与发生了的诉讼迟滞之间有无因果关系。除此之外，因为法定听审请求权事关公民基本权利，利害甚大，故决不允许在立法未授权的领域类推适用失权规定，也即适用失权规定必须要有明确的法律规定依据。[①]

本章小结

本章探讨了规制逾时提出攻击防御方法的法理基础。诉讼促进义务在民事诉讼法律中的最终确立，标志着对适时提出攻击防御方法的要求成为明确的法律规定，相应的失权规定也由此诞生，违反诉讼促进义务将被课以失权制裁。作为帝王条款的诚实信用原则在民事诉讼中也发挥着基础性意义，其要求当事人诚信进行诉讼和实施诉讼行为，不得出于某种目的拖延诉讼。而以法定听审请求权为代表的宪法上的诸项基本权利和基本原则，在支撑和制约失权规定的适用中，亦发挥了各自不同的作用。由此可见，逾时提出攻击防御方法之失权规定，植根于较为丰厚的立法基础之上，因而其在民事诉讼中的妥适性是较为明确的。

[①]　Vgl. Prütting, a. a. O., § 296 Rn. 28-31.

第四章

域外逾时提出攻击防御方法规制之比较

他山之石，可以攻玉。中国的法律现代化始于风雨飘摇的清末，其时的修律活动——特别是民事法律制度和民事诉讼法律制度的建立——基本就是拿来主义的照搬：学习大陆法系国家尤其是德国的法律制度，根据中国国情做出损益增减，以成国法。经由这种初步的学习而奠定的我国大陆法系之传统，决定了我国在不断学习以德国为代表的大陆法系国家和地区的立法、司法制度方面的历史优越性。这使我们在民事诉讼中有关规制逾时提出攻击防御方法的相关制度上向大陆法系国家和地区学习，完善自我，又具有了极大的可能性。需要指出的是，英美法系国家的法治建设同样取得了举世瞩目的成就，我国乃至世界各国都在不同程度地——尤其是在知识产权保护、国际贸易等方面——学习借鉴了英美等国的立法经验。英美两国的民事诉讼法律制度中，逾时提出攻击防御方法的规制，往往与其庭前准备程序以及事证开示制度具有密切联系，形成特色。与大陆法系国家和地区做法的差异，使从英美法系国家学习和完善对逾时提出攻击防御方法的规制制度的难度不小；但是从比较法的角度看，经过认真分析之后从差异中取长补短，是否能获益亦未可知。因此，下文的介绍将不限于大陆法系国家和地区，对英美法系国家亦有涉猎，通过比较分析代表性国家的民事诉讼相关制度，以求有所收获。

第一节 大陆法系国家和地区逾时提出攻击防御方法规制分析

一 德国

（一）立法沿革

ZPO 颁布于 1877 年 1 月 30 日，时至德意志帝国（1871—1918 年）

刚刚完成统一不久。在其颁布后，德国经历了两次世界大战，从帝国变为共和国，又经历了第三帝国的法西斯专制统治，后又经历了第二次世界大战后的两德分裂，最终于20世纪最后十年完成统一，整个国家发展史可谓百折千回，命途多舛。然而在历史长河的进程中，ZPO虽然已经经历了一百多次修改，许多法律条文已经发生了较大变化，然而法律的整体框架仍不失制定之初之风格，其沿用至今已经140年。当然伴随着各次法律改革，ZPO的立法主旨也发生了巨大的变化，但是这种变化却适应了经济社会发展的需要，从而使法律本身总是能够充满新的活力，这大概也是其能一直沿用下来的基础。

1. 德意志帝国时期

在普鲁士完成德意志统一之前，第二帝国的领土上有着大大小小若干邦国，每个邦国的法律均不相同。以普鲁士为首的邦国在18世纪末到19世纪中叶的时间里先后制定了自己的民事诉讼法，这些民事诉讼法以及后来北德意志联邦的民事诉讼法《北德草案》成为民事诉讼法典制定的基础。1871年德意志帝国建立，在自身成立的第7年，帝国便制定了《帝国民事诉讼法》（当时被称为CPO，即Civilprozessordnung，表示"民事的"一词尚未完全实现日耳曼语化）。该法于1879年10月1日起施行，是为现今ZPO之源头。在随后的1896年，德国《民法典》和《商法典》颁布施行。为了与民事实体法相协调，CPO在1898年进行了首次全面修订，条文大幅度增加。①

2. 魏玛共和国时期

随着在第一次世界大战中的溃败，帝制在德意志崩塌，德国人遂于1919年建立共和国，因宪法于魏玛获得通过，故被称为魏玛共和国。1924年，CPO再次进行了大规模修改，立法者将长期以来奉行的自由主义原则予以抛弃，国家干预在民事诉讼程序中大大加强。例如法官的诉讼指挥权获得增强（例如法院被赋予一项指定口头听审期日的权力，以及拒绝接受当事人为了拖延诉讼而迟延提交的攻击防御方法，后一项规定可谓德国民事诉讼法规制逾时提出攻击防御方法之先河，但在当时法官由于害怕作出一个实质上错误的判决，所以几乎没有法官使用这一排除权），当事人推动和控制诉讼的权利受到了限制（例如当事人对最后期限和口

---

① 参见丁启明译《德国民事诉讼法》，厦门大学出版社2016年版，"译者前言"第1页。

头庭审的控制权被终结），集中审理主义被引入诉讼法律中，独任法官制度获得推广。与此同时，法律的名称也由 CPO 过渡为 ZPO。此次改革的目标是希望通过只进行一次开庭就实现纠纷的解决，当然这一目标最终没有实现。①

3. 纳粹德国时期

1933 年，希特勒当选德国总理，后又成为"元首"，纳粹党在德国开始推行法西斯专制。法西斯分子企图重新制定民事诉讼法，以贯彻法西斯的法律政策，但未能实行，但是受到了以法学界为代表的各方的抵制，只在同年进行了一次较大的修改。这次的修正案将真实义务纳入 ZPO 中，当事人在诉讼中需要履行完全义务和狭义的真实义务。同时，法院有权将一切没有适时提交或者与准备好的诉状或者答辩状无关的攻击防御方法予以排除，但是这种排除并不具有强制性。②

4. 20 世纪的联邦德国时期

第二次世界大战后，受"冷战"影响，德国分裂为联邦德国和民主德国。与民主德国另起炉灶不同，联邦德国继承了 ZPO 的传统，其制定了《统一回复法》（全名为《关于在法院组织、民事司法、刑事诉讼与诉讼费用各方面重建统一法制的法律》），一方面对纳粹所制定或修改的法律加以审定，另一方面对应该进一步修改的加以整理。结果就出现了民事诉讼法的新文本，但其法典的体例和结构均与此前基本相同。

受第二次世界大战后第三次工业革命的带动，以及在德国实行的社会市场经济的良性影响，德国经济再次繁荣，但随之而来的则是民事法院案件负担越来越重，当事人拖延诉讼和法律救济的耗时明显等曾经出现过的问题再次凸显。经过广泛的改革工作，意义重大的 1976 年《简化修订法》横空出世，其为民事诉讼引入了一种简化诉讼程序的新模式，该模

---

① 参见［德］皮特·高特沃德《民事司法改革：接近司法·成本·效率》，载［英］阿里德安·A. S. 朱克曼主编《危机中的民事司法》，傅郁林等译，中国政法大学出版社 2005 年版，第 221 页。

② 参见 W. Schubert ed，Zivilprozess und Gerichtsverfassung. Akademie für deutsches Recht 1933-1945，1997 年版，第 6 章，转引自［德］皮特·高特沃德《民事司法改革：接近司法·成本·效率》，载［英］阿里德安·A. S. 朱克曼主编《危机中的民事司法》，傅郁林等译，中国政法大学出版社 2005 年版，第 221 页。

式以斯图加特模式为基础，追求民事诉讼中程序的集中紧凑。① 经过这次修订，民事诉讼程序被大大加速。法官被要求通过书面程序或者经过一个先期首次期日进行准备程序，经过一次主期日辩论后使案件达到裁判成熟。尤其应当提出的是，经过这次修改，诉讼促进义务首次明确成为对诉讼参与各方（包括法院）的基本要求，当事人应当适时提交攻击防御方法（ZPO 第 282 条）。法官指定了期限的，如果准许超过期限提出攻击防御方法将会迟滞法律纠纷的解决，并且这种推迟没有免责事由，此种攻击防御方法将被驳回（ZPO 第 296 条第 1 款）；法官没有指定期限的，如果当事人行为具有重大过失，也可以驳回其逾时提出的攻击防御方法（ZPO 第 296 条第 2 款）。如果一个攻击防御方法在第一审中就已经被驳回，则其在第二审中不得提出（旧版 ZPO 第 528 条，对应当前 ZPO 第 530 条）。ZPO 规制逾时提出攻击防御方法的体系化法律规定，就是在这次修订中被建立起来的。

5. 21 世纪的联邦德国时期

1990 年两德统一之后，为了适应新形势，ZPO 也进行了多次修改，但是修改力度并不是很大。进入 21 世纪后，立法者为了实现诉讼程序更加"接地气"，司法裁判更加高效、透明，② 以 2001 年德国《民法典》中的债法现代化改革为契机，《民事诉讼法改革法》（简称 ZPO-RG）获得立法机关通过，ZPO 再一次获得了大规模的修改。此次修改后，第一审的功能被加强，被强调为诉讼中的核心环节，法官在事实查明中的阐明义务获得完善；第二审被重构，成为对第一审进行监督和排除错误的审级，其职能被集中于对第一审判决的纠错，以此使整个程序更加紧凑、集中。③ 这次修改是在时间上距今最近的一次修改，其后 ZPO 也经历了多次修改，但力度和规模均不及此次。

---

① 参见 R. Bender，"The Stuttgart Model"，in M. Cappelletti & J. Weisner，*Access to Justice*，ii/2，1979 年版，第 431 页，转引自［德］皮特·高特沃德《民事司法改革：接近司法·成本·效率》，载［英］阿里德安·A. S. 朱克曼主编《危机中的民事司法》，傅郁林等译，中国政法大学出版社 2005 年版，第 221 页。

② 参见 Hannich/Meyer/Seitz/Engers《民事诉讼法改革（2001）》，第 57 页，转引自［德］伯克哈特·汉斯、梅茨伯克《德国民事诉讼法的修改——回顾与展望》，周翠译，载陈光中、江伟主编《诉讼法论丛》（第 8 卷），法律出版社 2003 年版，第 459 页。

③ 参见［德］伯克哈特·汉斯、梅茨伯克《德国民事诉讼法的修改——回顾与展望》，周翠译，载陈光中、江伟主编《诉讼法论丛》（第 8 卷），法律出版社 2003 年版，第 459 页。

（二）现行立法

1. 规制性规定

在 ZPO 中，有关对逾时提出攻击防御方法进行规制的法律规定，主要可见于第 296 条、① 第 296a 条、② 第 525 条、③ 第 530 条、④ 第 531 条⑤和第 532 条⑥的条文之中。这其中，第 296 条和第 296a 条规定于 ZPO 第 2编 "第一审程序" 的第 1 章 "地方法院诉讼程序" 中，属于在第一审普通程序中规制逾时提出攻击防御方法的规定。第 525 条、第 530 条、第 531 条和第 532 条规定于 ZPO 第 3 编 "上诉审程序" 第 1 章 "控诉" 中，属于在第二审（控诉审）程序中规制逾时提出攻击防御方法的规定。需要指出的是，第 525 条在这几条法律规定中具有较大的特殊性，其系指示

---

① ZPO 第 296 条【逾时提出的驳回】：（1）已逾各有关的法定期间［第 273 条第 2 款第 1项、第 5 项（以针对一方当事人设定期间为限），第 275 条第 1 款第 1 句、第 3 款、第 4 款，第 276 条第 1 款第 2 句、第 3 款，第 277 条］而提出攻击和防御方法时，只有在法院依其自由心证认为准许提出不至于延迟诉讼的终结或当事人就逾期无过失时，才能准许。（2）违反第 282 条第 1 款而未及时提出攻击或防御方法，或者违反第 282 条第 2 款而未及时通知对方当事人，如果法院依其自由心证认为逾时提出或通知足以延迟诉讼的终结并且当事人就其逾期有重大过失时，可以予以驳回。（3）（略）。（4）在第 1 款和第 3 款规定的情形中，法院应要求当事人就其无过失加以说明。参见谢怀栻译《德意志联邦共和国民事诉讼法》，中国法制出版社 2001 年版；亦参见丁启明译《德国民事诉讼法》，厦门大学出版社 2016 年版。下文关于 ZPO 条文编号及内容的注释均源于这两本译著，不再赘述。

② ZPO 第 296a 条【言词辩论终结后的提出】：在作为判决基础的言词辩论终结后，再不能提出攻击和防御方法。但第 139 条第 5 款、第 156 条、第 283 条的规定不受影响。

③ ZPO 第 525 条【一般的程序规定】：（1）除本章另有规定外，其他控诉程序，准用关于第一审的州法院的诉讼程序的规定。（2）略。

④ ZPO 第 530 条【逾时提出的攻击防御方法】：违反第 520 条或第 521 条第 2 款的规定而未及时提出攻击或防御方法的，准用第 296 条第 1 款与第 4 款的规定。

⑤ ZPO 第 531 条【被驳回的攻击防御方法和新的攻击防御方法】：（1）在第一审中依法被驳回的攻击防御方法，不准提出。（2）新的攻击防御方法，满足下列条件之一：1. 对该攻击防御方法所涉之观点，一审法院明显忽视或者认为不重要；2. 由于程序瑕疵，在第一审中未提出；3. 非因当事人过失，在第一审中未提出；准其提出。二审法院可以要求当事人对新的攻击防御方法的合法性事由予以疏明。

⑥ ZPO 第 532 条【对诉之不合法性的责问】：（1）关于诉合法与否的责问，以及违反第 520 条和第 521 条第 2 款而未及时提出的责问，如果这些责问是可以舍弃的，只有在当事人逾期提出无过失时，才准许提出。（2）新的关于诉合法与否的可以舍弃的责问，如果是当事人在一审中本就可以提出的，则也是一样。（3）关于无过失的理由，（当事人）应当根据法院的要求予以疏明。

性法律规范，该规定授权法院在特定情形中准用第一审程序的法律规则，将不在第 530 条、第 531 条或者第 532 条调整范围之内的各种逾时提出攻击防御方法纳入第 296 条和第 296a 条的范畴之内，弥补了第二审对逾时提出攻击防御方法之规制的有限性，保证了诉讼促进义务在第二审中的全面覆盖。

从与诉讼促进义务的关系这一角度观察，在上述的规制性规定中，第 296 条第 2 款是一个典型的当事人一般诉讼促进义务方面的法律规定。与之相反，第 296 条第 1 款、第 296a 条、第 530 条则均系督促当事人履行特别诉讼促进义务的法律规定。而第 296 条第 3 款和第 532 条则是对一种独特的攻击防御方法——合法性责问——单独提出了适时提出的要求，因为合法性责问总是指向某种诉讼行为，在瑕疵诉讼行为发生后方能提出并且应当在此种行为自动获得治愈所需经过的最短期限内提出，因而这两个法律条款所涉及的也是特别诉讼促进义务的履行。除此之外，第 525 条作为指示性法律规范，因第 296 条的两款规定均为其指向目标，故该条法规同时具有一般诉讼促进义务与特殊诉讼促进义务这种双重属性。与之相类似的还有第 531 条，该条法律规定的第 1 款和第 2 款并不特定指向具体的诉讼行为，一般性的逾时提出攻击防御方法和违反期间的逾时提出攻击防御方法均在其评价范围之内，故第 531 条也同样是具有双重的义务属性。

按照诉讼促进义务类型将规制性法律规定进行归类后，还可发现就规制手段（即法效果）而言 ZPO 赋予法院的自由裁量权会因为诉讼促进义务类型的不同而有所差别。例如第 296 条第 2 款的条文为"可以驳回"（können zurückgewiesen werden），并且作出驳回裁判的前提是法院认为逾时提出或者通知攻击防御方法足以造成诉讼终结发生迟滞，并且当事人就其逾时提出存在重大过失或者故意。这一法条一般被理解为一种任意性规范，立法者对待一般诉讼促进义务的履行的态度是较为宽容的，违反一般诉讼促进义务的逾时提出攻击防御方法似乎并非其失权制裁的最重要目标，法院只有在认为逾时提出攻击防御方法将造成诉讼迟滞并且逾时提出攻击防御方法的当事人对此存在重大过失或者故意时，方可作出驳回裁判；并且此处法律条文之用语为"可以"，显示了此种驳回由法院自由裁量酌定。甚至通说认为，在事实方面法院也拥有自由裁量权。也就是说，即使法院经过心证认定当事人行为构成逾时提出攻击防御方法，法院也可以在对其他诉讼价值进行了考量的基础之上准许攻击防御方法继续提出。① 与此相反，第 296 条第 1 款的条文为"才能准许"（sind nur zuzulassen），并且这种准许的前提是法院认为准许提出攻击防御方法不至于造成诉讼终结的迟滞，抑或当事人就逾期无过错。这就与前述条款的内容形成了鲜明的对比，足以见得立法者对特别诉讼促进义务之履行要求非常严苛，即通常情况下是不允许违反特别诉讼促进义务而逾时提出攻击防御方法的，只有在当事人具有个别事由时方可予以准许。综上所述，从一定意义上来说，德国立法对于特别诉讼促进义务的重视程度要高于一般诉讼促进义务，对于当事人遵守法定或法院指定的期日、期间的要求更为严格。

2. 其他规定

上述规制性规定，尤其是督促当事人履行特别诉讼促进义务的规制性规定，必然会涉及与攻击防御方法适时提出有关的其他法律规定，譬如对当事人履行一般诉讼促进义务在提出适时性上予以要求的规定，涉及特别诉讼促进义务的期日、期间等的规定，以及有关攻击防御方法以及迟误期间的其他规定。下文将对此展开介绍。

（1）涉及一般诉讼促进义务

承担其对一般诉讼促进义务作出要求的法律条款为第 282 条。② 需要指出的是，第 282 条也对什么是攻击防御方法、哪些诉讼资料或者诉讼行为构成攻击防御方法以及适时提出攻击防御方法的原则性要求进行了概括性的规定，在法律制度中具有统摄意义，因而具有一定的特殊性。当事人

---

① 也有相反的观点认为，如果承认法院具有此种自由裁量权，则诉讼上武器平等原则的要求就无法得到维护，因为在相同的情势中法官可以有时候驳回有时候又不驳回。也无法知悉，法官在主持自由裁量时还可以进行哪些权衡。也即条文表述只能在法院被赋予法律上的权力这一意义上进行理解。在第 2 款的范畴内没有进行自由裁量的空间，因为未能发现有力证据证明允许自由裁量的差异化执行。因此，对第 2 款的解释应当是：在驳回的构成要件前提确实存在的情形中，必须予以驳回。也即条文表述只能在法院被赋予法律上的权力这一意义上进行理解。Vgl. Prütting, a. a. O., § 296 Rn. 181.

② ZPO 第 282 条【提出的适时性】：（1）当事人各方都应该在言词辩论中，按照诉讼的程度和程序上的要求，在为进行诉讼所必要的与适当的时候，提出他的攻击和防御方法，特别是各种主张、否认、异议、抗辩、证据方法和证据抗辩。（2）声明以及攻击和防御方法，如果对方当事人不预先了解就无从对之有所陈述时，应该在言词辩论前，以准备书状通知对方当事人，使对方当事人能得到必要的了解。必须注意的是，诚如前文所述，ZPO 现行文本本法条的名称为"Rechtzeitigkeit des Vorbringens"，应当译为"提出的适时性"，所引两本译著均存在某些原因造成的内容出入。

如果违反第 282 条之规定，将受到法院依据第 296 条第 2 款课以的制裁。

（2）涉及特别诉讼促进义务

ZPO 对第一审和第二审程序分别规定了若干法定期间，并授权法院在一定情形中可以指定期间，如此便造就形成了涉及特别诉讼促进义务之履行的各种期间方面的规定。

A. 第 273 条第 2 款第 1 项。① 法院应当依据第 273 条第 2 款第 1 项为当事人说明争点设定期间。法院指定该期间，可以命令当事人在该期间内对其已经提交的书状进行补充或作出解释说明，还可以命令当事人在该期间内提交文书以及将其他适当的标的物交存于法院，尤其是命令当事人在该期间内对应予说明的一定争点加以说明。在第 273 条第 2 款第 1 项的范围内，在期间的强制性限制之下如何提出攻击防御方法则由法院予以具体化。② 要求当事人针对对方当事人的书状发表意见的一般性要求，不属于第 273 条第 2 款第 1 项意义上的有效的期间指定；申言之，有必要要求当事人对应予说明的一定单个的争点加以说明。③

B. 第 273 条第 2 款第 5 项。④ 依据这一规则，法院可以向双方当事人发出第 142 条（文书提出）和第 144 条（命令勘验以及命令鉴定人进行鉴定）规定的命令，要求当事人在法院指定的一定期间内提出一方当事人引证的文书（第 142 条），以及要求当事人在法院指定的一定期间内将勘验或者鉴定对象交予法院（第 144 条）。由此，上述提交文书以及勘验或者鉴定对象的期间被纳入第 296 条第 1 款的督促范围内。

C. 第 275 条第 1 款第 1 句。⑤ 根据这一规定，为准备先期首次期日，法院可以给被告指定答辩的期间。本句为任意性规范，法院可以自由裁量是否指定被告的答辩期间。

---

① ZPO 第 273 条【期日的准备】第 2 款第 1 项：为进行任何一种期日的准备，受诉法院的审判长或他所指定的法院成员可以命令当事人对其准备书状加以补充或解释，命令当事人提出文书并将其他适当的标的物交存于法院，特别是定一期间命当事人对应予说明的一定争点加以说明。

② Vgl. Prütting, a. a. O., § 296 Rn. 61.

③ Vgl. Stein/Jonas, a. a. O., § 273 Rn. 21.

④ ZPO 第 273 条第 2 款第 5 项：依第 142 条和第 144 条发出命令。

⑤ ZPO 第 275 条【先期首次期日】第 1 款第 1 句：为准备言词辩论的先期首次期日，受诉法院的审判长或他所指定的法院成员可以给被告规定期间，命其提出书面答辩状。

　　D. 第 275 条第 3 款和第 4 款。① 与前述同条内容不同，这两款规定则对一定前提之下被告提出书面答辩的期间以及原告针对被告的答辩提出书面意见之期间做了强制性规定。

　　E. 第 276 条第 1 款和第 3 款。② 在书面准备程序中，法院应当为被告确定提出答辩状的期间（第 1 款），同时也应当为原告设定对被告之答辩提出书面意见的期间（第 3 款）。

　　F. 第 277 条。③ 对于被告在答辩中提出防御方法以及原告针对被告的答辩提出书面意见，ZPO 也用该条法律就与此相关的期间指定方面的问题进行了规定。

　　上述期间适用失权规定，系源自第 296 条第 1 款的明确规定。但是除了这些期间之外，当事人迟误其他期间的，也可以考虑依据第 1 款的规定驳回相应的攻击防御方法提出。但是适用法律予以驳回的前提必须是 ZPO 明确规定可以准用第 296 条第 1 款，在第 340 条第 3 款（在异议书状中提出攻击防御方法的期间）、第 411 条第 4 款（针对鉴定意见发表意见的期间）、第 520 条（在控诉理由中提出攻击防御方法的期间）、第 521 条第 2 款（在第二审中提出答辩的期间以及针对答辩提出意见的期间）、第 697 条第 3 款（督促程序中言词辩论期日前申请人提出申请理由的期间）、第 700 条第 5 款（针对支付令提出异议的言词辩论期日前异议人提出申请理由的期间）。在没有明确规定准用失权规定的方面类推适用失权规定将不合法。④ 但是根据一般规则，在假扣押和假处分的程序中，如果进行言词

------

　　① 第 275 条第 3 款：被告对于原告之诉没有提出答辩或没有提出足够的答辩，并且也没有按第 1 款的规定对被告规定期间时，法院在期日里应规定提出书面答辩的期间。第 275 条第 4 款：法院在期日里或收到答辩状后应规定期间命原告对答辩提出书面意见。

　　② ZPO 第 276 条【书面准备程序】：（1）如果审判长没有指定言词辩论的先期首次期日，则在将诉状送达被告时，应当催告被告，如果被告要对原告提起的诉讼为自己辩护，则应当在诉状送达后两周的不变期间内以书面形式向法院提出；此项催告，应通知原告。同时，还应再规定至少两周期间命被告提出答辩状。诉状如在国外送达时，审判长应依第一句规定期间。（2）略。（3）审判长可以规定期间命原告对答辩提出书面意见。

　　③ ZPO 第 277 条【答辩】：（1）被告应该按照诉讼的程度和程序上的要求，在答辩中提出为进行诉讼的必要与适当的防御方法。（2）应该告知被告，答辩应该通过他选任的律师向法院提出，并告知迟误期间的结果。（3）按照第 275 条第 1 款第 1 句与第 3 款提出书面答辩的期间至少是两周。（4）对于答辩所表示的书面意见，准用第 1 款和第 3 款的规定。

　　④ Vgl. Prütting, a. a. O. , § 296 Rn. 68.

辩论，就可以适用第 296 条。在证书诉讼中，也可以适用第 296 条。^① 值得一提的是，与规制逾时提出攻击防御方法的一般规则相同，德国法院在针对相应的期间迟误适用失权规定时，其必须已经完成了合法的期间指定以及内容充分的依法告知；并且在法律规定较为抽象的期间事项上，法院应当将期间具体化。^②

（3）有关攻击防御方法和迟误期间的其他规定

有关攻击防御方法的规定为第 96 条^③和第 146 条。^④ 前者系采用诉讼费用负担调整的方法对滥用诉讼权利、盲目提出攻击防御方法造成浪费司法资源、拖延诉讼的当事人进行制裁。后者则规定了形式上的限制，赋予法院在诉讼事务上的诉讼指挥权，其意义在于在集中审理原则之下，要求法院对诉讼资料进行清晰明确的划分。受本条规定调整的必须是独立的攻击防御方法。^⑤

有关迟误期间的规定为第 230 条。^⑥ 本条规定将失权这样的严厉制裁规定为当事人迟误诉讼行为的一般结果。迟误期间（例如迟误上诉期间等）产生的最重要的法律上的不利益在于，迟误的诉讼行为无法再次有效实施，也即当事人丧失实施诉讼行为的权利。迟误的效果也就是诉讼行为遭到排除。^⑦ 因诉讼行为的范围非常广泛，一定意义上可以认为，规制逾时提出攻击防御方法的失权规定，系第 230 条在提出攻击防御方法方面的特别规定。对因第 230 条引起的失权，可以在 1 个月的不变期间内申请回复原状。

（三）法律解读

德国规制逾时提出攻击防御方法的法律体系，乃是大陆法系国家和地

---

① Vgl. Prütting, a. a. O., § 296 Rn. 7.

② Vgl. Prütting, a. a. O., § 296 Rn. 74.

③ ZPO 第 96 条【无益的攻击或防御方法的费用】：当事人主张无益的攻击或防御方法，即使其在本案中胜诉，也可以命其负担因此产生的费用。

④ ZPO 第 146 条【攻击防御方法的限制】：关于同一请求，提出数个独立的攻击或防御方法（起诉原因、抗辩、再抗辩等）时，法院可以命令先限制在一个或数个攻击或防御方法中进行辩论。

⑤ Vgl. Musielak/Voit, ZPO, 13. Auflage 2016, § 146 Rn. 1, 5.

⑥ ZPO 第 230 条【迟误的一般结果】：迟误诉讼行为的一般结果是当事人不得再进行该项诉讼行为。

⑦ Vgl. Prütting, a. a. O., § 230 Rn. 2.

区的典范。本书第二、三章所述之规制手段之运行以及制裁之法理，均是以德国的立法例和司法判例为重要参考，因而有关 ZPO 相关失权规定在第一审中的运行情况均可参照前文之探讨，在此不赘。本处着重探讨第二审中逾时提出攻击防御方法之失权规定的运行。

如前文所述，在 21 世纪修法之后，德国民事诉讼中的第二审发生重大变革，不再是第一审的简单继续，而被定位为审查第一审中的错误并予以纠正的监督性审级。其在事实方面的认定，有如 ZPO 第 529 条之规定，在原则上必须受到第一审法院有关事实之认定的拘束。基于此，对于当事人在第二审中提出攻击防御方法，德国的做法为"原则禁止，例外准许"。对此的具体规制主要为第 530 条和第 531 条。

第 530 条向在控诉理由和答辩中提出攻击防御方法提出了适时性要求，即无论旧的攻击防御方法抑或新的攻击防御方法，只要其提出违反了第二审中有关提出控诉理由的期间规定、提出答辩的期间规定或者针对答辩提出意见的期间规定的，就应当依照本条准用第一审中第 296 条的规定，以违反特别诉讼促进义务为由课以失权制裁。据此，失权制裁程序的具体执行也应当参照第一审的处理方式。须注意的是，第二审法院在失权的法律效果方面也没有自由裁量的余地，即只要符合失权规定的要件事实，均应予以失权制裁；而对方当事人同意对逾时提出的攻击防御方法予以斟酌的，在法律上也无法使法院必须准许逾时提出攻击防御方法。这样处理基于的理由是失权规定不仅仅是为了保障对方当事人的利益，还在于保障社会公众对诉讼程序集中化方面的公共利益，司法判决要谨慎使用紧缺的社会资源，充分顾及社会总体利益。①

第 531 条的规定，体现了对第一审法院失权制裁的尊重，以及为了消除裁判瑕疵而给予当事人几种例外提出新的攻击防御方法的机会。其基于的立法思想是，当事人在第二审中自由行使权利并承担责任时，原则上必须受到其在第一审中实施的诉讼行为的约束。应当督促当事人在诉讼中迅速地提出其可以使用的攻击防御方法。根据其第 1 款的规定，在第一审中当事人由于怠于实施诉讼行为而没有陈述或者逾时陈述的各项内容，原则上在第二审中不能首次提出或者重复提出，以此防止当事人在（可能）面临失权制裁时利用诉讼技巧"逃往二审"（例如当事人

---

① Vgl. Prütting, a. a. O. , § 530 Rn. 1, 27.

在第一审中逾时提出人证被驳回，在第二审中提出新的主张，而对于新的主张法院必须传唤在第一审中被驳回的证人进行听审，依据司法判例第二审法院也同样应当驳回该人证的提出①）。② 对于被第一审法院处以失权制裁的攻击防御方法之提出，第二审法院应当审查失权制裁在客观上的合理性，不能轻易更改第一审法院的判断，即使第一审法院在第296条第2款的范围内没有行使裁量权或者错误裁量权的，第二审法院不得径行补行或者重做裁量，而应当撤销裁判并发回原审法院要求重新进行裁判，防止第一审中当事人应当履行的诉讼促进义务受到第二审中当事人陈述的侵蚀。③ 只有对于不合法的驳回裁判，第二审法院才能予以准许提出。而第二审法院欲维持第一审法院的驳回裁判时，无须审查准许该攻击防御方法的提出是否会造成第二审程序发生诉讼迟滞，因为这仅仅是对第一审裁判合法性的审查。④ 而依据司法判例，实践中也存在两种例外准许当事人重新提出已经被第一审法院依法驳回之攻击防御方法。一是在第二审中变得无争议的事实主张，即使其在第一审中被依法驳回，其也类似于逾时提出的新的但是被对方当事人承认的事实主张可以被准许提出，⑤ 因为对方当事人的自认（或者事实主张的无争议状态）成为对第一审所作出的事实情况确认进行修正的依据，这种修正既不会损害对方当事人的利益，也不会损害社会公众的利益，与现行法律对第二审作用的定位也是相符的。⑥ 二是提出再审中回复原状之诉的理由（即裁判基础不合法或者证人、法官等存在与个案审判有关的犯罪行为），则也可以例外准许提出，当然这样的处理仅仅是为了避免再审程序的进行，避免司法资源的浪费。⑦

第531条第2款源自ZPO-RG，其从根本上颠覆了在第二审中提出新的攻击防御方法的原则与例外之间的关系，从倾向于准许变为了倾向于禁止。只有基于三种事由（第一审法院的明显忽视、第一审程序瑕

---

① BGH NJW 1980, 1102（1104）.

② Vgl. Prütting, a. a. O., § 531 Rn. 1.

③ Vgl. Prütting, a. a. O., § 531 Rn. 7.

④ Vgl. Prütting, a. a. O., § 531 Rn. 10.

⑤ Vgl. Musielak/Voit, a. a. O., § 531 Rn. 10.

⑥ Vgl. Prütting, a. a. O., § 531 Rn. 14.

⑦ Vgl. Musielak/Voit, a. a. O., § 531 Rn. 15f.

疵、当事人无过失）在第一审中未为提出者，方可被准许进入第二审程序中。所谓第一审法院的明显忽视，系指第二审法院认为某观点具有裁判显著性，但是第一审法院在作出判决前或者在作出判决时既没有对该观点明确予以衡量、斟酌，也没有根据本案对该观点予以衡量、斟酌，由此对当事人攻击防御方法的提出产生影响，导致其被迫在第二审中提出的。① 这种情形尤其指的是在第一审中胜诉的第二审被上诉人，为了防止第二审法院作出不利裁判而将其被第一审法院忽视的观点及其攻击防御方法于第二审中提出，以此增加在第二审中防御程度和胜诉可能性的情形。第一审程序的瑕疵，一般指的是第一审法院在客观上错误的诉讼指挥。② 当事人无过失的情形，主要包含两种情形：一种是新的攻击防御方法形成于第一审言词辩论终结之后，当事人在客观上无法在第一审中提出，当然不存在过错。③ 这种后续形成的攻击防御方法可能是新形成的事实（包括相关的证据方法），也可能是新形成的证据方法但该新的证据方法是用来证明早前已经形成的事实。④ 另一种为攻击防御方法形成于前审言词辩论终结之前，而当事人未在第一审中提出并非系违反了其注意义务。根据注意义务内容的要求，如果当事人在第一审中没有提出具有裁判显著性的资料，而在第一审中该当事人对其未提出的资料在现实中确实存在以及该资料对于诉讼案件具有裁判显著性等相关事实是知道的或者应当知道的，并且该当事人在第一审中也是有能力提出该资料的，则认为该当事人违反了其注意义务。⑤ 对于上述免责事由，当事人应当依据法院的要求在法院给定的期间内进行疏明，法院根据当事人疏明情况对要件事实进行审查，从而确认是否准许攻击防御方法的提出。与本条第1款类似，司法实践中，对于对方当事人无异议的新的攻击防御方法，以及关乎诉的合法性的新的事实等新的攻击防御方法，也例外地准许提出。⑥

---

① BGH NJW 2015, 3455.
② BGH NJW-RR 2005, 213.
③ BGH NJW-RR 2012, 110 Rn. 12.
④ Vgl. Stein/Jonas, a. a. O., § 531 Rn. 17.
⑤ Vgl. Musielak/Voit, a. a. O., § 531 Rn. 19; Stein/Jonas, a. a. O., § 531 Rn. 19.
⑥ Vgl. Prütting, a. a. O., § 531 Rn. 29.

二 日本

（一）历史沿革

日本是与我国一衣带水的邻邦。自古以来，中日交流不断，彼时落后但是一直以来都擅长学习的大和民族向中国学习了大量的先进文化与制度，包括语言文字和法律制度。日本仿照唐朝《永徽律》制定了自己的《大宝律令》和《养老律令》，其体例结构与条文内容均与唐律如出一辙，日本由此也成为中华法系的组成一员。其后，日本虽进入幕府政权时代，但是"诸法合体，民刑不分"的法律体系一直延续。直至 1868 年，日本开展了明治维新运动，从封建社会发展成为资本主义民族国家，在立法方面也力求"脱亚入欧"，效仿德国制定了一套完整的近代化法律制度，从此告别中华法系，成为大陆法系的代表国家之一。

1. 旧民事诉讼法

日本的民事诉讼法典最早制定于 1886 年，来自德国的法律顾问帮助年轻的明治新政府完成了民事诉讼法草案的拟定工作，其完全照搬了德国的 ZPO。在对该草案进行微调之后，日本国会于 1890 年通过了第一部《民事诉讼法》，并规定自 1891 年开始实施。这部民事诉讼法典在日本被称为"旧民事诉讼法"（简称旧法）。

由于法律移植上的简单拿来主义，这部法律在施行过程中遇到了诸多问题，立法机关随即着手进行修改前的调研工作。受 ZPO 修改的影响，日本于 1926 年也对旧法进行了一次大规模修改。日本立法机关继续向德国学习，在自由主义的民事诉讼法典中加入了职权主义色彩，强化了法官的诉讼指挥权。经过这次修改，准备程序进入了诉讼中，延误时机的攻击防御方法被要求驳回（此为日本民事诉讼法规制逾时提出攻击防御方法之肇始，但由于仍然坚持随时提出主义，规制效果不彰）。除此之外，这次修改还先例性地独创了一些具有日本特色的制度规范。①

随着在第二次世界大战中战败，日本成为美国的附庸。美国为日本重新制定了宪法，依据新的宪法并受到美国法律制度的强烈影响，民事诉讼法也在战后首次修改中融入了大量英美法系元素。即使这样，其师从德国的大陆法系体例编排和传统内涵依然显著存在。

---

① 参见乔欣主编《外国民事诉讼法学》，厦门大学出版社 2008 年版，第 280 页。

2. 新民事诉讼法

与德国一样，"二战"后的经济繁荣也使民事诉讼案件成倍增加，克服诉讼拖延，制定出国民易于理解和执行的民事诉讼法律规范，成为20世纪末修改民事诉讼法的主要目标。在立足本国经验并吸收 ZPO 修改的经验和教训的基础上，日本于1996年公布了新的《民事诉讼法》，① 于1998年开始施行。这部法典被称为"新民事诉讼法"（简称新法），其在攻击防御方法提出方面的新特点就在于抛弃了随时提出主义，将适时提出主义规定为提出攻击防御方法的原则，要求当事人必须履行诉讼促进义务，积极推进诉讼，提高诉讼程序的效能。

进入21世纪，日本《民事诉讼法》又经历了一次修改，法官的诉讼指挥权被进一步强化，审理计划的制订成为法院的职责之一，个案诉讼程序应当按照计划加快进行，违反计划提出的攻击防御方法也将被课以失权制裁。由此可见，督促当事人适时提出诉讼资料，提高民事诉讼程序运行效能，提升社会司法资源的利用效率，仍然是日本民事诉讼立法不断追求的目标。

（二）现行立法

1. 适时提出

日本《民事诉讼法》中对逾时提出攻击防御方法进行规制的法律规定包括第63条、第156条、第157条、第157条之2、第167条、第174条、第178条和第301条第2款。其中，第156条②为法律对提出攻击防御方法的基本要求。本条系大幅修改原有条文后加入新法，对应旧法第137条。③ 两者对比可以发现，这种修改是颠覆性的，从原有的随时提出主义（自由顺序主义）转向了现在的适时提出主义，当事人提出攻击防御方法在时间上的自由受到了极为严格的限制。④ 何以谓之"适当时期"？依据本条的文义及与本条紧密相关的第157条第1款之规定，可以理解为其有三层含义：首先是应当根据诉讼进行的状况予以确定，提出的时期并

---

① 此次修改力度非常大，与旧法外貌几乎完全不同，实际上是重新制定了民事诉讼法典。

② 新法第156条【提出攻击和防御方法的期限】：攻击和防御方法，应当按照诉讼进行状况的适当时期提出。

③ 旧法第137条【提出攻击防御方法的期限】：攻击或防御方法，除另有规定外，可以在口头辩论终结前提出。

④ 参见［日］长谷部由起子《民事诉讼法》，岩波书店2014年版，第164页。

非全部由法律预先规定，亦非全部由法院进行指定，其总体原则应当是根据诉讼的进展情况来判断；其次是判断的主体，根据立法目的其应当是法院，由法院依据各种事实状况进行自由心证来决定提出时期是否适当；最后是要结合失权规定予以判断，根据第157条第1款之规定，延误时机提出的攻击防御方法将可能被驳回，① 因此提出的时期不能延误时机，否则就不能称为适当的时期。本条相当于 ZPO 第282条，但是与德国法不同的是，本条中"适当时期"不能理解为原则性规定，结合相应的失权规定中不区分违反诉讼促进义务类型就可以发现，"适当时期"也包含了具体的法定期间或者法院指定期间，系一般诉讼促进义务和特别诉讼促进义务的杂糅；并且从新法整体看，其对于提出攻击防御方法的法定期间以及法院指定期间的规定甚少，② 可见立法者认为就适时提出的要求而言不需要详细区分诉讼促进义务类型。因此本条可以理解为是新法对当事人履行两种诉讼促进义务的整体性要求。

2. 失权制裁

(1) 第157条③

第157条为规制逾时提出攻击防御方法之核心，其在整个法律中的作用类似于 ZPO 第296条。本条法律规定对应旧法第137条，其整体内容未发生重大修改。但是新法以适时提出主义取代旧法的随时提出主义，因而本条中"延误时机"就不再是于言词辩论（日本称为口头辩论）终结前的某一时机，而应当重新进行解读。日本通说认为，当存在比实际提出时间更早提出的可能性时，就意味着本有提出的机会，这种提出的机会即为"延误时机"中的"时机"。在此种时间点之后提出攻击防御方法的，即为延误时机。法院应当根据攻击防御方法提出前案件的审理情况进行相应的判断。在续审制之下，言词辩论的一体性使第一审和第二审之间处于贯通状态，第二审的辩论被认为是第一审的辩论的继续，因此即使当事人在第二审的首次言词辩论期日就提出攻击防御方

---

① 参见白绿铉编译《日本新民事诉讼法》，中国法制出版社2000年版，第73页。

② 经采用关键词搜索统计，ZPO 中包含"Frist"（期间）的共计326处，新法中包含"期间"的共计89处，只约为 1/4，且其中涉及攻击防御方法提出期间的则更少。

③ 本条第1款参见白绿铉编译《日本新民事诉讼法》，中国法制出版社2000年版，第73页。本条第2款：对于意图不明确的攻击或防御的方法，当事人不作必要的阐明，或者应进行阐明的期日不出庭时，也同样适用本条前款的规定。

法，法院在对第一审的审理经过进行斟酌之后也可以根据实际情况认定构成"延误时机"。①

适用本条失权规定时，法院还需要考虑其他两个要件，即当事人为故意或重大过失，并且诉讼终结迟延。对当事人主观方面的判断，应当考虑当事人的法律知识以及攻击防御方法的性质。例如，因为与德国民事诉讼中律师强制代理不同，日本的民事诉讼中允许本人诉讼，则在律师诉讼中存在重大过失的情形，在本人诉讼中则未必认定为重大过失。又如无法期待也不应当期待当事人提出"假定主张"或者"假定抗辩"，否则将会重新回到法定顺序主义时代。而诉讼终结迟延，主要指的是会造成不得不进行证据调查、进而必须重新安排期日的情形。但是如果当事人申请调查的证据是在期日当天才能调取到的，则不能认为造成诉讼迟延。与德国相同，新法上判断诉讼迟延亦适用绝对理论。②

除了诸多相通之处外，本条也与德国法存在差异。首先，本条与第156条相同，也体现了新法不甚区分两种类型诉讼促进义务的理念，在对违反不同类型的诉讼促进义务者课以失权制裁方面，作出了统一的规定。其次，本条还富有特色地为当事人设定了对意义不明的攻击防御方法应当按照法院要求解释其攻击防御方法主要内容和目的的义务，违反该义务的视同违反特别诉讼促进义务，其攻击防御方法也将被驳回。这一规定强化了法官的诉讼指挥权，当事人的阐明义务也被扩大，其目的在于使诉讼资料更为清晰明确，便于对争点以及证据和言词辩论的全部内容进行整理，提高诉讼效率。最后，本条使用的措辞为法院"可以"裁定驳回逾时提出之攻击防御方法，即法院在失权制裁中扮演了重要角色，其在驳回裁判方面拥有自由裁量权，尤其根据自由心证的结果并结合诉讼推进的具体情况决定。这一点是与德国法上要件该当则强制失权原则的根本不同之处，当属两国失权规定之最显著的差异。无论何种逾时提出攻击防御方法均由法院酌定失权制裁的规制方式，使逾时的当事人面临失权的风险降低。这体现了立法者对于实体正义的妥协，也表明在东亚文化圈中推进程序正义还是面临着不小的困难。

---

① 参见［日］长谷部由起子《民事诉讼法》，岩波书店2014年版，第164页。
② 同上书，第164—165页。

（2）第 157 条之 2[①]

本条系 2003 年修法后新增内容。本条涉及的是在法院制订的审理计划中如何对逾时提出攻击防御方法进行规制。审理计划这一程序要求系 2003 年法律修改新加入新法中的内容。根据新法的规定，在民事诉讼中，无论案件类型如何，均应当制订审理计划，各个案件的审理工作都应当遵守各自的审理计划进行，法院和当事人都有义务对此提供各方面的保障。[②] 在制订和执行审理计划时，法院可以为当事人规定针对特别事项提出攻击防御方法的期间，违反期间的逾时提出将可能遭受失权制裁。因此种逾时提出攻击防御方法系因违反特定期间，故本条属于对违反特别诉讼促进义务逾时提出攻击防御方法进行规制的失权规定。本条失权规定对当事人的约束并不非常严厉：一方面，与第 157 条相同，法院依然可裁量驳回，失权效在要件该当时并不必然发生；另一方面，如果当事人成功对免责事由予以疏明，则法院不得适用失权规定。立法在此蕴含的思想与第 157 条相一致。

（3）第 167 条、[③] 第 174 条、[④] 第 178 条[⑤]

这三条法律规定类似于 ZPO 第 296a 条，但是与 ZPO 第 296a 条指向的本案辩论不同，该三条涉及的均是准备性程序。该三条分别对在准备性

---

① 第 157 条之 2【法院已制订审理计划的情形中攻击防御方法的驳回】：在法院根据第 147 条之 3 第 3 款或第 156 条之 2（包括应当准用第 170 条第 5 款的情形）的规定对当事人就特定事项提出攻击防御方法指定期间的情形中，如果当事人在该期间届满之后才提出攻击防御方法，法院认为在这种情况下继续按照审理计划将会对诉讼程序造成严重障碍的，法院可以依申请或依职权作出驳回决定。但是，如果当事人有合理理由无法在该期限内提出攻击防御方法并且对此予以疏明的，则不适用前述规则。

② 参见唐力《有序与效率：日本民事诉讼"计划审理制度"介评》，《法学评论》2005 年第 5 期。

③ 第 167 条【准备性口头辩论终了之后提出的攻击和防御方法】：在准备性口头辩论终了之后，当事人提出的攻击或防御方法，如果对方当事人要求，则应向其说明在准备性口头辩论终了之前未能提出的理由。

④ 第 174 条【在辩论准备程序终结之后提出的攻击或防御方法】：本法第 167 条的规定，准用于当事人在辩论准备程序终了之后提出的攻击或防御方法。

⑤ 第 178 条【书面准备程序终了之后提出的攻击或防御方法】：对于终了书面准备程序的案件，在口头辩论的期日，当事人陈述根据本法第 176 条第 4 款规定准用本法第 165 条第 2 款的书状记载的事项，或者根据本法前条规定确认之后提出的攻击或防御方法，如果对方当事人要求时，应向对方当事人说明该陈述或确认之前未能提出该陈述的理由。

言词辩论、辩论准备程序和书面准备程序终结后提出攻击防御方法进行了规制。与第 157 条和第 157 条之 2 相比，这三条失权规定的力度进一步弱化。在发生所涉及的逾时提出攻击防御方法时，只要对方当事人不表示异议，法律即认为诉讼行为瑕疵获得治愈。即使对方当事人提出要求，逾时提出攻击防御方法的当事人也仅仅负有"说明义务"，此时失权制裁程序是否启动，仍由法院根据当事人的说明通过自由心证决定。这种对当事人在各种准备性程序中适时提出攻击防御方法的松弛性要求，似乎与重视并强化准备程序的立法目标有所出入。

（4）第 298 条第 2 款、① 第 301 条第 2 款②

这两条系第二审中逾时提出攻击防御方法的失权规定，且均系对违反特别诉讼促进义务行为的规制。其中，第 298 条第 2 款为准用性规范，法院需根据第一审中准备性程序的不同确定准用的法律，其逾时提出攻击防御方法规制范式的处理分别参照第 167 条和第 178 条进行。第 301 条第 2 款系对当事人违反第二审法院在听取当事人陈述后特别指定期间逾时提出攻击防御方法的制裁。立法对第二审中的逾时提出行为的态度同样也是较为温和的，是否课以失权制裁由法院裁量决定，当事人对逾时提出的正当事由负有说明义务。

3. 其他制裁

对逾时提出攻击防御方法的，除了失权制裁之外，新法也效法德国，作出了从诉讼费用负担的经济方面对违法者给予制裁的规定。其第 63 条明确表明，即使是获得胜诉的当事人，如果其逾时提出攻击防御方法，也要承担由于拖延诉讼而产生的部分或者全部的诉讼费用。关于诉讼费用是否负担以及负担的金额多少，并非法律强制性规定，仍然是由法院进行自由裁量。

4. 期间规定

与德国法不同的是，新法中对攻击防御方法的法定或者法院指定提

---

① 第 298 条【第一审诉讼行为的效力】第 2 款：对于本法第 167 条的规定，在第一审终了准备性口头辩论或终了辩论准备程序的案件，如果当事人在控诉审提出攻击或防御方法，准用同条规定；对于本法第 178 条的规定，在第一审终了书面准备程序的案件并在该条规定已经陈述或被确认的情况下，如果当事人在控诉审提出攻击或防御方法，准用同条规定。

② 第 301 条【提出攻击或防御方法的期限】第 2 款：在本条前款所指定的期限经过之后，当事人为该款所规定的诉讼行为，应当向法院说明之所以在该期限内不能为之的理由。

出期间的规定着墨不多,仅见于第 156 条之 2 和第 162 条。前者表明法院有权在审理计划中可以就特别事项为当事人规定提出攻击防御方法的期间,这一规定直接对应第 157 条之 2。而后者则规定了准备书状的提出期间由法院予以指定,并且结合第 161 条(准备书状中应当记载攻击防御方法)可知,该条实质上也是对指定攻击防御方法提出期间的规定。

(三)立法简评

与 ZPO 及其相关规定比较可以发现,日本民事诉讼制度至今仍有着深刻的德国法痕迹,其逾时提出攻击防御方法规制范式也是对德国法借鉴、移植的结果。但日本法并非简单的拿来主义,虽然同样是失权制裁,但经过日本改造后的制度与德国又颇有不同。与德国的不同之处首先表现在失权制裁的强制性方面。在日本民事诉讼制度中,失权制裁全部属于裁量失权,法院的自由裁量权很大。其次还表现在日本民事诉讼中的当事人在失权制裁程序中享有较大的处分权,当事人在准备性程序中是否提出异议足以决定逾时提出攻击防御方法这种行为瑕疵能否获得治愈。总体来看,日本对逾时提出攻击防御方法的处理较为灵活,一定意义上讲是较为宽松的(将逾时提出攻击防御方法视为在一定条件下可治愈的瑕疵行为),体现了在深层次学习、移植外来法律制度之后形成的本国特色。

三 我国台湾地区

(一)历史沿革

我国台湾地区的法律制度基本上承继了我国自清末修律以来旧中国的一整套法律体系,"民事诉讼法"也不例外。1840 年之后,我国多次遭受西方发达资本主义国家侵略,整个中国由独立自主的封建社会逐步演变为半殖民地半封建社会。由于统治阶级在新形势下缓和阶级矛盾、维护统治的需要以及社会进步人士出于对改革政治、依法治国等新思想的倡导,社会各界达成一致,共同要求对中华法系传统进行改造,以近代资本主义国家的法律范式为标准修改法律。诸法合体、以刑为主,被改造为诸法分立、齐头并进,民事诉讼法也涵盖其中。1910 年,《民事诉讼律草案》诞生,为近代中国民事诉讼立法的开端。虽然直至清朝灭亡这部法律都尚未正式公布实施,但其成为民国时期民事诉讼立法的基础。

中华民国成立之初，采用了《民事诉讼律草案》，直至 1921 年，北洋政府编成《民事诉讼条例》。南京国民政府在 1927 年成立后，又于 1930 年制定、1931 年颁布了《民事诉讼法》。这两部法律之间具有密切关联，后者基本是以前者为蓝本而制定，其仿效对象均为日本旧法。两部法律均奉行随时提出主义，规定对于攻击或防御方法，当事人得于言词辩论终结前提出之。① 但同时出于对准备程序的重视，均规定当事人应当按照法院的要求在准备程序中提出攻击防御方法，未按时提出的，则在主期日的言词辩论中不得再行提出；同时也做了补充规定，要求法院对此应当事先提示当事人，并且如果对方当事人同意，或者当事人具有免责事由，亦可以于言词辩论时提出攻击防御方法。② 而在对待违反一般诉讼促进义务逾时提出攻击防御方法的行为，《民事诉讼法》对《民事诉讼条例》进行了修正，一方面将逾时提出攻击防御方法的当事人之主观方面限定为故意，将过失排除在外；另一方面不再对是否造成诉讼迟滞之结果进行要求，只要存在故意逾时提出的就将受到制裁。这体现了立法者对当事人恶意拖延诉讼、违反诚实信用原则行为予以重点惩戒的意图。在此之后，《民事诉讼法》虽然经历了 1935 年的重大修改③以及其后多次的小幅修正，但是关于逾时提出攻击防御方法的失权规定之主要内容和立法思想基本未作大的调整。④ 在国民党当局败退台湾之后，这部法律继续在我国台湾地区施行，成为我国台湾地区的"民事诉讼法"，一直持续至 20 世

---

① 参见石志泉《民事诉讼条例释义》，中国政法大学出版社 2006 年版，第 160 页。

② 参见石志泉《民事诉讼条例释义》，中国政法大学出版社 2006 年版，第 232 页；亦参见谢振民《中华民国立法史》，河南人民出版社 2016 年版，第 1033 页。

③ 此次修改意在解决诉讼程序规定繁杂与疏漏并存之弊病，方便当事人提起诉讼，同时避免诉讼延滞。但是由于仍然坚持随时提出主义，逾时提出攻击防御方法造成诉讼拖延的痼疾并未从根本上得到好转。参见张晋藩主编《中国法制史》，高等教育出版社 2007 年版，第 339 页。

④ 但对于未在准备程序中适时提出攻击防御方法的，此次修法加强了法院对诉讼进程的控制力度，对方当事人的同意不再能成为逾时提出攻击防御方法得以在主期日言词辩论中续行提出的准许前提。而对于此种行为是否具有延滞诉讼后果或者当事人是否存在重大过失并是否予以疏明，法院亦应当予以审查。但其仍然规定当事人在第二审程序中提出新的攻击防御方法并就事实和证据继续进行未完成的陈述，则前述失权规定处于被架空的状态。由此可见，本次修法对于攻击防御方法的提出的时间点仍然持开放态度，其对随时提出主义的遵循并未改变。参见郭卫《民事诉讼法释义》，中国政法大学出版社 2005 年版，第 198、312 页。

纪末。

"民事诉讼法"虽然规定了对于逾时提出攻击防御方法的制裁措施，但是其长期以来奉行随时提出主义，并且在续审制之下，不区分第一审和第二审的功能差异，这使在实际运行过程中，当事人注意义务履行缺失，经常迟延提出攻击防御方法，同时不重视第一审，甚至将重要的攻击防御方法拖至第二审方才提出，导致司法程序冗长、效率不高，在及时保护权利、提升司法公信力方面欠缺作为。① 为了解决这些问题，我国台湾地区司法主管机关于 1999 年召开了司法改革会议探讨改革民事诉讼制度。在借鉴德、日司法改革先进经验和以往司法实务经验教训的基础上，修正后的"民事诉讼法"（以下简称"新法"）于 2000 年颁布施行。修改后的"新法"采行适时提出主义取代随时提出主义，明确了当事人必须履行一般诉讼促进义务，明确失权效果，督促当事人将诉讼资料尽可能在诉讼程序较前的阶段提出。同时，"新法"还扩大了法官的阐明范围，使当事人能够尽可能了解诉讼进展情况，便于其及时实施适当的诉讼行为，促进诉讼集中审理，提升诉讼效率。② 本次修法之重点在强化第一审的作用，因此着力点在对第一审程序的重构。当然，对于当事人在第二审提出攻击防御方法的，"新法"也做了适当的限制，但是仍然坚持了对当事人在第二审中提出新的攻击防御方法"原则允许，例外禁止"的态度。③ 这与司法改革会议确定的改革目标仍然有一定的距离。为此，在 2003 年，"新法"再度经历了大幅修改。这次修改的重点是将第二审彻底改造为事后审，当事人的更新权受到了极大限制，其在第二审中原则上不得提出新的攻击防御方法，只有在几个例外情形中可以提出。至此，现行"新法"中有关攻击防御方法提出以及逾时提出的失权规定基本形成。此后虽仍有几次法律修改，但对此项制度基本被固定了下来。

（二）现行立法

"新法"中关于规制逾时提出攻击防御方法的失权规定，主要包括第

---

① 参见翁岳生《迎接新世纪的挑战　加速司法改革》，1999 年 3 月 29 日，我国台湾地区司法主管机关网站（http://www.judicial.gov.tw/aboutus/aboutus05/aboutus05-01.asp）。

② 参见林家祺、刘俊麟《民事诉讼法》，台湾书泉出版社 2007 年版，第 273 页。

③ 参见许士宦《第二审新攻击防御方法之提出》，载许士宦《程序保障与阐明义务》，台湾新学林出版股份有限公司 2003 年版，第 374 页。

196 条、① 第 268 条之 2、② 第 276 条、③ 第 444 条之 1④ 和第 447 条⑤。⑥
其中，第 196 条位于总则之中，属于对一般诉讼促进义务的规定，除法律
另有规定之外，在各个审级、各种程序中均予以适用。第 268 条之 2 和第
276 条属于第一审程序中的规定，其中第 276 条又属于第一审中言词辩论
准备程序的规定。而第 444 条之 1 和第 447 条则规定于第二审程序之中，
系对第二审程序中逾时提出攻击防御方法的规制。除此之外，"新法"亦
设置了功能基本等同于 ZPO 第 525 条的第 463 条之 1，作为对第二审程序
失权规定的补充，全面地防止当事人利用诉讼技巧，致使诉讼迟滞。

　　从法条所涉诉讼促进义务的类型来看，属于一般诉讼促进义务范畴的
仅有第 196 条，其他失权规定均属于对当事人特别诉讼促进义务的要求。
而从失权制裁的种类来看，第 196 条、第 268 条之 2 和第 444 条之 1 均规

---

　　① 第 196 条【攻击或防御方法之提出时期】第 1 款：攻击或防御方法，除另有规定外，应
依诉讼进行之程度，于言词辩论终结前适当时期提出之。第 2 款：当事人意图延滞诉讼，或因重
大过失逾时始行提出攻击或防御方法，有碍诉讼之终结者，法院得驳回之。攻击或防御方法之意
旨不明了，经命其叙明而不为必要之叙明者，亦同。

　　② 第 268 条之 2【书状之说明】第 1 款：当事人未依第 267 条、第 268 条及前条第 3 款之
规定提出书状或声明证据者，法院得依声请或依职权命该当事人以书状说明其理由。第 2 款：当
事人未依前款规定说明者，法院得准用第 276 条之规定，或于判决时依全辩论意旨斟酌之。

　　③ 第 276 条【准备程序之效果】第 1 款：未于准备程序主张之事项，除有下列情形之一
外，于准备程序后行言词辩论时，不得主张之：一、法院应依职权调查之事项。二、该事项不甚
延滞诉讼者。三、因不可归责于当事人之事由不能于准备程序提出者。四、依其他情形显失公平
者。第 2 款：前款第三项事由应释明之。

　　④ 第 444 条之 1【上诉理由书、答辩状之提出】第 1 款：上诉状内未表明上诉理由者，审
判长得定相当期间命上诉人提出理由书。第 2 款：上诉人提出理由书后，除应依前条规定驳回者
外，第二审法院应速将上诉理由书送达被上诉人。第 3 款：审判长得定相当期间命被上诉人提出
答辩状，及命上诉人就答辩状提出书面意见。第 4 款：当事人逾第 1 款及前款所定期间提出书状
者，法院得命该当事人以书状说明其理由。第 5 款：当事人未依第 1 款提出上诉理由书或未依前
款规定说明者，第二审法院得准用第 447 条之规定，或于判决时依全辩论意旨斟酌之。

　　⑤ 第 447 条【第一审之续行】第 1 款：当事人不得提出新攻击或防御方法。但有下列情形
之一者，不在此限：一、因第一审法院违背法令致未能提出者。二、事实发生于第一审法院言词
辩论终结后者。三、对于在第一审已提出之攻击或防御方法为补充者。四、事实于法院已显著或
为其职务上所已知或应依职权调查证据者。五、其他非可归责于当事人之事由，致未能于第一审
提出者。六、如不许其提出显失公平者。第 2 款：前款但书各款事由，当事人应释明之。第 3
款：违反前二款之规定者，第二审法院应驳回之。

　　⑥ 参见姜世明《新民事证据法论》，台湾新学林出版股份有限公司 2009 年版，第 354 页。

定为裁量失权，第 276 条和第 447 条则为强制失权规定。由此可知，对于违反一般诉讼促进义务的行为，法院可以驳回其提出的攻击防御方法，但是在具体的个案中是否予以驳回，则由法院自行裁量。而对于违反特别诉讼促进义务的行为，则区分为两种情形：对于在第一审程序中逾时提出书状或者证据声明的，以及违反第二审程序中的上诉理由提出期间或者答辩期间的，法院均可以驳回当事人提出的攻击防御方法，具体个案中的处理，也是由法院自由裁量；而对于违反准备程序中提出主张的期间以及违法在第二审中提出新的攻击防御方法的，法院均应驳回之，对此法院没有裁量权。这体现了立法者意在促使法院和诉讼参与人重视言词辩论的准备程序和重视一审，警告民事诉讼的当事人勿要怀有侥幸心理"逃往言词辩论"或者"逃往二审"。

（三）立法简评

从历史上看，我国台湾地区在民事诉讼立法方面一直在向德国和日本学习，这从"新法"中失权规定在要件规定和制裁效果方面与后两者民事诉讼立法之间的相似性就可以管窥全局。并且与德、日司法改革相比，"新法"的形成和大修改更为晚近，更有条件全方位地从包括德、日在内的多个国家的司法改革活动中进行广泛的借鉴，这对于"新法"的不断完善显然大有裨益。基于此，"新法"在对规制逾时提出攻击防御方法方面，也形成了不完全与德国或者日本相同的模式。与后两者相比，在法院对于失权制裁的裁量方面，我国台湾地区法院可以行使的裁量权较之德国为大，但不及日本。这显然是立法者在平衡程序正义和实体正义方面既深感诉讼拖延对司法的损害，但又担心错案的批量发生，因而选择走向了"中庸之道"。在当事人于失权制裁程序中的作用方面，我国台湾地区与德国相同，没有赋予对方当事人以其行为治愈逾时提出攻击防御方法之瑕疵的权利，以此防止个案拖延，避免社会公共利益受到侵害。而最具有特色之处在于，我国台湾地区在"新法"第 276 条和第 447 条中创新性地规定了"显失公平"的免责事由，将民法中债法方面"显失公平"这一撤销权行使理由吸收纳入失权规定中，将其作为兜底条款，防止挂一漏万。这也体现了立法者向实质正义的妥协和对强烈失权效引起人们不良反弹的担忧。

第二节　英美法系国家和地区逾时提出
攻击防御方法规制分析

一　英国

（一）概述

英国是曾经的世界头号资本主义强国，也是英美法系的起源国家。英美法系的一大特点就在于更为重视程序的规范，在诉讼中尤其如此。① 从普通法和衡平法产生的过程来看，英国的民事诉讼法律规范甚至整个英美法系的各种法律法规，均是来源于诺曼征服之后英格兰法官在各种各样的裁判中经年累月总结出来的各种经验和模式，其诸如陪审、巡回裁判、令状等制度也是在实践中产生。这一方面反映了英国民事诉讼法律规范的来源，另一方面也反映了民事诉讼对于英国法的建立和发展起到的作用和民事诉讼法在英国法律体系中的地位。虽然随着社会的发展与进步，英国的法律也发生了很大的变化，例如令状的取消、衡平法院并入普通法院以及普通法与衡平法不再明确区分等。在 20 世纪末期，与大陆法系代表国家和地区一样，英国的民事诉讼法律制度也经历了一场重大的变革。针对司法改革，沃尔夫勋爵发表了《接近正义》等一系列的报告。在此影响之下，新的《民事诉讼规则》（以下简称《规则》）于 1999 年诞生，并一直实施至今。

两造对抗的当事人主义和遵循先例的普通法传统，可以认为是英国民事诉讼法律规范的核心思想。《规则》等一系列制定法的颁布，并不意味着传统上的普通法和衡平法失效。与此相反，英国的民事诉讼中很多原则都是来自此前的判例法，法官在审判活动中仍然予以援用。② 这就使英国的民事诉讼规程与大陆法系国家和地区表现出很大的差异。英国的民事诉讼程序基本分为三个阶段：首先是审前程序，主要是原、被告之间交换诉

---

① 英国法被称为是从"程序的缝隙中渗透出来的"。参见 H. S. Maine, *Early Law and Custom*, 1861, p. 389, 转引自常怡主编《外国民事诉讼法新发展》，中国政法大学出版社 2009 年版，第 61 页。

② 参见沈达明、冀宗儒《1999 年英国〈民事诉讼规则〉诠释》，对外经济贸易大学出版社 2015 年版，第 6—7 页。

讼文书，在双方陈述后确立争点，随后进行书面证据的证据开示以及交换证人证言，在准备就绪时，法院依原告的申请登记庭审；其次是庭审程序，各方当事人在法庭上就证据和法律见解进行言词辩论，法官和陪审团进行听审并作出判决；最后是审后程序，主要用于胜诉方向败诉方收取诉讼费用以及裁判的执行。[①]

（二）诉答程序

所谓诉答程序，实质上就是当事人交换起诉状和答辩状，了解相互之间诉讼意图的过程。在英国，诉状和答辩状被统称为案情陈述。[②] 原告应当向被告送达"请求细节"，表明诉讼请求类型以及支持诉讼请求的理由（引发纠纷的事实和权利应当受到保护的事实）和希望法院给予的救济，被告在请求细节送达后应当作出答辩，并在请求细节送达后 14 日内将其答辩内容送达对方当事人。如果被告无法按照法律规定在该 14 日的期限内提出答辩的，或者存在管辖异议的，可以声明确认收到送达。依据被告提交的收到送达确认书，法院可以为被告在期限内增加 14 日，用以提出答辩。当事人之间也可以约定再延长答辩期，但是无论如何最长答辩期不得超过 56 日。经其他当事人同意，或者经法院许可，当事人也可以对案情陈述进行修改。对于对方当事人对案情陈述的修改，如果当事人对此有异议，应当在被修改过的案情陈述完成送达之后的 14 日内提出。除此之外，如果当事人认为对方当事人提供的有关信息不够清晰明确，可以书面请求对方当事人提供进一步的信息。提出此种请求的，应当给予被请求人合理的答复期间。被请求人一般应在答复期间内作出答复，否则应当通知请求人表示有异议。请求人在接到异议通知之后，可以申请法院作出裁决。[③]

---

① 参见［英］保罗·米凯利克《英格兰和威尔士的司法危机》，载［英］阿里德安·A. S. 朱克曼主编《危机中的民事司法》，傅郁林等译，中国政法大学出版社 2005 年版，第 115 页。

② Statement of Cause，是英国民事诉讼中使用的正式文书，功能在于通知对方当事人会面，明确争点，并向负责案件管理和审判的法官简要陈述案情。参见沈达明、冀宗儒《1999 年英国〈民事诉讼规则〉诠释》，对外经济贸易大学出版社 2015 年版，第 125 页。

③ 参见沈达明、冀宗儒《1999 年英国〈民事诉讼规则〉诠释》，对外经济贸易大学出版社 2015 年版，第 126—139 页。

（三）披露①

按照前文所述的英国传统上对民事诉讼阶段的划分，披露与诉答程序一样，仍然属于审前程序。披露是英国民事诉讼案件流程中的重要一环。在披露中，当事人需要将自己占有或者支配的全部书面证据材料（包括对其他当事人有利的诉讼资料）预先通知对方当事人。

披露的范围限于作为证据支撑争点的文书、对文书持有一方不利的文书以及对不持有文书的一方有利的文书。在现代信息社会中，文书的范围也拓展至了应用计算机技术储存的各类信息。② 文书经过披露，非持有方当事人即有权进行查阅（即查看，但是不限于查看③）。当事人希望查阅的，应当向披露人发出书面通知。披露人应当在收到通知后7日内准许查阅人进行查阅。④

在英国民事诉讼程序中，文书的披露是绝对的、不存在例外的。但是法律赋予部分文书以特权，其可以不提供查阅。特权文书包括律师与客户以及第三人与本案诉讼有关的通信文书、可能会造成自证其罪的文书、"有损于现有权利或者请求"的文书以及涉及公共利益保护的文书。此种特权，权利人可以放弃。⑤

对于违反披露相关法律制度的行为，《规则》也作出了明确的制裁性规定。⑥ 未经披露或者经披露但是不允许其他当事人进行查阅的文书，不得在庭审阶段使用。不在法院指定的期间内披露文书的，法院可以撤销该当事人提出的案情陈述。对于违反披露程序规定的当事人，法院甚至可以以藐视法庭罪处以罚金和拘留等处罚。法院对于相关制裁程序拥有自由裁量权，当事人的免责事由和案件的具体情况都是法院在进行裁量时需要重

---

① 即书证的开示程序。英国在《规则》出台前，民事诉讼中使用 discovery 命名该程序。《规则》将该程序改称为 disclosure，通常被翻译为"披露"。参见齐树洁主编《英国民事司法制度》，厦门大学出版社 2011 年版，第 306 页。

② 参见沈达明、冀宗儒《1999 年英国〈民事诉讼规则〉诠释》，对外经济贸易大学出版社 2015 年版，第 184—186 页。

③ See Grant v. Southwestern and County Properties（［1975］Ch. 185）.

④ 参见齐树洁主编《英国民事司法制度》，厦门大学出版社 2011 年版，第 310 页。

⑤ 参见沈达明、冀宗儒《1999 年英国〈民事诉讼规则〉诠释》，对外经济贸易大学出版社 2015 年版，第 187—192 页。

⑥ 《规则》第 31.21 条。

点斟酌的内容。①

二　美国

（一）概述

美国现在是世界头号资本主义强国，但其在 1776 年之前也只是英国在北美的 13 个殖民地。殖民地时期的美国，其司法体制完全照搬英国的制度，司法程序也与英国如出一辙。在取得独立战争胜利之后，美国成为统一的联邦制国家。联邦制国家的一个特点就是各州有独立的司法体系，而在联邦层面亦有一套司法系统。但是在独立之初以及之后的一百多年中，各州法院和联邦法院在处理民事诉讼时，使用的仍然是来自英国的普通法和衡平法。自进入 19 世纪中叶以来，美国进行了一系列的统一立法活动，即所谓的民事诉讼程序法典化运动。② 美国民事诉讼法律从判例法向制定法的过渡，成为美国民事诉讼法律独立于其原宗主国英国的重要标志。在这一过程中，一方面诞生了以《纽约州民事诉讼法典》为代表的各州的民事诉讼法典，另一方面产生了《联邦民事诉讼规则》（简称《联邦规则》）这种联邦层面的民事诉讼成文法典（其后也经历了多次修改）。与德国相同，美国自 20 世纪 70 年代以来，也出现了由于诉讼案件数量的膨胀而导致的诉讼拖延、诉讼成本居高不下等问题，严重影响了司法权的运行。美国国会最终于 1990 年制定《民事司法改革法》，并连续三次修改《联邦规则》，发现程序的作用日益强化并且受到法院的控制，审前会议被确立并强制要求当事人出席，通过强化法官对诉讼进程的管理和监督，力求建设公正、高效、低成本的解决民事纠纷的路径。③

当今美国民事诉讼程序结构的特点有三：一是继承了英国民事诉讼两造对抗的当事人主义传统，并在其中加入了管理型司法的新理念。美国在保留法官中立、当事人主张并举证以及陪审制等传统制度的同时，加强司法机关对诉讼案件的有效管理，力求公正、迅速而低成本地解决民事纠纷。二是民事诉讼程序由诉答程序、审前程序、开庭审理程序三个阶段构成。其中，发现程序（discovery）是审前程序的重要组成部分，构成了审

---

① 参见齐树洁主编《英国民事司法制度》，厦门大学出版社 2011 年版，第 311 页。

② 参见常怡主编《外国民事诉讼法新发展》，中国政法大学出版社 2009 年版，第 1 页。

③ 参见齐树洁主编《民事司法改革研究》，厦门大学出版社 2004 年版，第 437 页。

前程序乃至整个诉讼程序的基础。审前程序是美国民事诉讼程序的重点，几乎 95% 以上的案件在审前程序中都能通过当事人之间的和解而得到解决。① 三是注重发展替代性纠纷解决模式，利用多种方式促进纠纷的高效解决。

　　与英国一致，美国民事诉讼中审前程序与审理程序也是彻底分开，这是英美法系与大陆法系的显著差别。而美国民事诉讼与英国也存在较为明显的不同：一方面在于美国有着更为广泛而强有力的发现程序，而英国的证据开示程序局限于书证；另一方面在于美国在审前程序中会召开审前会议，而英国鉴于控制律师出庭费用和维护法官崇高地位的需要则不召开此类会议。② 这两项美国独有的程序制度，使美国民事诉讼在督促当事人适时提出攻击防御方法方面，在英美法系的大框架下仍然能够具有自己的特色。

　　(二) 诉答程序

　　正如前文所述，美国的民事诉讼程序一般被分为三个阶段：第一阶段为诉答阶段 (pleading)，即起诉和答辩的阶段，在这一阶段中，当事人只需要采用普通而简单的声明 (notice) 来陈述据以提出诉讼请求的依据或者据以提出抗辩的基础。所谓诉答程序，顾名思义，乃是起诉和答辩的程序，也就是当事人之间交换起诉状和答辩状等诉讼文书的程序。在美国民事诉讼法制发展史上，诉答程序先后经历了普通法时代、法典时代和《联邦规则》颁布之后三个发展阶段，从僵硬的格式化的普通法 "令状" 制度，经历简化的诉讼与答辩程序，最终发展到了专门发挥通知功能和提示准备功能的现代化阶段。③

　　在诉答程序中，原告所要提交的主要诉答文书，也是一切各种案件中最初的诉答文书，是起诉状 (complaint)。其在部分州也被称为请求书 (petition) 或者声明 (declaration)。④ 依据《联邦规则》，起诉状至少应当具有三项内容：法院对案件具有事务管辖权的依据；表示自己有权获得诉讼救济的理由；希望法院给予司法救济的具体方式和要求。除向法院提交

---

① 参见常怡主编《外国民事诉讼法新发展》，中国政法大学出版社 2009 年版，第 7 页。

② 参见沈达明《比较民事诉讼法初论》，对外经济贸易大学出版社 2015 年版，第 102 页。

③ 参见乔欣主编《外国民事诉讼法学》，厦门大学出版社 2008 年版，第 94—96 页。

④ 参见［美］理查德·D. 弗雷尔《美国民事诉讼法》，孙利民、孙国平、赵艳梅译，商务印书馆 2013 年版，第 356—357 页。

起诉状之外，原告还必须依据《联邦规则》向被告进行起诉状的送达工作。被告在收到送达起诉状之后，必须以规定的方式在各管辖法院的规则给出的期限内对起诉状作出回应，即根据案件具体情况选择或者提交并送达答辩状（answer），或者向法院提出动议（motion）。依据《联邦规则》，被告必须在被依法送达起诉状后的 20 日内提交并送达其答辩文书；① 如果被告选择提出动议，但被法院裁定驳回的，被告应当在驳回裁定生效后 10 日内提交并送达其答辩文书。② 一旦被告没有在法定期间内作出回应，就会因为没有推进案件而被法院作缺席登记，进而原告可以申请法院作出缺席判决。③ 在这样的情形中，被告因为迟误期间未在答辩状中适时提出攻击防御方法，就不得再行提出，还会面临败诉的风险。

（三）发现程序

在诉讼的第一阶段进行完毕之后，诉讼就来到了第二阶段。第二阶段为审前阶段（pre-trial，也被翻译为预审阶段），在该阶段中将实施事证开示（discovery，也被翻译为证据开示或者披露）。

近代以来，随着民事诉讼法的发展，即使是在英美法系国家和地区，当事人基于私法自治原则在推进诉讼中的自由受到了越来越多的限制，立法倾向于对准备程序进行强化，督促当事人积极推进争点整理和诉讼资料的收集，促使争点尽早确定，并且保证当事人在接近证据方面的武器平等。申言之，传统上虽然认为，因为当事人对其自身在诉讼中的胜败最为在意，在这样的动力（胜诉）和压力（败诉）之下，尤其进行证据收集，势必能够尽可能多地向法院提供与案件事实有关的证据。但是这样的观点只能建立在双方当事人在证据收集方面的能力上差别不大这个假设的前提之下。④ 但是，工业时代的现代社会日新月异，随着科学技术的进步，各种新生事物层出不穷，出现了很多新型案件，如反公害诉讼、医疗事故诉讼和消费者保护诉讼等"现代型诉讼"。在这些新型的案件中，原被告双方由于在生产资料占有、互动行为主导以及技术知识掌握等方面有着显著

---

① 《联邦规则》第 12 条（a）款（1）项。参见吴如巧《美国联邦民事诉讼规则的新发展》，中国政法大学出版社 2013 年版，第 163—243 页（附录：美国联邦诉讼规则 2007）。下文中所引《联邦条款》均参见该内容，不再赘述。

② 《联邦规则》第 12 条（a）款（4）项。

③ 《联邦规则》第 55 条。

④ 参见黄国昌《民事诉讼理论之新开展》，北京大学出版社 2008 年版，第 13 页。

的差距，导致了双方在获取证据的能力上有了很大的不同。在这种情况下，距离证据手段近的一方获取证据就要比距离证据手段远的一方容易得多，其就能够获取更多的证据利益，而另一方的合法权益可能就要受到损害。为了调整证据偏在造成的当事人合法利益得不到保障的状况，扭转证据分布不均衡的现象，保证在民事诉讼中诉讼当事人的攻击手段和防御手段平等，《联邦规则》为美国民事诉讼创设了发现程序。

《联邦规则》第 26 条（b）款对发现程序进行了统摄性的规定。发现程序是美国民事诉讼中最为重要的阶段。发现程序帮助各个当事人从其他的当事人处获知其所掌握的各种信息。在发现程序的帮助下，当事人之间因为信息的互通，基于对现实的考虑很可能就走向了和解。同时，发现程序也避免了裁判突袭的出现，确保在正式审判阶段以及法院最终作出的裁判不会以当事人不知道的事实和证据为基础。

1. 发现程序的实施方式

根据《联邦规则》，实施发现程序的手段在传统上主要有五个，即书面证词（deposition）、书面质询（interrogatories）、举证请求（requests for production）、医学检查（medical examination）以及承认请求（requests for admission）。①

（1）书面证词。在书面证词中，宣誓作证者（deponent）被提出问题，其口头回答这些问题。证人证言被记录下来并在随后可以转换为文本格式。证人在签字确认前有权审查并修改记录中的错误之处，因为经过宣誓而作伪证的将受到刑法处罚。书面证词不在法庭作出，法官不出席，当事人及其律师有权出席，各方当事人的律师都有权询问每一名证人。法院的记录员通常也会出现，其将监督宣誓并记录经宣誓的证言。

（2）书面质询。书面质询是一种书面的问题，当事人对于其他当事人的书面质询必须在被送交问题之后的 30 日内给予书面答复。作答复的当事人应当在宣誓后署名，并要承担作伪证时接受伪证罪处罚的后果。与书面证词可以由任意人作出不同，书面质询的对象只能是本案当事人。同时由于答复书面质询当事人无须接受面对面询问，因而其发现真实的能力较书面证词为弱，但是可以构成对书面证词的补充。

（3）举证请求。它允许当事人（A）要求其他当事人（B）提交文

---

① 《联邦规则》第 27—35 条。

件、以电子格式存储的信息以及其他有形物，或者允许 A 要求 B 允许 A 进入该 B 所有的土地上实施例如测试等被许可的行为。提出举证请求的前提是举证标的物确实为被请求方拥有、保管或者控制。请求人必须以书面请求书送达被请求人，并将请求内容具体化。被请求人应当在请求书送达后 30 日内作出答复，或者表示同意，或者表示反对，不允许不作答复。

（4）医学检查。这是一种较为独特的发现实现方式，因为该方式需要经过法院批准。[①] 法院依当事人申请决定是否准许对某人进行身体或者精神检查（统称为医学检查）。申请人首先要证明待检查人身体或者精神存在问题，还须证明检查的必要性。申请必须将检查的时间、地点、方式和范围进行具体化。

（5）承认请求。这种方式是一方当事人迫使另一方当事人承认或者否认，对象包括事实、适用于事实的法律或者对这两者的看法。这一工具的主旨在于尽可能使双方就一争议达成一致，减少不必要的、消耗物质成本的证据调查。此种请求只能以书面形式向当事人提出。被请求人在请求书送达后 30 日内，向全体当事人送达其书面制作并署名的对请求书的答复。答复应当明确表态承认或者否认；如果既不承认也不否认，必须详细陈述理由，不能以不知为由不表态。不明确否认的，即视为承认。

在实施五种发现方式时，《联邦规则》要求当事人必须进行自我约束，履行真实义务，确保答复的精准性而非具有误导性。因此，每一个当事人都有义务审查自己对发现请求的答复，在答复不完整或者不正确时进行必要的补充和修正。

2. 发现程序可以涉及的范围

（1）必须披露。[②] 指的是即使没有人提出请求，当事人也必须主动披露的信息。首先是必须的初始披露，具体包括可被发现之信息的每一个可能拥有者的个人联络信息以及该信息的主题；己方控制或持有的可用于案件诉讼的文件、电子信息和实物；原告主张损害赔偿金的计算方法以及计算所依据的证据材料；被告购买的可用于案件赔偿的保险协议。其次是专家证人的披露，当事人应当披露其自己所提请的可能在庭审中发表专家证言的证人的身份，此外在法院命令或者当事人约定之下还应当提交报告，

---

① 参见［美］理查德·D. 弗雷尔《美国民事诉讼法》，孙利民、孙国平、赵艳梅译，商务印书馆 2013 年版，第 452 页。

② 参见《联邦规则》第 26 条（a）款。

阐明该专家证人的主要观点及观点形成的依据，专家资格和当事人向专家支付的报酬等。最后是必须的审前披露，当事人必须向法院提供其将传唤的每一名证人的身份和联络信息。必须的审前披露与其他必须披露的不同之处在于，其他的必须披露无须通知法院，而必须的申请披露则需要向法院提交披露材料的副本。

（2）可被发现的信息和可采信息。除了必须披露的诸多事项之外，与诉讼相关且不享有保密特权的信息，都可以广泛地成为发现程序的目标。所谓保密特权，一般指的是当事人之间的秘密通信，如律师与客户之间、医患之间、配偶之间的秘密通信即具有此种保护特权，即特权保护应当基于特定的身份关系，同时这种特权当事人亦可以放弃。此外，律师等法律工作者的工作成果也可以排除在发现程序之外。

3. 对违法滥用程序的制裁

发现程序原本是各方当事人之间的活动，原则上应当当事人自行进行、自行处分。但是为了防止当事人滥用程序、拖延诉讼、隐匿事实，对于在发现程序中当事人拒绝依照其他当事人之请求提供证言、答复或者接受医学检查以及提交书证、物证的，依据《联邦规则》第37条，法院如果认为此种不作为并非适当或者无害，就可以对此类违法行为进行制裁。[①] 法院可以依发现程序申请人的申请发布强制命令，强制执行发现程序；如果法院认为被请求人为不当拒绝时，还可以判令其负担包括律师费用在内的相关费用。如果当事人面对法院的强制执行发现程序的命令仍然拒绝及时履行、拖延诉讼的，法院可以发布认定命令，确认发现程序申请人一方的诉讼主张为真实；还可以禁止被申请的当事人在庭审中就与强制发现命令有关的问题提出证据（失权制裁）；前述制裁方式仍不足以惩罚违法者的，法院可以判决驳回诉讼（对原告）或者径行作出缺席判决（对被告）。而如果当事人拒绝开示必须披露之内容，法院可以课以严重制裁，例如以藐视法庭罪对当事人判处刑罚。

4. 与英国法中披露的对比

美国民事诉讼发现程序与英国民事诉讼中的披露具有同源性，但是二者之间又有很大的差别。英国法上的披露仅限于书证，人证的讯问、物证

---

① 参见吴如巧《美国联邦民事诉讼规则的新发展》，中国政法大学出版社2013年版，第41页。

的勘验和鉴定等则需要由法院主持;[1] 而美国法上的发现程序则覆盖了全部的证据类型，个案中事证开示的范围为与本案诉争有关的一切诉讼资料，除了医学检查需法院许可之外，其他证据材料当事人可以直接向对方当事人请求开示。但是，英国法上的披露具有绝对性，即使是具有特权的书证，也仅仅是可以不允许其他当事人查阅，但仍然要进行通知；而美国法上的发现程序对于具有保密性的文书则允许当事人不予开示。不过，无论是英国法还是美国法，即使是具有保密特权的文书，如果在审前未经披露或者开示，在庭审中均不得使用。这一共同点体现了英美法系对于事证材料提前通知的要求，对证据突袭的绝对禁止，以及对一次性高效进行集中庭审这一目标的追寻。

（四）审前会议

在审前阶段中，法官可以主持召开审前会议（pre-trial conference），要求各方当事人出席，以便促进诉讼案件获得高效解决的措施。[2] 审前会议的直接目的二者择一，首先是实现当事人之间的和解，使案件在进入正式庭审之前就获得终结；否则即为即将举行的正式审判程序做准备。[3]

法官可以召开确定相关日程的会议，通过与各方当事人及其代理律师进行沟通，达成对争点和一些诉讼行为的期日的协议。对于审前会议，如果当事人拒绝出席的，或者当事人虽然出席了审前会议，但是拒绝依照法院的命令提交有关诉讼资料的，法院可以比照发现程序中对滥用程序行为的制裁，判决驳回诉讼请求或者作出缺席判决。当然，为了缓和矛盾，一般的做法仅为将审前会议上确定的事实、证据等诉讼资料确定为正式审理程序中需要审查的内容，未在审前会议上出现的资料将被排除在外。

---

[1]　参见沈达明《比较民事诉讼法初论》，对外经济贸易大学出版社 2015 年版，第 340 页。

[2]　参见《联邦规则》第 16 条。对此，联邦法和大部分州规定法官可以自行决定是否召开审前会议，但是少部分州规定必须召开审前会议。美国民事诉讼学界对于审前会议的强制性也存在意见分歧。参见沈达明《比较民事诉讼法初论》，对外经济贸易大学出版社 2015 年版，第 85 页。

[3]　参见齐树洁主编《美国民事司法制度》，厦门大学出版社 2011 年版，第 311 页。

第三节   两大法系逾时提出攻击防御方法规制之比较

一   两大法系内部的比较

(一) 大陆法系内部

由于历史和政治方面的原因，德国、日本和我国台湾地区在法律制度的构建方面存在显著的移植与传承关系，德国是后两者的师从效仿对象，这一点在民事诉讼法律制度方面也不例外。因此从大的方面看，三者之间在民事诉讼程序中对逾时提出攻击防御方法的规制制度方面具有强烈的同质性，例如都对当事人履行一般诉讼促进义务和特别诉讼促进义务提出了要求，都规定了法院在当事人提出攻击防御方法时的诉讼指挥与阐明职权，都规定了攻击防御方法之逾时提出的构成要件且构成要件组成完全相同。以上种种，体现了大陆法系国家和地区之间在法律制度方面的内部一致性。然而日本和我国台湾地区在自身法制建设的过程中，也在不断推动移植而来的法律本地化以适应本国或本地区的需要，经过历次修法，两者在规制逾时提出攻击防御方法的具体措施、手段方面也形成了下述与德国不同的特点。

1. 在法院裁量权的大小方面不同。德国虽然也存在裁量失权，但是基本上还是秉持了以强制失权为原则，并且在是否存在裁量失权的空间方面还存在争议；[1] 除此之外，ZPO 第 296 条第 1 款逐一列明了可以适用失权规定的具体法律条文之情形（各种期间），对于未列入者，如法律没有特别规定，纵使当事人逾期法院亦不得课以失权制裁，法院的裁量权进一步受到限制。而在日本，对于各种情形的逾时提出攻击防御方法，法律均规定为裁量失权，法院的自由裁量权很大。相比之下，我国台湾地区法院的裁量权则居中，一般认为法院有一定的裁量权，于法律规定"得驳回"之情形中以及"显失公平"之情势下法院可以根据诉讼进展和全案情形行使之。

2. 在逾时提出攻击防御方法是否可以获得治愈方面存在相反性的差异。德国和我国台湾地区是持否定态度的，一旦法院依法判定当事人违反

---

① 　Vgl. Prütting, a. a. O. , § 296 Rn. 181.

法律规定未适时提出攻击防御方法，则几无回旋之余地；当事人对于失权制裁程序的参与仅限于提出免责事由并进行疏明以及在法院作出裁决后寻求法律救济，尤其对方当事人是无法干预法院的审查和自由心证的。而日本在这一方面则独树一帜，赋予了对方当事人异议权，其在准备性程序中是否提出异议可以决定逾时提出攻击防御方法这种瑕疵行为能否获得治愈。

3. 在第二审实施续审制的严格性方面各不相同。德国法将可以于第二审程序中提出的攻击防御方法者限制为三种情形，即第一审法院明显忽视、因程序瑕疵未提出以及非因当事人原因而未提出，其对于续审制的执行在要求上最为严格。日本法则未规定第二审程序中可提出之攻击防御方法情形，从其立法文义和立法目的来看，显然是由审判长结合具体案情以及当事人的上诉状等文书内容经由自由心证进行判断，于续审制而言要求最为宽松。而我国台湾地区将提出的合法事由德国法上的三种扩大为六种，其中包括作为兜底条款的"显失公平"一项，"新法"将法院的裁量范围扩大，但是并未给予法官完全的裁量权，立法者再一次在德国法和日本法之间做了平衡性处理。

（二）英美法系内部

美国原本是英国的殖民地，其法律制度尤其民事诉讼程序完全脱胎于英国，两国民事诉讼法律制度之间的同质性甚至超越了大陆法系国家和地区。但是在美国独立之后，其民事诉讼法律的发展超越了英国法律的束缚，这就使两国民事诉讼程序中有关对逾时提出攻击防御方法进行规制的程序具有一定的差别，其中就包括本具有同源性的美国民事诉讼发现程序与英国民事诉讼中的披露。正如前文所述，英国法上的披露主要集中于书证，而美国法上的发现程序则覆盖了全部的证据类型，除了需要法院进行特别许可之外的证据材料都属于开示之列。但是就开示所涉的证据开始而言，两国民事诉讼法律均规定，如果在审前未经披露或者开示，在庭审中均不得使用。这样的规定是基于对一次连续集中庭审的陪审团制度的充分考量，体现了英美法系对于证据应当提前通知的要求，并且表明证据突袭在英美法系国家是绝对不允许的。而这种种规制，正是为了实现一次性高效进行集中庭审。

二 两大法系之间的比较

(一) 两大法系相关制度之间的共通性

大陆法系与英美法系的民事诉讼法律制度之间，虽然从传统上看，无论是在司法理念和实际运行程序方面，都存在着较大差异。但是在日趋频繁的国际交往中，双方之间的交叉渗透、互相影响也愈发增多。譬如日本民事诉讼引入的当事人照会制度，显然是学习美国民事诉讼发现程序中书面质询的产物。[1] 而且从民事诉讼的目的论出发，两大法系在解决民事纠纷、保障私人权益、维护社会秩序的安定性方面本就具有共通性。因此，在对待逾时提出攻击防御方法的态度和处分上，二者之间是存在共通性的。

1. 以失权效果制裁逾时提出攻击防御方法

对于逾时提出攻击防御方法，两大法系均持否定评价，并以民事诉讼上的失权效果来制裁此种行为。对于逾时提出攻击防御方法的，法院经审查确认后必须或者可以驳回之，并且被驳回的攻击防御方法在后续程序中不得再行提出。通过失权制裁，实现个案中守法当事人权益的维护和对普遍潜在当事人的警示，不仅促进个案诉讼程序的适时进行，也推动社会整体诉讼的快速进行，提升司法效能。

2. 在促进诉讼的手段上均未选择设置审理期限

对于应当促进诉讼及时、有效地进行，两大法系均持肯定态度；但在具体的实现方式上，都没有选择为法院审理设置期限的方式，而是选择通过强化当事人履行诉讼促进义务的要求来实现。在英美法系，往往选择重点开展最为重要的审前程序，要求当事人在披露或者发现程序中适时提出诉讼资料并充分进行证据的通知和交换，以期实现一次性庭审终结。而在大陆法系，无论是在准备程序还是在本案辩论中，当事人均被要求履行一般诉讼促进义务和特别诉讼促进义务，适时提出全部诉讼资料；与之相应，法院也要履行自身的诉讼促进义务，适时进行阐明、提示，行使诉讼指挥权，督促当事人实施诉讼行为。而无论如何选择路径，裁判总是"裁判成熟"后的果实，均未限定法院在若干期限内必须作出判决。一言以蔽之，两大法系一致认为，促进诉讼的重点在当事人而不在法院。

---

[1] 参见新法第 163 条。

3. 失权规定的构成要件基本一致

在对当事人"嫌疑行为"是否构成逾时提出攻击防御方法时，两大法系的立法对于该当之要件的设定也基本是一致的，即均要求当事人应当至少具有过失的主观方面；要求当事人不存在免责事由，对于免责事由当事人应当向法院提供相关事实以证明之；一般都要求造成诉讼迟滞的不良后果。当然在要件判定方面，大陆法系立法由于受传统法理思维影响，要件设置在逻辑性方面更为严谨，较为便于其他国家学习。

(二) 两大法系相关制度之间的差异性

除了共通性之外，两大法系受传统理念和当前制度的较大差异之影响，在制裁措施的内容及其具体实施方面还是有着很大的不同。从现实来看，在英美法系国家和地区的民事诉讼法律中，根本不存在攻击防御方法这一概念；而在大陆法系国家和地区，民事诉讼中也不存在需要当事人履行普遍阐明义务的披露或者发现程序。二者之间的区别还出现在了更多的方面。

1. 制裁程序的启动要件不同

虽然两大法系在失权规定的构成要件方面具有一致性，但是在失权制裁程序的启动要件上却有着显著的不同。大陆法系在失权规定中，列明了全部的构成要件 (包括积极的要件和消极的要件)，只有当事人的行为全部该当，方启动失权制裁程序。而英美法系往往不对提出迟延和因果关系等作要求，而是以超出审前程序期限为失权制裁的启动要件，以案件整体情况为适用例外规则的斟酌因素，属于审前遮断效。

2. 在制裁多样性方面不同

在对逾时提出攻击防御方法施以制裁方面，大陆法系国家和地区主要采用失权制裁，由法院依法驳回逾时提出的攻击防御方法，并且当事人在此后的程序中不得提出；除此之外，法院还可以依法裁量逾时提出攻击防御方法的当事人负担本案全部或部分诉讼费用，以作惩戒。而英美法系的民事诉讼法律则为法官规定了更为多种多样的制裁方式：除了进行失权制裁之外，法官还可以根据个案中的具体情况选择判令违法行为人负担对造律师费用、作出缺席判决甚至以藐视法庭罪判处罚金、拘留等。其手段的多样性是大陆法系无可比拟的。

3. 法院对失权制裁程序的介入程度不同

如前所述，失权制裁是大陆法系国家和地区规制逾时提出攻击防御方法的最主要方式。在立法者不断完善失权制裁程序的过程中，大陆法系均采取了加重法官释明职责、强化法院诉讼指挥权等措施。法院如果没有依法进行阐明、提示，则不能对逾时提出攻击防御方法的当事人进行失权制裁。而在英美法系民事诉讼的诉答程序和披露或者发现程序中，法官处于"幕后"状态，只有极个别情形中（如需要法院批准进行医学检查、对于滥用程序行为作出裁判等）才能看到他们的身影。当然这也是法系传统影响所致：大陆法系民事诉讼的当事人需要将全部诉讼资料提交法院，法院对诉讼的进行有相当大的掌控权；而在英美法系国家，事证开示是当事人之间的事宜，甚至连送达都是当事人自行完成，法官是纯粹的中立裁判者（英美法系的法官们也普遍这样自认）。这就决定了各自在失权制裁程序中将扮演不同的角色。

4. 在更新权的行使方面规定不同

所谓更新权（Novennrecht），指的就是当事人在上诉审中提出新的主张以及新的诉讼资料的权利。[1] 在上诉的第二审中提出新的攻击防御方法，就属于更新权的具体行使。对此，两大法系采取完全不同的态度。英美法系民事诉讼第二审采行严格的事后审制度，立法认为第二审法院在对事实的查明判断方面不会比第一审法院做得更好，故第二审法院无须对案件事实进行直接审查，只需要纠正第一审裁判有疑问或者错误之处即可。在这样的立法之下，第二审法院只能以第一审中已有的诉讼资料为基础进行审理，当事人被严格禁止在第二审中提出新的攻击防御方法。而在大陆法系国家和地区，普遍采行修正的严格续审制，即立法认为第二审程序是第一审程序的继续，第二审法院应当在第一审裁判的基础上，结合当事人在第一审中未有效提出而在第二审中更新提出的诉讼资料进行综合判断，当然这种更新提出受到了严格限制，立法普遍对更新提出秉持"原则禁止，例外允许"的态度，当然例外的情形实际上也是较为广泛的，并且法官在其中拥有一定的自由裁量权。由此可见，大陆法系在对新的攻击防御方法的接纳程度上，要比英美法系高出很多。

本章小结

本章介绍了大陆法系主要国家和地区德国、日本和我国台湾地区以及

---

[1] 参见廖永安《民事诉讼理论探索与程序整合》，中国法制出版社 2005 年版，第 336 页。

英美法系代表国家英国和美国在规制民事诉讼中逾时提出攻击防御方法的有关法律制度，探讨了各个国家和地区在逾时提出认定和以失权制裁为代表的规制性规定方面的特点，并就法系内部各国、各地区之间的异同点以及两大法系之间的共通性和差异性进行了比较分析。从中可以发现，各国、各地区在制裁逾时提出攻击防御方法方面，均为态度坚决、手段严厉。但是在具体操作中，或多或少均有差别，没有完全雷同之措施。其细节方面的差异，总是与各自国家或地区的经济社会发展阶段、法律思想传统以及人民的生活文化习惯等有着密不可分的联系。在这一点上，我国在实施司法改革、完善民事诉讼法律制度的过程中，必须给予应有的重视。

第五章

我国逾时提出攻击防御方法规制现状

第一节　逾时提出攻击防御方法规则现状及评析

在规制民事诉讼中的逾时提出攻击防御方法的立法以及相关制度方面，我国现行的相关制度除了《民诉法》这一基本法律之外，还包括最高人民法院历年来颁布的一些与《民诉法》相关的司法解释，以及各种具有一定拘束力的司法文件。虽然最高人民法院发布的司法解释并非立法，亦非低位阶的规范性法律文件，仅仅是对各级人民法院在审判工作中对法律应当如何进行理解和适用的问题进行的全国性的、统一的解释，[①]将司法解释与法律并列进行阐述和探讨，显然有在最高人民法院影响之下，犯了法律虚无主义之错误的嫌疑。[②] 但是在大量充斥司法解释之现行的立法与司法体制之下，特别是在最高人民法院于 2015 年刚刚发布了共计 552 条、58000 多字的《民诉法解释》的背景之下，舍弃司法解释而单独研究《民诉法》，则容易使研究成为"不食人间烟火"的清谈，这显然是不切实际、不符合诉讼法学研究目的的。有鉴于此，笔者在探讨我国现行民事诉讼法律中有关规制逾时提出攻击防御方法的相关规定时，选择对立法和司法解释一并进行研究，以期从总体上对我国与此有关的制度能够较为完整地做到一窥全貌。

一　关于攻击防御方法及答辩的规定

（一）关于主张的规定

我国《民诉法》自《试行法》以来，虽然一以贯之地要求原告在起

---

① 参见《立法法》第 104 条。

② 例如采行适时提出主义的《证据规定》在发布时，当时的《民诉法》仍然采行随时提出主义，司法解释显然与法律规定相冲突，较为严重地侵蚀了立法权。参见赵钢《民事诉讼法学专题研究》（二），中国政法大学出版社 2015 年版，第 93—94 页。

诉状中应当记明其提起诉讼所依据的事实主张，也即要求当事人的主张必须在起诉时提出。但是对于在案件审理过程中、法庭辩论终结前是否都可以变更已经提出的主张或者提出新的主张，《民诉法》及其司法解释均未予以规定。但是根据立法和司法解释其他的相关规定，当事人可以在法庭辩论终结前增加诉讼请求或者提起反诉，① 甚至在再审中也可以增加或者变更诉讼请求，② 由此可以推定，在法庭辩论终结前提出新的主张，亦不在立法禁止之列。由此观之，我国民事诉讼法律规范对主张的提出采取了随时提出主义的态度。

（二）关于答辩的规定

答辩虽非攻击防御方法，但是答辩的内容涵盖了攻击防御方法中的各种争执与抗辩。因而我国立法中有关答辩的规定，亦应当成为研究和探讨我国逾时提出攻击防御方法之规制制度时应当关注的一处规定。

1. 第 125 条

本条立法自《试行法》至今，条文内容只发生了两次较小的修改，③ 非常稳定。其关于答辩期间为人民法院向被告完成起诉状送达之后的十五日的规定一直保持到了现行的《民诉法》中。同时，对于被告是否具有提交答辩状的责任这一问题，立法和司法解释给出的答案是否定的。最高人民法院在 20 世纪 50 年代的一份司法文件中给出的解答是：提出答辩状是被告的一项诉讼权利，被告可以自行处分，因此被告不提出答辩状的，审理仍然可以继续进行。④ 这一观点，一直持续到了现行的法律和司法解释中。

2. 第 167 条第 1 款

本款规定系第 125 条在第二审程序中的翻版，是对第二审中答辩人提出答辩的期间的规定。其历时性的发展进程也与第 125 条一样，保持了相当的稳定性，条文内容从 1991 年《民诉法》颁布至今未发生变动。该条

---

① 《民诉法》第 140 条　原告增加诉讼请求，被告提出反诉，第三人提出与本案有关的诉讼请求，可以合并审理。《民诉法解释》第 232 条　在案件受理后，法庭辩论结束前，原告增加诉讼请求，被告提出反诉，第三人提出与本案有关的诉讼请求，可以合并审理的，人民法院应当合并审理。

② 参见《民诉法解释》第 252 条。

③ 《试行法》中有关特殊案件适用较短答辩期间的规定被删除；现行《民诉法》增加了有关起诉状应当载明被告身份信息和联系方式的规定。

④ 参见《最高人民法院关于民事案件审理前是否必须开准备庭和民事被告人对原告人的诉状副本是否必须提出答辩书问题的复函》（1957 年 2 月 26 日）。

款的在第二审程序中答辩期间的具体时间限制方面以及当事人是否可以不提出答辩状方面的规定，与第 125 条相比也是如出一辙。即在第二审程序中，提出答辩状也与在第一审程序中一般，是属于当事人的权利，可以自行处分予以放弃。

二　举证时限制度暨失权规定

证据和证据抗辩是诉讼资料的核心，也是攻击防御方法的重要组成部分。在我国，由于种种原因，对攻击防御方法的适时提出的要求主要就是集中在了证据适时提出方面的规定。有鉴于此，下文将对证据的相关制度予以重点介绍与研讨。由于新的证据的相关规定在我国的立法中具有一定的独立性，并且在司法解释（尤其是《证据规定》）中占据了很大的分量，故笔者将新的证据从举证时限中予以分离，对其独立进行探讨。

（一）2012 年《民诉法》修改前规定

《民诉法》第 65 条为有关举证时限的规定，系 2012 年第二次修改《民诉法》时新增的内容，在此前的 1982 年颁布试行的《试行法》以及 1991 年颁布、2007 年第一次修改的《民诉法》中均未予以规定。

在我国民事诉讼法律制度中，关于举证期限的规定最早源自最高人民法院于 2001 年颁布的《证据规定》中的规定。《证据规定》在其第一部分"当事人举证"和第三部分"举证时限与证据交换"中对当事人在民事诉讼程序中及时、全面地提出证据材料提出了要求。其中第 3 条系原则性地要求当事人积极举证并履行完全义务和真实义务，并且要求人民法院对此应当行使释明权，提示当事人举证责任的负担问题，并就不及时举证而可能产生的法律效果向当事人进行阐明。第 33 条对人民法院指定举证期限作了具体要求，并且赋予个案中双方当事人处分权，双方可以自行确定举证期间（须经人民法院认可）。第 34 条为非常严厉的失权规定，只要当事人未在人民法院规定或者经人民法院许可的当事人约定的举证期间内举证的，即视为逾时提出证据，人民法院即对此类证据予以驳回（虽然条文仅规定为"不组织质证"，但是根据《民诉法》及其司法解释，未经质证的证据材料人民法院不得作为裁判依据，故此实质上就是予以驳回，逾时的证据材料丧失了证据资格）。当然，本条亦作了但书规定，以缓和失权规定之严，即赋予对方当事人处分权，其可以放弃失权规定带来的诉讼上之利益，人民法院经其同意仍然可以安排就已经逾时提出的证据材料进行质证。第 35 条为举证期间在一定意义上的中断规定，即诉讼请求的变更引起的举证期间的重新规定，这种重新规定系人民法院的职责。第 36 条为举证期间的延长规定，当事人对于延长举证期间应当提出申请，是否准许由人民法院自由裁量。按照条文文义，在一个案件的一个审级中，当事人有关延长举证期间的申请至多只能提出两次。在颁布《证据规定》之后，针对人民法院审判工作中出现的在举证期间等方面适用《证据规定》不统一的问题，最高人民法院又发布了《举证时限规定》，对举证期间的指定方式、具体时间长度作了更为细致的规定。从《证据规定》《举证时限规定》等司法解释可以看出，《证据规定》的出台，意在解决我国民事诉讼中存在的当事人举证迟延造成民事诉讼案件拖延、审判工作效率低下等问题，力图一改往日允许当事人随时提出证据的传统，以严厉的失权制裁规定贯彻适时提出主义之原则，希望能够提高审判效能，促进诉讼推进，缓解由此引发的社会矛盾。

（二）现行规定

在《证据规定》出台后，《民诉法》经历了 2007 年的修改。但是这次法律修改的重点为审判监督程序和执行程序，并未涉及对举证期间的要求和对逾时提出证据材料进行制裁的规定。《民诉法》在此次修改后仍然坚持随时提出主义，这显然与《证据规定》是相矛盾的，可以说《证据规定》在规制逾时提出证据材料方面，显然是超越了法律的规定，可以理解为我国改革开放过程中，最高人民法院为了解决人民法院在审判工作中遇到的困难与问题，在系统内进行的先行先试，客观上用司法解释的"跨越式发展"来为未来的立法变革积累经验，奠定基础。① 但是这样做，诚如前文指出，显然并非对法律具体适用等工作上的问题进行解释，而是对法律规则甚至法律原则做了根本性的变更，某种意义上成为民事诉讼证据方面的越权立法。在《证据规定》颁布 11 年之后，立法者终于在第二次修改《民诉法》时，改变了这一不正常的局面。《民诉法》第 65 条在

---

① 类似于我国体制改革中常见的行业试点、区域试点，均存在停止/暂时停止或者调整/暂时调整诸如《外资企业法》《刑事诉讼法》等法律情况。但是与《证据规定》的出台不同，这些试点均有全国人民代表大会常务委员会向国家行政机关的授权，本质上是国家立法机关对法律适用时间范围和空间范围的修正，而《证据规定》则仅仅是最高人民法院依照《立法法》向全国人民代表大会常务委员会进行了备案。对于司法解释突破法律规定的，似乎可以比照《立法法》第 95 条第 2 款提请全国人民代表大会常务委员会裁决。此种裁决目前尚无先例。

充分吸收《证据规定》证据适时提出以及逾时提出失权规定的推行经验之基础上，毅然抛弃了立法原本所持的随时提出主义，与世界各主要国家和地区趋同，也将民事诉讼置于适时提出主义之下。① 与此同时，新的立法也对《证据规定》中严厉的失权规定进行了缓和：逾时提出的证据材料并非一概失权，而系要求当事人进行类似于大陆法系国家和地区疏明义务中的理由说明，也即不具有免责事由成为法院处以证据失权制裁的法定要件之一；在失权制裁的裁决方面，法院具有非常强的自由裁量权，证据材料是否采纳完全由法院径行决定；在失权制裁方式方面也有创新，法院既可以选择单独课以失权制裁，也可以选择不课以失权制裁但对当事人进行施以行政性处罚，诸如批评教育或者金钱上的制裁；在举证期间的延长方面，新的立法似乎只给予了当事人一次申请机会。

自新的《民诉法》颁布施行起，最高人民法院就开始紧锣密鼓地起草制定新的司法解释。② 2015 年年初，《民诉法解释》出台。此次的司法解释用了四个条文（第 99—102 条）对举证期间的相关制度进行了规定。其中，第 99 条是关于举证期间的确定和不受举证期间影响的例外情形的规定；第 100 条是关于举证期间延长的程序性规定；第 101 条是关于人民法院对当事人逾期提出证据的审查程序以及不视为逾期提出证据的情形的相关规定；第 102 条是关于逾期举证的失权效的规定。《民诉法解释》的这些新规定，对《民诉法》进行了补充，在延续了《证据规定》的基本思想的同时，也在很多方面对《证据规定》进行了修正。具体来说，有以下值得指出的增、修之处：

1. 举证期间所在阶段。依据《民诉法解释》，法院确定的举证期间，应当安排在"审理前准备阶段"。有观点认为，所谓审理前的准备阶段，其起算时间点应当为答辩期截止之时，而终止时间点为开庭审理之时。③笔者不赞同这种观点：依据《民诉法》第二编第十二章第二节的内容来

---

① 参见奚晓明主编《〈中华人民共和国民事诉讼法〉修改条文理解与适用》，人民法院出版社 2012 年版，第 137—141 页。

② 立法条款的抽象性是各国普遍存在的情况。与主要国家和地区通常以判例的形式将法条具体化的措施不同，我国的习惯是由最高人民法院或者最高人民检察院制定司法解释。这种办法亦为立法所接受。参见《立法法》第 104 条。

③ 参见沈德咏主编《最高人民法院民事诉讼法司法解释理解与适用》，人民法院出版社 2015 年版，第 337 页。

看，人民法院向被告送达起诉状和告知权利义务、被告向人民法院提交答辩状以及被告向人民法院提出管辖权异议等均在"审理前的准备阶段"一节的调整范围之内，① 将受理诉讼后至答辩期届满这段时间排除在准备阶段之外，显然是不符合立法体例和具体规定的。因此，仍然应当认为举证期间可以规定于案件受理之后、开庭审理之前。但是新的司法解释并不要求人民法院必须要在向当事人送达受理案件通知书和应诉通知书的同时送达举证通知书，也即并不要求人民法院在受理案件后迅即确定举证期间，这就给予人民法院和当事人一定的宽限期，无论是由人民法院指定抑或当事人之间一致商定，都可以根据案件具体情形经过较为仔细的斟酌再行确定举证期间。

2. 举证期间时间长度。依据《证据规定》和《举证时限规定》，人民法院在规定第一审举证期间的，期间不得少于 30 日；在第二审中则由人民法院自行决定。《民诉法解释》将其修正为第一审不少于 15 日，其中简易程序不得超过 15 日（经双方当事人同意也可以不安排举证期间），第二审不少于 10 日。第一审举证期间的最低值减小，显然体现了最高人民法院促进诉讼快速进行、提高审判效率的意图。但是将第二审中的举证期间明确规定为 10 日，似乎又与这一意图不是非常相符。

3. 不受最短举证期间限制的举证。《举证时限规定》赋予人民法院裁量权，对于针对特殊事项或者在特殊情形之中者，例如提出反证或者反面证据等，人民法院可以指定较短的举证期间，不受最短举证期间规定的拘束。这一规定也是为了使法院督促当事人快速提出证据，尽快进入审理阶段。

4. 举证期间的延长。与以往规定不同的是，《民诉法解释》明确要求延长举证期间的申请必须以书面形式提出，口头申请现在已经被明确排除在合法形式之外；明确了申请延长必须具有正当事由，且人民法院对此应当进行自由心证并作出裁量，人民法院有权以不具有正当事由为由驳回当事人的申请；明确了经延长的举证期间同样适用于本案的全部当事人，即一人申请全案延长。

5. 逾时提出证据的阐明义务。与《证据规定》中严格的失权规定相比，《民诉法》和《民诉法解释》对失权制裁程序进行了修正，其严厉程

_____

① 参见《民诉法》第 125 条、第 126 条、第 127 条。

度被缓和，其具体表现之一即为逾时提出证据的当事人应当向人民法院说明其逾时的理由，同时应当根据人民法院的要求提出相应的证据用以支持其说明的理由。这一规定与大陆法系国家和地区关于相关失权规定中当事人的疏明义务颇为相似，也即将不具有正当的免责事由作为逾时提出导致证据失权的要件之一，同时要求逾时提出证据的当事人对此负担一定程度的阐明义务，无法适当履行该义务的，即可认为要件该当。

6. 当事人的过错责任。《证据规定》在适用失权制裁时，并不考察当事人对逾时提出证据是否存在过错，实施的是类似于民法上的无过错责任原则。在此种规定之下，即使因当事人主观意志外的原因产生逾时提出证据，当事人也可能被课以失权制裁，当事人对于适时提出证据的注意义务过重，不符合法律基本的公平原则，也与各主要国家和地区的立法例中普遍采行的过错责任不相符。为此，在《民诉法解释》中，最高人民法院提出了对行为人主观方面的审查要求。这就要求人民法院在适用失权制裁程序时，应当斟酌逾时提出证据的当事人对于逾时提出行为是否存在过错以及过错的性质和程度。对于不存在过错的当事人，人民法院不能课以失权制裁，并且对此种情形不认为构成逾时提出证据；当事人因轻过失而没有适时提出证据的，人民法院同样不能课以失权制裁，但应当履行训诫职责，对当事人进行批评教育；只有当事人对逾时提出证据之主观心态为故意或者重大过失的，失权制裁才能得以考虑。

7. 证据与案件基本事实的相关性。作为证据失权规定的否定要件之一，证据与案件基本事实的相关性，也是《民诉法解释》新增的失权制裁程序中人民法院应当予以审查的一项内容。这一点是极具特色的规定：如本书第四章所述，无论是大陆法系的还是英美法系的国家和地区，逾时提出攻击防御方法的失权规定均未将证据方法类型、证据材料的具体名称及其内容、证明对象（法律要件事实和/或诉讼要件事实[①]）等证据材料的详细信息作为法院审查的内容，而我国则将逾时提出的证件是否失权同其与案件基本事实的关联性相挂钩。此处的"案件基本事实"所指的就是法律上的或者诉讼上的要件事实。[②] 据此，依据《民诉法解释》，即使

---

① 参见占善刚、刘显鹏《证据法论》，武汉大学出版社 2015 年版，第 141 页。

② 最高人民法院对此所作的解释为：因立法上未使用要件事实这一概念，所以用案件基本事实对要件事实进行替代性表述。参见沈德咏主编《最高人民法院民事诉讼法司法解释理解与适用》，人民法院出版社 2015 年版，第 345 页。

证据发生逾时提出，只要其具有证据价值，能够对案件基本事实有所证明，人民法院就不应当予以驳回。

8. 制裁手段的多样性。《民诉法解释》突破了《证据规定》仅限于证据失权的单一制裁手段，将制裁拓展至各种行政性处罚以及诉讼费用方面的民事负担性惩罚，并且多样性的制裁手段在不同的违法情形中也存在不同的适用方式。如前文所述的当事人因轻过失而逾时提出证据的，训诫即成为对当事人的处罚。而如果逾时提出证据的当事人之主观方面为故意或者重大过失，但又因为证据与要件事实相关而不能课以失权制裁时，人民法院应当对该当事人给予行政性处罚，即训诫或者罚款。除此之外，对于当事人逾时提出证据的，人民法院还可以依据对方当事人的申请，在裁判中判令逾时提出证据的当事人负担由于其违法行为而造成对方当事人产生的合理费用（包括当事人自身以及证人因诉讼拖延而产生的食、住、行方面的费用以及因耽误工作而产生的利益丧失；由于对无过错逾时提出证据之情形不认为构成逾时，故在此种情形中，当事人无权要求对方当事人负担因诉讼时间延长而发生的一系列的额外费用）。

三　关于新的证据的规定

（一）关于第一、二审程序中新的证据

1. 立法沿革

本款规定系对当事人在第一审程序的庭审中提出新的证据所作的规定。由于《民诉法》在第二审程序中未对提出新的证据进行特殊规定，依据《民诉法》第174条的指引，当事人在第二审程序中提出新的证据的，也应当适用第139条第1款以及与之相关的司法解释。本条款的规定更是异常的稳定，从《试行法》施行至今只字未动。而对于"新的证据"的具体理解，也是随着司法解释的颁布施行才得以实现的。

与大陆法系国家和地区相比，我国《民诉法》中不存在"攻击防御方法"这一概念，自然也就没有"新的攻击防御方法"。与此相应，我国民事诉讼法律中确立了"新的证据"这一概念并制定了相应的规则，在一定程度上作为举证时限制度的例外。新的证据这一表述最早见于《试行法》第108条第1款，但其基本框架确立于《证据规定》第41—46条。其后，《举证时限规定》对新的证据的规则作了补充和修正，《民诉法解释》又将新的证据的规制纳入现行的举证失权规定之中。

2. 现行规定

《民诉法》第 139 条第 1 款并未明确第一、二审中新的证据之含义，《证据规定》第 41 条对此作出了限制性的解释，限定了新的证据的范围，在此范围之外举证将可能面临证据失权的后果。但是现行的《民诉法》和《民诉法解释》已经大大缓和了举证失权和失权制裁的严厉程度，对逾时提出的证据法院仍然可以自由裁量是否采纳。因此，是否构成证据失权不能再依据《证据规定》来进行判断，但是《证据规定》关于新的证据的解释仍然是理解新的证据内涵的重要参考。①

具体而言，依据《证据规定》第 41 条、第 42 条的规定，第一审程序中的新的证据包括两种情形：一种为证据系新发现，但证据的发现时已经超过了举证时限；另一种则是因为存在客观上的原因，证据无论如何无法按照举证时限提交，即使延长举证时限也无法改变该结果。而第二审程序中的新的证据也包括两种情形：一种是证据的发现时间位于第一审程序的庭审终结之后；另一种为当事人有关法院调查取证的申请被第一审人民法院违法或者不当驳回，而该申请经第二审人民法院审查认为应当准许的。从提出的具体期间上看，当事人在第一审程序中提出新的证据的，应当在第一审开庭之前或者在开庭审理期间提出；当事人在第二审程序中提出新的证据的，应当在第二审开庭之前或者在开庭审理期间提出；如果二审不开庭审理，则应当在人民法院指定的举证期间内提出。除此之外，《证据规定》第 43 条还作了补充性规定，与《民诉法解释》有关逾时提出的证据与案件基本事实的关联性的规定有一脉相承性。

（二）关于再审程序中新的证据

1. 立法沿革

本项规定系对审判监督程序（再审程序）中的新的证据进行的规定。立法对其规定得较为简单，对其理解主要还是要依据司法解释。事实上，在历次修法和司法解释的出台过程中，再审程序中的新的证据之概念内涵也发生了一些变迁。

（1）《民诉法》正式颁布后至第一次修改前

1991 年，第 179 条首次将新的证据作为当事人申请再审的法定事由，其具体条文内容与现行《民诉法》第 200 条第 1 项完全相同。当然这并

---

① 参见赵钢、占善刚、刘学在《民事诉讼法》，武汉大学出版社 2015 年版，第 181 页。

非新的证据首次进入《民诉法》，早在《试行法》的第一审程序中就有涉及新的证据的规定，并且在正式颁布的《民诉法》中也承继了下来，[①] 但这毕竟是再审程序中第一次出现新的证据。同时，法律也对新的证据作为再审事由进行了限制，即只有足以推翻原裁判的证据才能成为再审事由，其意在消除当事人恣意提出再审而无限制门槛的弊端。不过，当时的《民诉法》在举证方面依然奉行随时提出主义，既未规定举证时限，也未设置证据失权制度，因此其并未对举证时限加以规制，当事人可以在审判程序进行的任意阶段任意时刻提出证据，由此则造成事实上也就无谓新的证据一说。而对于何以谓之"足以推翻原判决、裁定"，法律亦未作出进一步的规定，最高人民法院在当时的短期之内也没有出台司法解释予以明确界定，对证据是否"合格"的审查标准完全交由法官自由裁量，容易造成裁判标准不统一，影响司法公信力。

　　2002 年出台的《证据规定》，试图对再审程序中的新的证据进行必要的解释，以防止当事人滥用诉讼权利，维护生效裁判的相对稳定性和严肃性。[②]《证据规定》将再审程序中新的证据规定为"原审庭审结束后新发现的证据"。而对于该证据产生于原审庭审结束后，还是在原审庭审结束前就已经发生，则未予以规定。通说认为，未予规定即为在所不问，也即二者都属于再审程序中的新的证据。另外，鉴于《证据规定》较为严格的举证期限和证据失权制度规定，再审中的"新发现的证据"应当理解为当事人因为非自身原因而未在原审庭审期间发现证据。对此，在原审庭审结束后产生的证据自不待言，在原审庭审结束前已经存在的证据，当事人应系因非自身原因而于当时未发现而在原审庭审结束后才发现。当事人知道证据的出现和存在，因自身能力、手段等条件所限没有提供，或者当事人已经掌握证据，因某种原因如认为不重要或者有损特定的利益等而没有向法院提交，均不能认为是"新发现的证据"。[③]

---

　　① 即"当事人可以在法庭上提出新的证据"（《试行法》第 108 条，1991 年《民诉法》第 125 条）；"需要调取新的证据的，（可以）延期（开庭）审理"（《试行法》第 116 条第 3 项，1991《民诉法》第 132 条第 3 项）。

　　② 参见王国征《民事证据的提供和收集专题研究》，湘潭大学出版社 2013 年版，第 87 页。

　　③ 参见黄松有主编《民事诉讼证据司法解释的理解与适用》，中国法制出版社 2002 年版，第 233 页。

（2）《民诉法》第一次修改至第二次修改前

最高人民法院 2008 年发布了《最高人民法院关于适用〈中华人民共和国民事诉讼法〉审判监督程序若干问题的解释》（以下简称《审判监督解释》），对再审程序中的新的证据作了进一步的详细解释。[①] 从《审判监督解释》对再审程序中新的证据的解释可以看出，最高人民法院的观点与之前的通说并不一致，其将原审庭审终结后产生的证据大部分排除在新的证据范畴之外，只从形式上保留了重新制作的鉴定结论和勘验笔录两种证据类型，并且从其文义分析可知，其鉴定或勘验的对象应当是在原审程序进行中已经进行了鉴定或勘验的对象，实质上亦不是真正意义上的、在原审庭审结束后出现的证据，实际上等于将全部的新产生的证据拒之门外。另外，原审庭审中已经提交但是未进行质证、认证的证据也有机会进入再审成为新的证据，这一规定实质上是对《证据规定》中严厉的证据失权规定的软化，因其并未对未予质证、认证的原因做出限制，其言外之意就是即使因逾期举证而被原审法院拒绝的证据也有机会在申请再审的过程中"咸鱼翻身"。

对原审庭审结束后产生的新的证据彻底否认其作为再审事由的资格，并将可能逾期提出的证据纳入新的证据范围，势必同内容不同的《证据规定》发生冲突。而这次修改后的民诉法，在多个方面仍然不尽如人意。随着立法决策层逐渐认为《民诉法》"的一些规定可能难以适应新形势，甚至可能阻碍经济社会的发展"[②] 时，《民诉法》也迎来了第二次修改，形成了现行的民事诉讼法律规定。

2. 现行规定

现行《民诉法》虽然在作为再审事由的新的证据一项上仍然保持原貌，但是本次法律修改一个重要之处在于从法律层面上首次对举证时限进

---

① 依照《审判监督解释》，有四类证据可以被认为是再审程序中的新的证据：一是原审庭审结束前已经客观存在，庭审结束后新发现的证据；二是原审庭审结束前已经发现，但因客观原因无法取得或在规定的期限内不能提供的证据；三是原审庭审结束后原作出鉴定结论、勘验笔录者重新鉴定、勘验，推翻原结论的证据；四是当事人在原审中已经提供，原审未予质证、认证，但足以推翻原判决、裁定的主要证据。

② 吴邦国：《在形成中国特色社会主义法律体系座谈会上的讲话》，2011 年 1 月 24 日，载中国法学会《形成中国特色社会主义法律体系座谈会实时纪要》，中国法学网（http：//www. iolaw. org. cn/showNews. asp？id＝25491）。

行了规制。立法对若干涉及与举证有关的基础性规定的修改，势必影响对再审事由中新的证据的理解的再审视，但显然立法机关没有意识到这一点。为了促进法律的整体协调性，并吸收《民诉法》第一次修改以来审判实践中获得的有益经验，《民诉法解释》又试图对"新的证据"作出更新的解释。《民诉法解释》第 388 条确定了符合"新的证据"规定要求的四种情形。[①] 最高人民法院对于证据未能在庭审中提出的，无论证据在原审庭审结束前当事人是否已经发现，都特别强调其未能提出应当系客观原因所致。[②] 而对于原审庭审结束后产生的证据，《民诉法解释》将《审判监督解释》中规定的鉴定结论、勘验笔录扩大至各种证据类型，意在将各种与原判具有不可分性、无法据以另行起诉的证据纳入审判监督程序，以此保障当事人的权利。而对于当事人在原审已经提出而原审法院未进行质证、认证的证据，《民诉法解释》较之《审判监督解释》进行了补充规定，要求逾期举证须理由成立，如果在原审程序中逾期举证而当事人无法给出合理理由，原审法院据此不采纳证据的，则相关证据材料不能被视为新的证据而引起再审。

四　逾时提出攻击防御方法规则现状评析

（一）关于攻击防御方法

攻击防御方法这一名词本身，是一个起源于大陆法系民事诉讼法学的概念。但是其并不仅限于学理研究方面的术语，也是实实在在体现在立法之中的规范化用语。这一点从民事诉讼法律制度在从德国到日本再到我国台湾地区之间的移植就能看出，攻击防御方法已经成为大陆法系国家和地

---

① 《民诉法解释》第388条 第1款：再审申请人证明其提交的新的证据符合下列情形之一的，可以认定逾期提供证据的理由成立：（一）在原审庭审结束前已经存在，因客观原因于庭审结束后才发现的；（二）在原审庭审结束前已经发现，但因客观原因无法取得或者在规定的期限内不能提供的；（三）在原审庭审结束后形成，无法据此另行提起诉讼的。第2款：再审申请人提交的证据在原审中已经提供，原审人民法院未组织质证且未作为裁判根据的，视为逾期提供证据的理由成立，但原审人民法院依照民事诉讼法第六十五条规定不予采纳的除外。

② 最高人民法院认为："审判监督程序设置的目的，是救济权利义务严重失衡、严重背离社会公平正义准则的错误裁判，在保障当事人合法权益的同时，也要考虑裁判既判力和司法成本，在逾期举证正当理由的设定标准上，既要与民事诉讼证据制度的基本原则保持一致，也要体现督促当事人在一、二审程序中及时举证、将诉讼权利用尽的原则。"参见沈德咏主编《最高人民法院民事诉讼法司法解释理解与适用》，人民法院出版社 2015 年版，第 1025—1026 页。

区一致选择的对民事诉讼程序中当事人为了支持其诉讼请求或者反抗某一诉讼请求而提出并据此为基础和支撑的全部诉讼资料的共同称呼。与此不同的是，我国在制定并不断修改、完善《民诉法》及其司法解释的过程中，虽然也在国际和区际进行了学习与借鉴，但是攻击防御方法这一概念始终未能引进法律制度中来。受立法影响，我国民事诉讼法学界对此进行探讨的也较少，因而国内对于攻击防御方法的内涵与外延、适用范围与相关原则的探讨甚少，反过来又影响到了立法对攻击防御方法的吸收。而攻击防御方法的鲜为人知，也就造成了立法对其下位概念及其所指向的各种诉讼资料的意义——尤其是其作为辩论主义之下法院据以为作出裁判之基础的这种基础性意义——认识不足。在这种情况下，就产生了《民诉法》第125条这种前后矛盾的规定：一方面要求被告"应当"尽快提出答辩状；另一方面又认为答辩是被告的权利因而可以自行处分。依据这样的规定，被告完全可以不提出答辩状而在庭审中再行提交，甚至不提交书面答辩状径行口头答辩。而在这种情况下，原告往往就会因事前无法掌握被告要提出哪些诉讼资料而导致准备不足，无法有所陈述和充分发表意见，不合理地造成原告在防御上的不利益，为产生突袭性裁判埋下隐患。另外，立法对当事人提出新的主张的期间要求亦未予重视，甚至放任当事人随时提出主张，容易造成主张在诉讼进行中的迟延提出成为一种诉讼策略，导致诉讼的终结发生迟滞。这种对当事人提出诉讼资料以及这种提出的适时性的不重视，实乃超职权主义的思想残留，亟待清理。

（二）关于失权规定

我国虽然从清末修律及民国时期制定法律以来，一直深受大陆法系传统影响，现行民事诉讼失权规定也是力图效仿先进法治国之成功经验；但是与域外立法例尤其是大陆法系国家和地区的立法相比，我国民事诉讼法律制度中规制逾时提出攻击防御方法的失权规定发生了很大的变异。

1. 未对当事人提出履行一般诉讼促进义务的要求。在《民诉法》及其司法解释中，无论是总则部分还是在各个审级的具体程序规定部分，显然没有规定诉讼促进义务，同时也不存在对当事人应当促进诉讼、避免诉讼拖延或者提高诉讼效率的原则性要求。因为本身缺乏攻击防御方法这一概念，所以逾时提出攻击防御方法在我国就被理解为对举证期间的逾期，仅局限于一种攻击防御方法和对特别诉讼促进义务的违反。立法并不要求当事人履行注意义务，从总体上及时提出各种主张、否认、抗辩等（正如对被告答辩事实上没有规定期限，被告在法庭辩论之前都可以提出防御方法，并且也不要求其尽快提出，甚至到第二审中都可以提出新的事实主张）；法院只负责审查逾期举证，对于当事人其他的拖延诉讼的行为则不予置评。这显然是不利于法院从整体上把握诉讼节奏，根据诉讼的状态和进展情况对当事人的诉讼行为进行评价的，纵容了当事人怠于实施诉讼行为，甚至可能使当事人将拖延作为一种诉讼技巧，对个案程序的正常进行和司法审判工作的整体安排与开展都会产生负面影响。

2. 缺少诉讼迟滞要件。征诸各国相关失权规定，其均将造成诉讼迟滞的后果作为构成逾时提出攻击防御方法的重要构成要件，或者间接性的要求。而在我国《民诉法》及其相关司法解释的一系列失权规定中，显然不存在将诉讼迟滞作为判定证据失权的表述。因此，依据大陆法系国家和地区之立法例，设置诉讼迟滞作为攻击防御方法失权之要件，重点意在贯彻诉讼促进义务的履行，使民事诉讼程序进行得更为紧凑且充实，即使当事人因故意或者重大过失逾时提出攻击防御方法，只要没有造成诉讼迟滞，法院仍然不能驳回攻击防御方法而应当予以斟酌。而依据我国的失权规定，是否造成诉讼迟滞并不在法官课以失权制裁前进行审查的范围之内。无论是否产生了诉讼迟滞的后果，只要符合"超过举证期限""当事人故意或重大过失"以及"证据与基本事实无关"，就会产生证据失权效果。反之，即使实质上导致了诉讼迟滞，但是只要没有满足上述三个要件，就不能施以失权制裁。在这样的规制之下，诉讼促进义务与适时提出主义的目的并未实现，对逾时提出的证据进行调查将增加诉讼不必要的耗时和其他成本。因此有学者就对此认为，缺少诉讼迟滞作为失权要件的现行失权规则"不仅有违适时提出主义之本旨，一定程度上也侵蚀了当事人的证据调查申请权"①。

3. 对因果关系要件的规定存在漏洞。对逾时提出攻击防御方法进行规制，失权规定的要件之一就是要求逾时提出与诉讼迟滞之间应当具有因果关系。这种因果关系应当具有唯一性，但这种唯一性意在排除法院履行义务不当之因素，而非对世的唯一性。因为根据诉讼迟滞绝对理论，即使存在客观原因所致的举证不能（如所提证人身在国外，归国需要假以时日），仍然认定造成诉讼迟滞（同种情形按照相对理论往往不构成诉讼迟

① 占善刚：《当事人申请证据调查的法律规制问题》，《理论探索》2015年第4期。

滞），从而就应当或者可以适用失权规定。而《民诉法解释》则对此规定较为含混，将因客观原因而超越举证期间的举证视为未逾期，这一规定也极易被理解为如果同时存在客观原因和主观过错仍然应当视为未逾期，这显然与诉讼迟滞绝对理论相背离，容易造成对诉讼迟滞的难以认定，将失权规定架空，不利于其在促进诉讼方面发挥作用。

4. 不当地将证据与案件基本事实具有相关性作为消极要件。现行法失权规定中的这一消极要件是我国民事诉讼法律制度中的独创。将证据在内容方面对于查明案件事实的重要性作为证据是否失权的前提，这在域外各主要国家和地区的立法中均未见到。在这种特色性规定方面，我国台湾地区的失权规定中，也包括了较为少见的"显失公平"这样的兜底条款。对于何为"显失公平"，我国台湾地区学界存在平衡说、责任归属说、概括说和平等说四种观点之间的争议。① 但无论何种学说，各观点均认为对是否构成显失公平应当对诉讼过程进行整体评价，而非仅着眼于一点。与之相比，我国的失权规定将证据与要件事实相关仅此一个连接点作为在当事人故意或重大过失逾时提出证据之下证据失权的"免死金牌"，存在两方面问题：首先是证据是否与要件事实有关，涉及本案的实体审理，单凭法院自由心证和当事人的简单说明恐难以作出认定，法院势必要进行较为详细的证据调查，甚至还有可能需要当事人提供进一步的证据作为判断基础。这就意味着在举证期间内就需要进行法庭调查，一方面，本意在于促进诉讼快速进行的规定反而更加拖延了诉讼，有悖于失权规定的立法初衷；另一方面，在审理准备阶段即进行本案实体方面的审查，既不符合民事诉讼法的程序逻辑，也不符合法律的规定和立法精神。其次在于与要件事实的相关性可以"一票否决"，显然就会造成法院在进行要件审查时对证据的相关性的重视程度会显著超过其他要件，造成其他要件边缘化；同时在对法官错案终身追责的大环境下，法官出于趋利避害的考虑将会倾向于全部或者大部认为存在相关性而基本不考虑适用失权规定，造成失权规

---

① 参见沈冠伶《民事诉讼法 2002 年判解回顾——从诉讼上实质平等及当事人之诉讼促进协力义务以观》，载沈冠伶《民事证据与武器平等》，台湾元照出版有限公司 2013 年版，第 303 页；许士宧《第二审新攻击防御方法之提出》，载许士宧《程序保障与阐明义务》，台湾新学林出版股份有限公司 2003 年版，第 385—388 页；吴从周《论迟误准备程序之失权》，《东吴法律学报》2005 年第 3 期；黄国昌《逾时提出攻击防御方法之失权制裁：是"效率"还是"公平"》，《台大法学论丛》2008 年第 2 期。

定纸面化、空洞化。这两种问题的产生，显然会产生法律纵容当事人恶意拖延诉讼（只要证据重要就不会失权），无视诉讼效率和对方当事人的利益（及时获得权利保护的利益），这种社会效果将对提升民事诉讼效能、促进诉讼个案和整体快速推进带来不小的伤害。

（三）关于第一、二审程序中新的证据

与大陆法系国家和地区民事诉讼中新的攻击防御方法相比较，我国民事诉讼中的新的证据这一概念与前者基本不具有同质可比性，可谓具有中国特色。但是鉴于现行的《民诉法》及《民诉法解释》对人民法院采纳证据较大自由度的授权以及失权规定因其自身存在的弊端而适用率不高之情形，第一审中新的证据这一概念继续存在似乎已经没有必要：因为人民法院是否采纳证据的底线是证据与案件基本事实是否有关，而当事人是否故意或重大过失造成逾时则在法院的斟酌顺序上位居其次；并且如果当事人并非故意或重大过失之逾期举证，人民法院则必须采纳，同时不必审查其与案件基本事实的相关性。由此可见，对于新的证据而言，举证期间上的限制已经不那么重要。在第二审中，新的证据的外延也要明显大于大陆法系国家和地区民事诉讼上诉审中的新的攻击防御方法。此外，两者之间还存在一个标志性的重要区别，即大陆法系新的攻击防御方法必须系当事人在第一审中无过错地未提出，此种无过错应当被理解为一般过失/轻过失及其以上程度的过错均不存在，即第二审采行较为严格的续审制，新的攻击防御方法原则上禁止提出，例外的情形中允许；但我国第二审程序实际上采行的是非常宽松的续审制，第二审人民法院是否采纳新的证据的标准与前文所述第一审中的标准是一致的，即使系故意和重大过失亦存在证据被采纳之可能性，可以认为属于原则上允许，例外的情形中禁止。由此可见，我国对于发现真实的孜孜以求，对新的证据涉及范围规定之广泛，是较为显著的。这样的处理方式可能产生一系列的后果：（1）当事人普遍不重视第一审的作用，怠于在第一审中积极履行完全义务和真实义务，因为未提出的证据材料可以拖至第二审再提出。（2）因为当事人对第一审的不重视，使本来在时间上距离纠纷发生最近因而也是最有可能发现真相的第一审在查明案件事实方面的作用被降低，实际上反而不利于实现实体正义以及保护当事人在实体法上的权利。（3）当事人可能会将最有利于其主张的证据以所谓"新的证据"的形式拖延至第二审法庭辩论终结前的一刻方才提出，使对方当事人毫无准备，无法对其有效地进行反驳性陈述或者提出反证或反面证据，可能形成裁判突袭；而且此时提出证据，程序又将不得不回到法庭调查阶段，则诉讼终结发生迟滞不可避免。

（四）关于再审程序中新的证据

现行立法和司法解释对再审程序中新的证据的界定，较之以往区分情形更为具体，表述更为清晰，这一进步是应当肯定的。但是，司法解释在对新的证据每一次重新进行定义时，都在证据材料的发现或提供时间上不断迂回，始终未曾关注一项内容，那就是无论是此前的证据还是新的证据，其所证明的对象，即待证的要件事实，其在决定再审程序新的证据是否成立方面具有的意义。而对此，就应当从辩论主义和既判力的时间范围加以分析。

在当代，辩论主义早已成为构建民事诉讼程序的重要原则。当然，除了辩论主义之外，重要原则还包括处分原则和当事人主义等很多方面的内容。但是相对而言，辩论主义的基础性地位是毋庸置疑的。这表现在，辩论主义既是民事诉讼立法的指导原则，同时对于民事诉讼法律制度的理解或解释，也应当围绕辩论主义进行。[①] 在辩论主义之下，民事诉讼的当事人就被法律要求承担一项主张责任。在主张责任之下，当事人应当对对其有利的事实负主张责任。未经当事人主张，依照辩论主义第一命题，法院不能径行依职权予以审酌。在事实主张之下，才会涉及对待证事实的证明责任分配以及不利后果承担等证据法上的后续问题。

由此可见，在辩论主义的要求下，法院对争议作出的裁判，必然是要基于双方辩论的结果，也即法院作出裁判的事实依据，只能是当事人在诉讼程序进行过程中、在法院面前（vor dem Gericht）[②] 主张的全部事实。未在诉讼进程中提出的事实，法院不得主动调查，更不得在裁判中予以考虑。因此，再审程序所针对的已经发生既判力的判决，其作出的基础显然应当是当事人在前审程序中已经提出的各项事实主张。只要是依据当事人已经主张的事实作出裁判，就不能就这一方面的问题对裁判进行苛责。如果使用在原程序中未主张的事实（无论是之前已经获悉而因为主观或客观原因未予以主张，抑或在原审程序结束后新发现的事实）而对原裁判的正确性进行攻击，不仅不符合辩论主义之本旨，从对审判工作要求上

[①]　参见姜世明《民事诉讼法基础论》，台湾元照出版有限公司 2016 年版，第 41 页。

[②]　这里的"法院"指的是负责审判工作的审判人员。

讲，对作出裁判的法官也是非常不公平的。与上诉相似，再审程序也是一种民事诉讼中的法律救济手段。[①] 但是与上诉不同之处在于，再审是对确定判决的补救。再审的补救性要求当事人对于未能在先前的诉讼中提出再审事由不存在过错。如果当事人在先前的程序中虽然客观上有可能主张再审事由但是未主张，则通常只有当事人不知道再审事由或者不知道用于证明再审事由的适当的证据方法，才能认为其不存在过错。当然，不知道也可能具备可责性，尤其是在当事人未进行充分调查的情形中。[②] 对于证据方法的充分调查要求也适用于当事人对事实的主张。因此，对于作为再审事由的新的证据，就不能脱离其所指向的待证事实而单独讨论，而应当根据其所欲证明之事实的主张情况而甄别所谓新的证据是否正当。

由于当事人提出再审针对的是已经发生既判力的判决，所以作为新的证据之正当性的判别标准，就应当根据既判力发生的时间范围予以确定。确定实质既判力的时间界限，可以确定"哪些事实可以针对发生既判力的裁判提出并且可以由法院予以考虑"[③]。也即当事人在实质既判力发生时间节点——通常就是最后一次关于事实的言词辩论的结束时刻——之前向法院主张的事实，可以成为作为再审事由的新的证据的证明标的。而在此决定性时刻之前未提出的事实，不论原因为何，均不能成为再审新的证据的目标。而对于既判力发生时间点之后发生的事实，由于既判力存在遮断效，于这一时间点之后发生的事实，包括权利义务关系变动的事实，不受既判力的拘束。[④] 当事人可以据此提出新诉，相关新的证据应当在新诉中使用，而非据此提出再审之诉。

因此，辩论主义之下的民事诉讼再审事由中的新的证据，其证明标的应当是当事人在原审程序中已经主张的事实，而非所有已经发生的事实。对于当事人在原审程序中未主张的事实，不能因与之相关的新的证据的提出而导致既判力被冲破和再审程序的启动。我国与此相关的现行规定，不

---

① 参见［德］奥特马·尧厄尼希《民事诉讼法》，周翠译，法律出版社 2003 年版，第399 页。

② Vgl. Braun, Münchener Kommentar zur ZPO, 4. Auflage, 2013, § 582, Rn. 7.

③ 参见［德］汉斯–约阿希姆·穆泽拉克《德国民事诉讼法基础教程》，周翠译，中国政法大学出版社 2005 年版，第 332 页。

④ 参见姜世明《民事诉讼法》（下册），台湾新学林出版股份有限公司 2015 年版，第279 页。

对待证事实的情况进行判断，只在新的证据本身的发现时间和逾时原因上做文章，显然是有所欠缺的。存在这样的缺陷，实质上仍然是我国民事诉讼制度建设缺乏对当事人主张责任的认识，没有建立攻击防御方法的适时提出、法院与当事人共同促进诉讼的开展等意识——观念上的改进也是非常必要的。

　　（五）关于诉讼费用负担

　　一直以来，我国《民诉法》及其司法解释总是将逾时提出攻击防御方法（在我国的立法中限于逾期举证）视为妨害诉讼程序进行的行为。《民诉法解释》允许人民法院对逾时提出攻击防御方法之行为可以采取训诫、罚款等行政性处罚措施。立法从未将诉讼费用负担的调整视为规制逾时提出攻击防御方法的手段之一。殊不知逾时提出攻击防御方法造成的诉讼迟滞亦是对对方当事人诉讼成本（包括诉讼费用）的过度消耗，依据民事诉讼当事人之间的普遍平等原则，通过诉讼费用负担的调整保护遵守法令、适时提出攻击防御方法的当事人的合法权益，也是对逾时提出攻击防御方法进行规制的有效手段。当然，《民诉法解释》也允许人民法院可以依据对方当事人的申请，在裁判中判令逾时提出攻击防御方法的当事人负担由于其违法行为而造成对方当事人产生的合理费用。但这一规定仅限于当事人由于时间延长所产生的工作和生活方面的直接损失，对于诉讼费用等方面的增加则未有涉及；且此种负担性裁判须依申请才能作出，人民法院无权自行决定，在一定程度上也存在遗留制度漏洞、纵容迟延提出之嫌。

第二节　逾时提出攻击防御方法制度运行现状及评析

　　"徒法不能以自行。"纸面的立法成为活的法律，有赖于司法权的运行。民事诉讼中对逾时提出攻击防御方法的规制制度的落实，离不开人民法院民事审判工作的开展。因此，对于规制逾时提出攻击防御方法的相关制度和规定在我国司法活动中的具体运行情况的考察，对于制度的优点与缺点的研判、改进与完善方向的把握，是具有非常必要的实践意义的。笔者经过一系列的数据查找和走访调查，并结合自己在人民法院的工作经验，试图对于有关情况做一总结和评析。

一　关于攻击防御方法及答辩

(一) 关于攻击防御方法

由于自《试行法》颁布以来，我国的民事诉讼法律及其司法解释从未出现过攻击防御方法这一术语，民事诉讼法学界对此也甚少研究和探讨，导致人民法院民事审判工作对这一概念的了解程度为空白。根据笔者在某市中级人民法院对从事民事审判工作的法官的调查结果，全部受调查法官均表示无论是以前在高校法学专业学习期间还是在参加工作后的司法审判实践中，均未曾听说过民事诉讼理论和实务中有攻击防御方法这一概念，对此完全不了解。由此可见，欲实现至少法官了解并能充分认识到攻击防御方法的概念和意义，我国在民事诉讼立法完善、司法改革、法学教育和普法宣传创新三个方面都需要进行充分的准备和投入。

(二) 关于答辩期间

现行法关于提交答辩状的矛盾规定，受访法官均表示在审判工作中，被告或者被上诉人是否提交答辩状、何时提交答辩状对法官开展工作影响不大，已经习惯了这样的处理方式。原告或者上诉人对于被告在开庭时提交答辩状或者不提交答辩状仅在庭审时口头答辩的，未出现表示有异议的情形；从庭审的效果来看，在庭审时方才提出的答辩，对对方当事人及其诉讼代理人的负面影响似乎也不甚明显。除此之外，在庭审前提交答辩状，一般需要当事人或其诉讼代理人前往法院将之交予案件承办法官，在现实中就会产生负担：一方面，当事人普遍不愿意在诉讼中花费较多时间，要求当事人专门前来法院提交答辩状，往往会引起当事人的不满和抵触情绪，不利于审判及其中的调解工作；另一方面，法官在同一时间段内会承办多起案件，审判工作负担较重，也不愿意在承担开庭听审和撰写裁判文书等任务的同时过多地接待提交答辩状的当事人。因此，法官们对于依照期间提交答辩状的改革建议反应一般。

二　关于举证时限制度暨失权规定

如前文所述，我国民事诉讼中逾期举证的失权规定，将证据与案件基本事实有关作为排除作出失权制裁决定的消极要件。最高人民法院认为案件基本事实就是要件事实。但是在地方各级人民法院的审判活动中，这一观点并未得到贯彻执行。地方各级人民法院的法官在其裁判文书中写明的以存在相关性为由排除适用失权规定的相关事实中，确有属于要件事实者，① 但并非要件事实的其他事实也屡见不鲜。② 与此相应，在法院以证据与案件基本事实无关为由认定证据失权的案件中，被驳回的证据总是与案件几乎没有关联性的证据或者自然人、法人的身份证明等对案件实体处理不产生影响的证据。③ 从上述司法实践可以看出，我国法院系统普遍将本意在遏制诉讼迟延、促进诉讼的失权规定用作了审查证据价值的规定，用以将与本案毫无关联的证据材料排除在证据调查之外。只要证据与案件有关系，法官就不会适用失权规定。法官执着于查明事实，意在防止发生错案，防止因终身追责机制受到处分；同时轻易不适用失权规定，也是在涉诉信访压力之下，为了防止激化当事人之间、当事人与法官之间的矛盾而不得已为之的妥协。

从裁判文书数据分析来看，遵照举证期限制度适用失权规定的案例也是少之又少。为了就逾期举证的采纳率进行统计，笔者在案例数据库网站中按照时间顺序抽取了 100 件涉及逾期举证的民事案件，发现法院的逾期举证采纳率高达 99%，只在一个案例中法院以当事人逾期举证系故意拖延案件审理为由未采纳逾期提出的证据。④ 该案例库数据显示，截至 2017

---

① 例如广东省江门市中级人民法院在（2015）江中法民二终字第 16 号民事判决中，逾期举证的证明对象为当事人进行过采伐，该事实属于权利发生事实；广东省佛山市中级人民法院在（2014）佛中法民一终字第 3550 号民事判决中，逾期举证的证明对象为房地产公司的交楼事实，该事实属于对方当事人的权利消灭事实。两者均为因证据与要件事实有关而被裁判法院予以采纳。上述裁判文书见中国裁判文书网，下同。

② 例如河南省新乡市中级人民法院在（2014）新中民五终字第 268 号民事判决中认为，一审法院在法庭辩论后仍然安排进行笔迹鉴定，因该笔迹是否为案涉合同中被上诉人所签署对案件裁判结果有实质性影响，因此予以采纳；该案中裁判法院认为争点事实属于案件基本事实。又如江苏省无锡市中级人民法院在（2015）锡民终字第 00164 号民事判决中认为，上诉人逾期提交病历，病历能够证明医疗费用，故而与案件基本事实有关，予以采纳；该案中裁判法院系将确认诉讼请求具体金额的事实作为基本事实。唯该案中裁判法院认为上诉人无正当理由一审不提交证据，虽然采纳证据，但判令由此增加的案件受理费由上诉人负担。

③ 例如湖北省嘉鱼县人民法院在（2015）鄂嘉鱼民初字第 00343 号民事判决中认为，被告因重大过失而逾期举证的证明对象为当事人之间存在借贷合同关系，但该案为缔约过失责任纠纷，因此证据与案件基本事实无关，不予采纳。又如重庆市高级人民法院在（2014）渝高法民终字第 00267 号民事判决中认为，上诉人提交的有关法人或产业活动单位的工商登记信息与案件基本事实无关，因此不予采纳；事实上在该案中对于工商登记信息各方并无争议。

④ 参见河北省张家口市中级人民法院（2014）张商初字第 32 号民事判决。

年3月16日，其收录民事裁判文书共计17456054件，其中以"证据失权"检索获得的裁判文书为498件，所占比例为0.0029%。而通过中国裁判文书网查询可知，截至前述同一日期，中国裁判文书网收录裁判文书15036367件，其中以"证据失权"检索获得的裁判文书为383件，所占比例为0.0025%。由此可见，我国民事案件中涉及证据失权的，其比例不超过0.003%，这样低的比例显然不能认为是当事人均能适时提出证据而带来的。而在这之中，适用失权规定对逾时举证不予采纳的裁判则更少，凸显了举证时限制度和失权规定在司法实务中的低适用率。

　　在数据统计的基础之上，笔者还对A市某基层人民法院和B市中级人民法院两院的民事审判庭法官进行了走访调查，从中获悉：举证期间和证据失权等相关规定在具体案件的审判工作中执行得非常宽松，自《民诉法》最近一次修改之后，特别是《民诉法解释》出台以来，从未因证据失权而对逾期举证不予采纳，采取过的处罚至多是批评（即训诫）。从前文中裁判文书搜索情况可知，已有人民法院判令逾时提出证据的当事人负担由于逾时提出而产生的诉讼费用，即使其获得了胜诉。从司法权运行的种种表现可以看出，司法机关对逾期举证表现出了最大程度的容忍，唯对故意或者重大过失提出无意义的证据予以排除。这表明审判机关仍然以发现事实真相为首要任务，为了实体正义可以放弃诉讼效率。只有在当事人逾期提供的证据对于发现真相没有意义，而是纯属无理扰乱诉讼进程时，人民法院才会启动失权制裁程序。现有证据失权制度的实际功能已经异化为对恶意无理的诉讼行为（即逾期举证，所举证据与案件毫无关联，目的在于拖延诉讼）的抵制。对实体正义和事实真相的妥协，使司法机关对举证期间和失权规定的执行不力并不在意，只是在当事人恶意浪费司法资源时据此予以阻止。这样异化的逾时提出攻击防御方法之规制手段与域外有着明显的不同，其在提高诉讼效率、促进诉讼推进方面几乎没有作为。

三　关于新的证据

　　对于第一、二审程序中新的证据，与失权规定的处境相似。经笔者向前述两所法院的法官调查发现，无论是审判第一审案件，还是审判第二审案件，对于新的证据均从宽掌握，只要当事人并非在本审级的庭审终结后提出证据，均会组织质证并进行认证；最终不将新的证据作为裁判依据的，也是因为证据在客观性、合法性和关联性中某一或者某几方面存在瑕疵，使法院无法予以采信。同时，笔者再次以"新的证据"为关键词在中国裁判文书网和无讼网中进行检索，但是获得的有效信息非常有限。① 由此可见，就第一、二审程序中新的证据而言，因其与举证期间和失权规定关系密切，司法机关对其的态度和具体的做法也如同对待后两者一般无差异。法官对新的证据所涉及的证据的新或旧这一问题基本不做审查（尤其在第二审程序中）；也如同上文所述，仅当当事人提出新的证据系恶意缠讼、无正当理由地拖延诉讼时，方才课以失权制裁。因此，在第一、二审程序中新的证据所涉相关制度存在的瑕疵，与失权规定相同。

而对于再审程序中新的证据，从司法实践看，以新的证据提起的再审之诉的数量并非最多。笔者曾对某市中级人民法院辖内各法院2016年度受理的再审案件的事由分布情况进行了统计（见表5-1），当事人申请再审的理由主要集中在《民诉法》第200条的第2项（原判决、裁定认定的基本事实缺乏证据证明）和第6项（原判决、裁定适用法律确有错误），而以新的证据为理由提出的再审申请，无论从月度出现频率看，还是从数量占比看，均处于非常低的水平，其最大可能占比不超过全年收案总量的12.6%，足见以新的证据为由提出再审并非主流。经与办案法官了解获悉，当事人以新的证据为由申请再审的，往往是因为6个月的再审申请期间已经届满，为了规避这一不变期间之规定，而故意提出这样的事由，意图引起法院启动再审程序。当然也存在个别案件中当事人因对法律的不了解，在由于情势变更而产生新的事实的基础上，本应依据由此产生的证据提起新诉，但基于误认却申请再审的情形。由此可见，新的证据在再审程序中，并不是重要的事由，其有关规定基本处于闲置状态。

---

① 经检索后发现，在全部涉及"新的证据"的裁判文书中，第一审裁判文书为10504件，第二审裁判文书为212726件，第二审裁判文书占据了绝大多数。在前述的第二审裁判文书中，绝大部分仅为载明"没有提出新的证据"。而涉及提出新的证据的，即使最终法院未予以采纳，也是在经过认证之后以其"三性"存在瑕疵为由予以拒绝，未发现以超过举证期间为由课以失权制裁的。

表 5-1　　　　　　　某市法院 2016 年度民事申请再审案件立案清单

再审事由 (《民诉法》 第 200 条)	第 1 项	第 2 项	第 3 项	第 4 项	第 5 项	第 6 项	第 7 项	第 8 项	第 9 项	第 10 项	第 11 项	第 12 项	第 13 项	案件数量合计
1 月	√					√								8
2 月		√				√								45
3 月	√		√			√								4
4 月										√				3
5 月		√				√					√			12
6 月		√			√									6
7 月								√	√					3
8 月						√				√				6
9 月			√										√	2
10 月	√					√								5
11 月			√			√								13
12 月		√	√									√		4

四　逾时提出攻击防御方法规则运行现状评析

通过对司法审判机关工作状况的考察与统计以及对从事民事审判工作的法官的询问调查，笔者认为我国民事诉讼法律制度中规制逾时提出攻击防御方法的相关规定——尤其是失权规定——在司法实践中的运行状态是不佳的，失权制裁程序启动频率偏低。失权规定在促进诉讼进行、提高诉讼效率意义上的功能被弱化，在制裁逾期举证方面效果很不明显，其主要功能异化为对证据证明力的初审以及对以提出完全无关材料的方式恶意拖延诉讼的当事人的制裁措施，这与失权规定的立法目的相差较大。

受此影响，司法审判机关对新的证据的要件审查工作非常淡漠，对于证据是否构成新的证据并不关注，新的证据是否能被采纳之标准也是遵从逾期举证失权规定的处理方式，即仅根据证据对于案件实体处理结果有无影响来决定。因此，新的证据这一概念在民事诉讼司法运行中已经极为淡化，其出现最多之处仅为人民法院在第二审裁判文书中提及当事人是否提出以及提出了哪些新的证据。至于再审程序中新的证据，其出现概率并不大，且也发生了一定程度的异化，成为当事人规避再审期间约束的工具。不过由于法院再审申请审查部门对再审申请的审查非常严格，并且此种规避事件出现频率尚低，因此暂未产生较大的不良反应。

需要指出的是，我国各级人民法院审判工作的负担逐年增加，已成为不争的事实。根据权威统计，2013 年全国各级人民法院一审民事案件收案 7781972 件，结案 7510584 件，结收率为 96.51%；[①] 2014 年全国各级人民法院一审民事案件收案 8307450 件，结案 8010342 件，结收率为 96.42%；[②] 2015 年全国各级人民法院一审民事案件收案 10097804 件，结案 9575152 件，结收率为 94.82%。[③] 民事案件数量逐年增长，且增长率越来越大，但是结收率却在逐年下降。审判工作效率的降低是学界和实务界都应当予以关注的问题。推动司法体制不断改革，促进诉讼进行，提升司法效能，是解决这一问题的必然选择。而对现有制度和规定进行修正与完善，建立科学的、正确的逾时提出攻击防御方法之规制制度，自然应当成为这项重大改革的重要一环。

本章小结

本章对我国民事诉讼法律和司法解释中有关规制逾时提出攻击防御方法的有关立法制度及其在司法审判活动中的适用、运行情况做了一个简单的介绍。从现实情况中查找出存在的问题，即立法和司法对攻击防御方法及其适时提出的必要性认识不足，攻击防御方法（具体表现为当事人提出的主张、答辩中的各种争执和抗辩以及相应的证据方法）的提出期间制度不受重视，失权规定在促进诉讼进行、提升诉讼效能方面功能的弱化并发生了功能的异化，诉讼费用负担的调整未予以应用。在这种现实之下，依据规制逾时提出攻击防御方法的基础理论，学习域外立法先进经验，结合我国自身条件进行民事诉讼相关制度的改革，完善民事诉讼法律制度理论与实践，是很有必要的。

---

① 参见最高人民法院《2013 年全国法院司法统计公报》，《中华人民共和国最高人民法院公报》2014 年第 4 期。

② 参见最高人民法院《2014 年全国法院司法统计公报》，《中华人民共和国最高人民法院公报》2015 年第 4 期。

③ 参见最高人民法院《2015 年全国法院司法统计公报》，《中华人民共和国最高人民法院公报》2016 年第 4 期。

第六章

逾时提出攻击防御方法规制之完善

在历史上，我国一直是中华法系的代表国家。但是中华法系"民刑不分，重刑轻民"的立法理念和由此形成的法律制度显然不能适应商品经济的兴盛，阻碍了经济社会的发展。故而近代以来，在外来资本主义的入侵与影响之下，我国逐步走向半殖民地半封建社会，中华法系也随之逐步解体。为了向法治先进国家看齐，与世界法制接轨，我国在清朝末期开始了法律修改与移植活动。相比英美法系庞杂的案例法系统，大陆法系——尤其是德国——条文化、法典化的制定法体系显然更易于为后发国家所学习，天然成为别国自发学习和进行法律移植的目标。同时，一衣带水的近邻日本在其近代资本主义法律制度的建立过程中也是师从德国，由于日本在原初制度、传统文化以及语言文字等多个领域与我国具有相似性，所以这个岛国为我国在从德国学习和引进先进立法经验方面树立了一个良好的典范，并提供了一定程度的便利。因此，我国从一开始的清末修律，就选择了向以德国为代表的大陆法系国家学习，并进行法律移植。从最初简单的拿来主义，到后来根据自身具体的国情又进行适当的修改，及至民国时期的1935年，当时的南京国民政府终于推出了作为"六法"之一的民事诉讼法典。该法典不可不称之为民国民事诉讼法学精英的倾力之作，并且影响深远，迄今我国台湾地区仍在适用这部"法律"（当然已经经过了多次修改）。

1949年10月，中华人民共和国中央人民政府成立。随着国家政治与意识形态发生重大转变，法律制度的建设与发展也发生了重大变革。国民党政府制定的"六法"被废除，但是共和国自己的民事诉讼法典一直到改革开放之后才颁布实施。在《民诉法》制定与修改的过程中，受政治历史条件和国家开放程度的变化影响，我国在立法方面先后学习了苏联、大陆法系国家和地区以及英美法系国家的民事诉讼法律制度，同时又希望创造出具有中国特色的社会主义法律体系，结果就造成了几种立法思想的杂糅混合、不相统一并且反复不定。同时，在中国传统的"重实体，轻程序"法制思想和"左"倾的意识形态影响之下，在民事诉讼法的理论与制度中形成了超职权主义。虽然在历次法律修改中超职权主义早已被舍弃，现代法制在不断地向辩论主义迈进，但是超职权主义毕竟在一个较长的时期内是笼罩在法制之上的。这就使我国的立法者和司法审判机关并没有较为强烈地意识到应当要求当事人履行诉讼促进义务，适时提出诉讼资料，转而要求每一个案件中的法官遵守审限，尽快完善案件的审理和裁判。另外，立法者和司法者经常较为片面地理解实事求是思想在诉讼法中的含义与作用，对实质正义的追求过于偏执，忽略了程序的公正合理恰恰是对追求实体正义的保障。

在以上各种因素综合发生作用的影响之下，我国的《民诉法》及其司法解释始终没有将攻击防御方法这一概念引入诉讼中来，民事诉讼法学理论界对此探讨极少，实务界更是无人问津。就当事人积极推动诉讼有效率地进行而言，法律的规制也仅限于要求当事人按照举证期间及时举证，对于攻击防御方法的其他方面则所涉无多。对于适时提出攻击防御方法背后的诉讼促进义务，我国民诉法重点关注的对象仅限于特别诉讼促进义务，并且这种关注也仅仅是限于举证期间的要求而无他，而对一般诉讼促进义务则没有涉及。并且在弱化与异化的失权规定的作用之下，举证期间制度执行不力，诉讼促进义务的履行愈发不受关注。相比之下，域外各个先进法治国家和地区——尤其是大陆法系主要国家和地区——在规制攻击防御方法之逾时提出方面，则——诚如前文介绍和分析之内容——颇有建树，取得了各自的成果并积累了较为丰富的经验。作为立法和研究标杆的德国自不待言，同样是法制建设学习者的日本和我国台湾地区的立法也值得我们在完善对民事诉讼领域逾时提出攻击防御方法进行规制的相关制度中加以研究和借鉴，而英美法系立法规定的部分处置方法也是具有参考价值的。

法学理论的研究不应当脱离实践，其取得的成果更应当指导实践。通过概念考察、制度考察、法理考察与比较法研究，笔者认为应当以法治理念的变更为抓手，以深化体制改革之背景为依托，从观念上和制度上对我国现有的制度进行修正和增删，建立起我国的逾时提出攻击防御方法之规制体系，不断丰富并完善我国的民事诉讼法律制度。

第一节　规制逾时提出攻击防御方法之立法模式

一　现有立法模式

（一）英美法系

根据第四章中的比较法分析可知，世界范围内涉及规制攻击防御方法之逾时提出的立法模式主要以法系的不同作为划分界限。英美法系国家的民事诉讼程序，审前程序与审理程序泾渭分明，当事人应当在发现或者披露程序中进行证据开示，全部的诉讼资料均应当在审前程序中提出。除有限的特例之外，未在审前程序中提出的诉讼资料不得出现在开庭审理的程序中，因此对逾时提出攻击防御方法的失权规定一般以对违法滥用开示程序的制裁规定出现在发现或者披露程序的规则中，或者在庭审规则中规定不得将未开示的诉讼资料引入庭审。

英美法系的这种立法模式，与其民事诉讼审判方式具有密切联系。英美法系国家实行陪审制，其陪审团是从社会公众中选出（当然个案中陪审团成员的选择是有限定范围的），陪审团成员并非法律从业人员，其参加陪审团具有兼职性，如果个案多次开庭、陪审团多次出庭，将给陪审团成员的工作、生活造成很大困扰，不具有实行的现实性。为此，英美法系的民事诉讼均实行集中一次庭审终结的形式，所有的诉讼资料均要在这集中一次的庭审中向陪审团作出展示，以便于陪审团基于诉讼资料作出实体法方面的判断。另外，英美法系民事诉讼程序一直以来实行的都是当事人主义，法官中立裁判，诉讼由当事人——在法治发达的英美则基本是当事人的诉讼代理人即律师——来推动。当事人双方，尤其是其律师通过庭审中与对方的激烈对抗，以雄辩说服陪审团，是取得胜诉的基本途径。而充分掌握全案的诉讼资料，是取得胜诉的基础。是故在审前程序中进行诉讼资料的开示，对于当事人和律师意义重大，这项制度的建立，与英美国内拥有强大影响力的律师公会等团体的倡导也是密不可分的。

需要另外指出的是，因为英美法系采行严格的事后审制度，在第二审中当事人不得提出新的诉讼资料，案件审理以第一审中的诉讼资料为基础，所以在英美法系的民事诉讼程序中不存在当事人在第二审中提出（新的）攻击防御方法的问题，因而也就没有相关的立法规定。

(二) 大陆法系

与英美法系国家不同，大陆法系国家和地区的法庭审判没有陪审团参与，民事诉讼程序是在法官主持下的两造对抗，不需要将诉讼严格限制在一次庭审集中进行审理，也不需要律师在庭审中用基于充分准备的雄辩去"征服"陪审团和法官。从德国、日本和我国台湾地区的立法例来看，对于一般诉讼促进义务之下的对于适时提出攻击防御方法的普遍性要求及失权规定，存在两种规定方式：德国和日本选择将其规定在第一审程序之中，第二审程序根据指示性规则予以准用；我国台湾地区则选择规定在总则之中，统摄两审程序。对于特别诉讼促进义务之下对于遵守法定或者指定期间提出攻击防御方法的要求及失权规定，三个国家和地区则均选择在第一审程序中进行详细规定，尤其是在第一审程序中设置准备性程序（如先期首次期日、制订审理计划、争点整理程序等），一般要求在准备性程序中提出攻击防御方法，未在准备性程序期间内提出者原则上在主期日言词辩论中不得提出。而在第二审程序中通过指示性规定准用之。在第二审程序中，三个国家和地区均使用例外性规定对在第一审程序中被违法驳回的攻击防御方法给予救济，对新的攻击防御方法之提出进行有严格条件限制的准许，以贯彻第二审程序中攻击防御方法"原则禁止，例外准许"的基本原则。除此之外，在驳回攻击防御方法的可裁量性上，德国规定得最为严格，① 法院基本没有裁量空间；日本则最为宽松，法院对任意情形的失权均可以进行自由裁量，并且对方当事人的同意可以使在第一审准备程序中逾时提出攻击防御方法之瑕疵获得治愈；而我国台湾地区则介于二者之间，法院拥有一定的裁量空间，并且规定了"显失公平"的兜底条款将法院的裁量空间进行了拓展。而在失权救济方面，三个国家和地区则均未单独作出规定，其操作规程基本来自司法判例和法律解释，一般是按照针对判决提出上诉的程序进行。

---

① 但是从德国的实践效果看，围绕诉讼促进义务制定的失权规定等加快诉讼程序的措施在改革之初被严格适用，其则被缓和，法官在适用时倾向于审慎处理。并且这种表现具有周期性，即 ZPO 每次的重大修改之后的初期，失权规定适用较为频繁，规制较为严格，随后则逐步趋缓。参见［德］迪特尔·莱波尔德《当事人的诉讼促进义务与法官的责任》，载米夏埃尔·施蒂尔纳编《德国民事诉讼法学文萃》，赵秀举译，中国政法大学出版社 2005 年版，第 387 页。德国发生的此种情形与我国《证据规定》出台后人民法院在对待失权规定上的态度转变非常相似。参见李浩《民事证据规定：原理与适用》，北京大学出版社 2015 年版，第 292—400 页。

二　我国立法模式之合理选择

《民诉法》及其司法解释中对于攻击防御方法以及规制逾时提出攻击防御方法并无提及。与此具有关联性的立法规定主要为《民诉法》总则部分"第六章证据"中对举证期间和逾期举证的规定以及审判程序部分有关答辩和新的证据的规定。现有的立法模式与两大法系的立法模式相比均存在差别。但是就诉讼流程和庭审结构来看，在传统上受大陆法系影响更为深远的我国民事诉讼法律制度显然与大陆法系国家和地区的立法模式更为接近。在选择立法模式时，以我国台湾地区立法模式为蓝本并加以改造，显然更为合理。因为诉讼促进义务属于公法性义务，其对于适时提出的要求显然是贯彻于整个诉讼之中的，当事人始终应当遵守。在《民诉法》总则部分作出规定，更富含统摄全局的意义。其后在第一审程序和第二审程序中分别规定相应的失权程序启动条件和方式，分审级、分情形对逾时提出攻击防御方法予以规制。这样的立法模式，逻辑上较为通顺，层次上较为清晰，在司法实践中的应用也定会较为顺畅。

第二节　完善规制逾时提出攻击防御方法的原则性规定

一　重新界定民事诉讼的任务

（一）增加对权利进行有效保护

关于民事诉讼的任务，或称为民事诉讼制度的目的，学界一直以来存在争议。其中一个较早形成也是颇为重要的基本学说即权利保护说。该观点强调诉讼制度是国家禁止自力救济而设定的公权救济之途径，根本任务就是对个人私权利的保护。后来随着理论的发展，又派生出了权利保障说。但无论学说如何演进，对当事人的权利给予及时、有效的救济，始终应当是民事诉讼制度存在和运行的意义。而诉讼的拖延，显然会造成对权利保护效率的下降，使权利获得保护所需要的时间变长，增加了当事人和司法的负担。

在这种情况下，民事诉讼立法就有必要力求实现诉讼的经济性，对法院适时裁判作出要求，让诉讼程序的建构和司法权的运行足以使当事人的权利在一个适当的时期内得到最大可能的实现。这些正是权利有效保护请求权的内涵之所在。在这种对权利及时、有效保护的原则之下，对逾时提出攻击防御方法予以规制，恰恰是一项重要制度。在完善规制逾时提出攻击防御方法相关制度时，首先应当对民事诉讼的任务进行扩充，将及时、有效地保护当事人的权利纳入其中，替代《民诉法》中"保护当事人的合法权益"这一含混表达，督促法院重视自身以及当事人诉讼促进义务的履行。

（二）将"查明事实，分清是非"修改为"解决纠纷"

查明事实，分清是非，是人民群众对解决民事纠纷的最终目标的朴素解读，体现了我国民间传统哲学对实质正义的重视。然而现代法治国家的民事诉讼制度，并非为实现民众朴素理想的工具，而是落实宪法保障的诉权和其他与诉讼有关的基本权利的法律体系，是宪法在司法上的具体化，其在本质上具有其自身价值，其中一项重要价值就是有效解决纠纷。在利益愈发多元化、生活节奏不断加快的今天，有效解决纠纷的实现路径显然不是"查明事实，分清是非"所能概括。查明事实，显然在时间、精力和金钱等成本上将有所消耗，如果这样的消耗过大，则显然不是解决纠纷的有效方式。同时，在辩论主义之下，法院作出裁判的基础应当是当事人提出的全部诉讼资料，对于当事人未提出的主张和事实，法院不应自行"查明"，强调"查明事实，分清是非"，并不符合辩论主义这一现代民事诉讼的基本原则。此外，我国民事诉讼制度历来重视的司法调解工作，也从来不是建立在"查明事实，分清是非"的基础之上的。相反，如果力求"查明事实，分清是非"，调解工作则难以开展。由此可见，"查明事实，分清是非"作为民事诉讼的基本任务显然是不适当的。过分强调"查明事实，分清是非"，偏执性地追求实质正义，将不利于对逾时提出攻击防御方法这种对诉讼有害行为的规制，也不利于扭转传统思想对民事诉讼的不良影响，最终损害民事诉讼法律制度。

现代法治国家禁止私力救济，国家创设司法制度解决民事纠纷，法院应当依据事证作出实体正义的裁判。但是基于私法自治原理，法律应当允许当事人处分实体权利和程序权利，使民事纠纷在双方当事人同意之下得到解决。据此，辩论主义之下的法律事实，并非一般哲学意义上的事实，而是双方当事人认可（自认或者在证据面前不得不承认）的事实。是非也并非总是要分清，双方当事人取得一致时（调解、和解、自认或认诺等诸多情形）就不存在分清是非之必要。有效地解决民事纠纷才是民事诉讼的目的之一。因此，宜将"查明事实，分清是非"修改为"解决纠纷"，以彰显民事诉讼法律有效解决纠纷、及时提供保护之追求，从深层次意义上督促当事人适时提出各种诉讼资料，以便民事纠纷能够得到快速解决。

二　细化诚实信用原则

诚实信用原则在 2012 年修改《民诉法》中得以进入立法，成为第 13 条第 1 款，着实是一大进步。但是其规定于总则中的民事诉讼基本原则部分，仅以一句话规定，显得过于原则化和简单化。同时在立法技术上较为粗糙，立法者为了不增加法条数量而将诚实信用原则与第 2 款有关当事人的处分原则之规定置于同一条之下，这样将有显著区别的两项基本原则置于一个法条之中，显得不伦不类，同时也容易冲淡处分原则对于民事诉讼的重要意义。

有鉴于此，笔者认为对诚实信用原则的法条规定进行修改也是具有必要性的。具体而言，应当将禁止滥用诉讼权利，以及要求当事人履行真实义务，纳入诚实信用原则的法律规定中。禁止滥用诉讼权利，意在防止当事人恣意行使诉讼权利，故意或者重大过失拖延诉讼。真实义务，应当从广义上理解（即包含完全义务），意在要求当事人真实陈述，充分、完整地向法院提供诉讼资料。细化后的诚实信用原则，在督促当事人促进诉讼和适时提出攻击防御方法方面，显然具有更为明显的原则指示性，由此也足以成为制定失权规定的基础。此外，鉴于《民诉法》的立法体例，可以考虑将处分原则的规定与诚实信用原则的规定相分离。

三　增加诉讼促进义务规范

当事人和法院都应当履行诉讼促进义务，乃是当代社会各国民事诉讼法律规范共通的一项原则，我国也不应当予以例外。诉讼促进义务乃是一项法院和当事人普遍应当履行的公法义务，该义务不仅要求诉讼参与主体在个案中适时地实施诉讼行为，推进诉讼快速进行，还要求司法权的运行要进行整体性考量，不能在单个案件中纠结，应当充分利用有限的司法资源，促进诉讼的整体高效化，向为司法资源支付成本的全社会纳税人负责。要求当事人适时提出诉讼资料，按照法定或者法院指定的期间实施诉讼行为，并对逾时提出攻击防御方法进行规制，正是诉讼促进义务的落实方式。而现行《民诉法》中，并未对注重诉讼效率的问题直接作出规定，仅仅是通过审限制度约束法官，而对当事人在诉讼效率方面却不作要求，有失偏颇。而且这也同样体现了超职权主义的遗留影响：《民诉法》虽然一直在向当事人主义方向发展，但是立法者并未明确意识到当事人才是推动诉讼进行的重要力量。立法不断提高对法院和法官的要求，对当事人不作要求，没有抓住矛盾的主要方面，理应予以纠正。

我国对逾时提出攻击防御方法的规制措施存在功能的弱化和异化，这一问题并非通过进行具体规范的修改即可解决。在价值理念层面缺乏对促进诉讼的追求的情况下，现行的失权规定即使在要件设定方面作出改良，也可能难以在司法权运行中得到落实。因此，对当事人提出履行诉讼促进义务的要求，应当明确规定在《民诉法》的总则之中，妥适地彰显适时提出主义对当事人的要求，为完善对逾时提出攻击防御方法之规制打下扎实的法理基础。正如《民诉法》在增加恶意诉讼相关规定的同时将诚实信用原则纳入基本原则一般，与诉讼促进义务相关的制度规定也须具备相应的原则性规定作为支撑。在一贯强调实体正义、查明事实的我国，在基本思想理念方面实现革新，更是显得尤为重要。

四　进一步落实辩论主义

《民诉法》中攻击防御方法相关规定的缺失，一方面是因为对当事人诉讼促进义务的认识不到位，另一方面则是对辩论主义之下法院作出裁判的基础没有正确的理解，仍然认为法院应当主动查明案情，当事人（尤其被告）提出什么样的主张无关紧要，当事人对言词辩论也不需要做准备，因为正义总是应当由法院来主持的。这样的认识与现代民事诉讼基本理念显然是脱节的。在现代民事诉讼中，法院作为居中裁判的机关，其依据的应当是当事人提出的诉请（或者反驳诉请）及其提出的作为支持诉请（或者反驳）的全部诉讼资料，也即攻击防御方法乃是法院作出正确裁判的基础之一，且占据重要地位。《民诉法》只对证据进行单独规定，司法机关强调证据裁判，显然认为裁判的基础只是证据，而当事人的主张、争执、抗辩等则并不重要，当事人的主张责任被忽略，法院经审理查明的事实（载于其作出的裁判中）并不依赖当事人对事实的主张，在《民诉法》"查明事实，分清是非"的任务要求之下，法院更是不会受当事人主张的约束。这样的结果就是辩论主义的基本法理被忽视，最终形成的裁判结论也并非当事人最希望的结果。由于忽视当事人的主张责任，社会各界对作为再审事由的新的证据的理解也出现偏差，对再审程序启动的必要性以及生效裁判的既判力也产生负面影响。

为了扭转这种不正常的局面，立法应当要求当事人在诉讼中充分履行诉讼促进义务，根据诉讼的进行状态和诉讼程序上的要求，及时、充分地提出其所掌握的全部攻击防御方法；法院在原则上应当以当事人提出的攻击防御方法为裁判基础，无特殊事由不得自行收集诉讼资料。另外，考虑到我国立法中从未出现过攻击防御方法这一概念，也有必要效仿 ZPO 第282 条第 1 款在总则部分对攻击防御方法作一解释性规定，对攻击防御方法进行重点列举式的详细说明，以便于法律职业共同体的从业人员和社会公众了解、掌握这一全新的概念及其涵盖的法学领域，便于法律规定的理解和执行，便于新制度的推行。如果能够将这样的规定置于总则之中，统摄民事诉讼各个程序阶段，则在《民诉法》的审判程序部分中出现的失权规定就将拥有基础性原则，违背基本法理原则就将接受制裁的逻辑顺序即被理顺。

第三节　完善规制逾时提出攻击防御方法的程序性规定

一　强化攻击防御方法提出期间制度

现行民事诉讼制度之下，主张的提出期间基本不受限制，而答辩被认为是当事人可以自行处分的权利，被告可以自行决定是否提交答辩状和是否遵守法定期间提交答辩状。有关答辩期间的立法规定中的存在前后矛盾之处，有失法律的严谨性。同时，这也是对当事人无视期间的纵容，非常不利于培养社会公众依法遵守诉讼程序中的各种期间，积极有效推进诉讼的习惯养成。原告可以肆无忌惮地在诉讼过程中提出新的主张，被告就要随时应对新提出的事实，在没有充分准备的情况下无法做到充分进行争执或者抗辩；而被告不在庭审前提交答辩状，原告也无法提前予以准备以便对其提出有效的反答辩，其在充分发表意见方面会受到不良影响。这种现实情况的出现，也是由于立法和司法不重视裁判的形成基础，没有认识到当事人提出攻击防御方法对于诉讼和裁判的基础性意义。为了促进诉讼，修改矛盾规定，保障当事人充分陈述，立法应当强化当事人提出攻击防御方法的期间制度，原告提出主张的期间应当受到限制，起诉状之外的主张也必须在法定期间内提出并由法院送达被告，以利于被告进行防御；被告也必须在法定期间内提出书面答辩意见并由法院送达原告，以便原告进行有针对性的攻击准备。对此可以考虑借鉴英美法系国家和地区的成功经验，设立不应诉判决制度（default judgment），对于被告未在规定的答辩期间内提出答辩状的，法院可以作出不应诉判决。①通过各种法律手段督促当事人适时提出攻击防御方法，使当事人时刻注意履行促进诉讼高效进行的义务。

二　系统设置失权认定的各项要件

从本书第五章中的探讨可知，我国现行民事诉讼制度在对迟延提出的证据进行审查时，首要斟酌证据是否有与案件基本事实的相关性，只要具有相关性即予以采纳；在该要件不该当时，则以当事人在主观方面为故意或者重大过失作为证据失权的唯一判断标准，而不考虑是否造成诉讼迟滞的后果，也不考虑迟延提出行为与诉讼迟滞后果之间是否具有唯一性因果关系。与此相应的，对当事人行为是否构成迟延提出，当事人对于其正当事由也即其可归责性方面的证明或者说明责任等，亦未加以说明。现行的失权规定过于简要，可操作性、可适用性偏低，对于是否构成逾时提出攻击防御方法仍然需要依靠法官自身的审判工作经验。同时，消极要件设置过于模糊，使只要与案件有关的证件就不会失权，失权规定异化为排除恶意诉讼的工具，在实现促进诉讼的意义上大打折扣。

鉴于现行失权规定中存在的种种弊端，欲对其进行改进，就应当效法域外立法例，将迟延提出的行为、诉讼迟滞的结果、两者间的唯一性因果关系、当事人的主观过错系统性地设置为判定逾时提出攻击防御方法的诸项要件，便于法院依法裁量，也便于当事人对诉讼行为加以预判，促使当事人和法院都能按照法律要求提高行事效率，促进诉讼及时终结。而对于

---

① 被告不在答辩期间内提出答辩即可通过不应诉判决终结案件的制度为英国郡法院系统分流了大量的民事案件。据英国政府网站公布的数据，2006—2011 年在郡法院提起的民事诉讼中（不含家事案件），被告提出答辩的比例不足 20%，即有超过 8 成的案件因被告不答辩而终结。See UK Ministry of Justice, Judicial and court statistics 2011 - full report & Chapter 1：County courts（non-family work），2012-06-28, https：//www. gov. uk/government/statistics/judicial-and-court-statistics-annual.

"与案件基本事实有关"这一消极要件，在初步的改革过程中可以参照我国台湾地区"显失公平"的兜底条款，对"基本事实"的范围进行严格限制，并且要求法院在审酌时根据全案的案情和诉讼程序的进展情况进行综合判断。这样的消极要件实际是程序价值对实体正义的让步，但平等而有效地保护遵守诉讼促进义务一方当事人的合法利益、实现诉讼法的程序价值亦是民事诉讼的目的之一，绝不能为了实体正义而放弃诉讼效率，架空失权规定。在第五章的分析中，笔者即对该项消极要件的种种不妥之处进行了分析，保留该项要件对于减少诉讼拖延、提升诉讼效能和减轻司法资源负担并无益处，故而从长远来看，此项消极要件实应予以摈弃。

三 强化法院的诉讼指挥和释明职权

《证据规定》的严厉失权制度无法继续推行，一大障碍就在于国内执业律师人数有限，能够提供的诉讼代理服务资源是有限的，政府能够提供的司法救助的范围和程度也是有限的，而普通民众法律素养不高，对技术性较强的诉讼制度法理和立法目的等认识不到位甚至无法理解，造成了很多不必要的冲突。我国没有如德国一般推行律师强制代理，本人诉讼时有发生，针对这种情况，为了弥补一般当事人法律知识的匮乏和技能的缺失，立法应当加强司法审判机关在诉讼指挥和法律释明方面的职权，从诉讼的起始阶段就要向当事人阐明其应当履行诉讼促进义务和如何履行该项义务，并及时、完整、准确、有效地告诫当事人不适当履行诉讼促进义务会面临的法律制裁后果。法院在完成这种阐明和告诫的工作时，可以参照美国米兰达规则的执行方式，要求当事人当面聆听并签署获悉释明回执，以此保障在程序中实施失权制裁时有证据表明法院履行了释明义务。同时，这种面对面而非寄送文书的方式，较为庄重并公开，可以有效地引起当事人的注意，防止其对此不够重视，也会避免当事人怀疑法院有所偏袒另一方当事人，引发当事人对法院的不信任。

四 科学界定作为再审事由的新的证据

采行辩论主义的现代民事诉讼，当事人所主张的事实是法院裁判的基础。因之，对于再审申请人提出新的证据意图引起再审的适法性，从其指向的待证事实的性质是否违背主张责任的要求来作为判断标准，显然是符合再审自身的补救性要求和司法裁判作出过程内在的逻辑性和历时性的。

显然，只有在既判力发生的时间点之前当事人已经主张的事实，方能成为当事人申请再审时提出的新的证据的证明标的。因此，我国民事诉讼法律在据此对新的证据作出界定时，就应当将新的证据确定为这样一种新证据：其证明的对象应当是申请人在原审程序中已经提出的案件事实，且该事实对于申请人在本诉中的胜败至关重要，而在原审中由于当时没有证据或证据材料不充分而导致该事实未被法院采纳作为裁判依据。从基本原理层面对新的证据正确地予以理解，才是作出正确规定的前提，这也是对主张责任的间接要求。

与此同时，现行立法就再审程序中新的证据，只规定系由于客观原因造成未发现或因客观原因无法取得或无法按期提出，而不考虑当事人本身是否存在过错，这与失权规定要件理论相悖，并不符合适时提出主义之要求。而且从现行规定本身来看，证据无法取得或者无法按期提供的，当事人应当向法院申请延长举证期限，或者申请人民法院调取证据；而在再审部分又规定如果是客观原因造成此种结果则可以申请再审。两项规定前后矛盾，存在将举证期间延长制度和法院依申请调查取证制度虚置之虞。故笔者认为应当在修改作为再审事由的新的证据的规定时，必须明确当事人对于未能在原审提出该证据无过错，以确保再审事由的设置符合适时提出主义的基本法理要求。

五　将诉讼费用负担增加为规制手段

在发生逾时提出攻击防御方法、造成诉讼迟滞的情形时，即使违法行为人获得胜诉，法院也可以判令其负担全部或者部分由于其违法行为而产生的诉讼费用，是为大陆法系国家和地区之通例。其在保护守法的对方当事人权益、践行普遍平等原则方面作用尤为显著。我国现行立法和司法解释规定在这方面一直有所缺失，不仅从未规定诉讼费用负担之调整，对于判令逾时提出攻击防御方法之当事人负担对方当事人直接损失的裁判，法院也须依申请方能作出。这在彰显民事诉讼当事人之间的平等性、全面规制逾时提出攻击防御方法方面是存在不足的。对此，笔者建议我国可以效仿大陆法系国家和地区的做法，在立法中增加对法院的授权，允许法院在一方当事人逾时提出攻击防御方法、造成诉讼迟滞时，可以依据案情自行决定在终结审级的终局裁判中对诉讼费用之负担有所调整；对于此种诉讼费用负担的调整，当事人不得单独提出上诉；对于对方当事人由于诉讼迟滞产生的损失，立法也应当要求法院积极行使释明职权，提示相关当事人可以适时主张相应的权利，保护自身的平等利益。通过这样的拓展与完善，我国立法对逾时提出攻击防御方法的规制手段将更趋完备化与科学化，并且也更加符合民事诉讼平等保护和有效保护等基本理念。

第四节　完善逾时提出攻击防御方法之规制的其他措施

一　改革并完善审前准备程序

从比较法的观点和历史发展来看，大陆法系民事诉讼中的审前准备程序并不是从来就有的，而是受到英美法系审前程序影响，在进行充分的借鉴、吸收并结合自身立法思想和法域内实际情况而确立的。随着适时提出主义成为民事诉讼基本原则，在诉讼促进义务对法院和当事人的要求之下，审前的准备程序已经不再局限于对庭审活动进行准备，甚至成为可以终结诉讼的一项程序。[①] 而审前准备程序自身，也产生了分化，其内容涵盖量也大大增加，重要性甚至可以与主期日的审理程序并驾齐驱。[②] 反观我国《民诉法》，审前程序主要被用来为开庭审理进行事务性准备（各种诉讼文书的送达和期日的通知），除此而外不再具有其他的内容。因而其不论从立法思想上看还是从具体制度规定看，都无法认为现有的准备程序具有独立解决纠纷之能力，其与督促当事人适时提出攻击防御方法也无甚关联，这与现代民事诉讼的立法理念与发展趋势不相吻合，有浪费司法资源、拖延纠纷解决之嫌。[③] 为此，应当对现有的审前程序进行修改，借鉴大陆法系国家和地区的成功经验，建立较为完备的审前准备程序，要求原告和被告在准备程序中适时提出攻击防御方法并充分发表意见，在充分阐

---

① 正如德国法中先期首次期日也可以被翻译为一次终结的期日，因为在先期首次期日的诉讼活动中，的确存在终结诉讼案件的可能性，法院可以根据诉讼的进展和全案情况灵活掌握。

② 如在日本法中，审前的准备程序就分为准备性口头辩论、辩论准备程序和书面准备程序，分别适用于不同的案件情形来进行争点和证据的整理。而对适时提出攻击防御方法的要求，也较多地限制在准备程序中提出，在主期日的审理活动中原则上不得再行提出在准备程序中未提出的攻击防御方法。

③ 参见廖中洪主编《民事诉讼立法体例及法典编纂比较研究》，中国检察出版社 2010 年版，第 564—566 页。

明事实和法律见解的基础上梳理争点和整理证据，力促纠纷在准备程序中予以解决，即使无法解决纠纷也要为庭审更有效率地进行做好充分的准备。

二　在法官员额制之下加强司法工作人员分工协作

随着司法改革的深入进行和法官员额制改革的不断推进，新的司法审判人员构成体系已经初步建立。在促进诉讼进行、提升诉讼效能的主题之下，主审法官以及为其配备的法官助理应当成为一个高效运行的团队，科学地分工协作，共同使诉讼纠纷的解决能够获得快速地实现。例如各种送达、通知事宜，庭前准备程序的组织安排，确定庭审期日以及其他行政、信访事务，均可以交由法官助理办理，法官专注于案件的听审与裁判工作，多项工作齐头并进，将诉讼活动中的必要时间予以充分利用，将其中的等待时间尽可能压缩到最短，为当事人履行诉讼促进义务首先做出表率，示范性地督促当事人适时提出攻击防御方法，共同促进诉讼快速、高效进行。

三　实现多元化的司法救助机制

一直以来，当事人对诉讼法律制度的了解程度都是较低的。一项司法调研发现，《证据规定》在出台五年之后，受访人群中仅48.2%的人知道该司法解释。[①] 由此可见，依靠当事人凭借自身知识、阅历和素养，去自觉履行与传统文化和观念不同甚至相去甚远的法律制度与规定，面临较大困难。有鉴于此，在增加法院的主导权和增强法律的强制性的基础之上，我国还应当采取多元化的司法援助机制来缓和在诉讼中适用失权规定产生的矛盾，做到"有堵有疏"，保障诉讼平稳有序进行。笔者认为，这一改革的方向应当是在民事诉讼程序中尽量保证具有法律专业知识的诉讼代理人参与到诉讼中来。具体而言，司法救助不应当仅限于刑事诉讼，在民事诉讼程序中也有必要为低收入或者困难群体提供相应的司法救助。[②] 同时，在律师资源仍然较为紧张的现实情况下，国家应当鼓励具有法律专业的各高等院校开设法律援助中心，并扩大其服务人群范围，实现法学研究

---

① 参见李浩《民事证据规定：原理与适用》，北京大学出版社2015年版，第372页。

② 在德国、日本和我国台湾地区的民事诉讼法典中均有专门的章节规定诉讼救助，我国《民诉法》中却没有这样的规定。

领域的"产、学、研相结合"。在此基础之上，法院在民事诉讼中，应当为身为特定群体的当事人指定律师，并且尽可能要求非特定群体的当事人寻求社会法律援助机构提供代理服务。立法除了要求国库将对特定群体提供司法救助单独列支之外，可以将各种情形中诉讼代理人收取的各种费用以及支付的各种必要款项，规定由败诉方予以负担，以减轻纳税人负担，同时这也是对违法者的一种制裁。

我国虽然无法实施如同德国一样的律师强制代理制度，但是可以通过这样的方式努力让具有法律知识的专业人员广泛地参与到尽可能多的民事诉讼案件中，其作为当事人与法院之间的桥梁，在保证当事人遵守诉讼促进义务方面将会起到较大作用，同时其也可以协助法官对当事人进行释明，客观上承担起对各项制度进行讲解、宣传工作。通过法院与代理人的多方努力，力求实现相关制度能够较为顺利地得以推行。

本章小结

本章承接上文，简要梳理了我国现行证据提出与失权制度存在的瑕疵与弊端，有针对性地提出了改进和完善我国民事诉讼中规制逾时提出攻击防御方法之制度的对策与建议。在立法模式的选择方面，应当学习我国台湾地区的立法模式，并根据学理研究成果和我国实际加以修正。在民事诉讼的总则中，应当将权利的有效保护和诉讼促进义务纳入基本原则，将诚实信用原则予以具体细化，将攻击防御方法的基本概念及其适时提出要求写入总则。在具体程序中，应当将失权规定的诸项要件予以规范化、完备化，应当强化法院的释明职权，强化诉讼资料提出期间制度，对作为再审事由的新的证据进行修正。此外，笔者还建议设立有效的审前准备程序，加强审判工作人员的分工协作，并选择合理的方式实现多元化的司法救助机制，保障该项制度在司法实践中的平稳运行。

结　语

　　程序价值与实体价值的冲突与平衡，历来是诉讼法学界研究探讨的一个重要议题，也是在社会中基于个案关注所津津乐道但又争议颇大的一个话题。在我国这样一个从解体的中华法系一步步走来的国家，法律制度在建设和发展过程中又饱受"左"倾法律虚无主义和苏联高度集中体制的影响，构建重视程序价值的现代化的民事诉讼法律制度，何其艰难。从《证据规定》的推行到软化再到《民诉法解释》的弱化加异化，以证据失权为代表的规制逾时提出攻击防御方法的法律制度在推广和实施过程中遭遇到了很大的阻力。当然事实上，域外国家和地区在规制逾时提出攻击防御方法的过程中，也并非一蹴而就。其法治昌明多达数十载甚至百年以上，现代化的规制制度也是在 20 世纪中后期乃至 21 世纪才逐步确立。我国作为法制建设后发国家，自当循序渐进，从学习法治先进国家的制度入手，吸取各方的经验和教训，并根据自身条件，制定出自己的逾时提出攻击防御方法之规制制度体系。为此，笔者建议在现有的民事诉讼法律框架内，选择学习我国台湾地区的立法模式，并重点研习大陆法系国家和地区——尤其是德国——有关规制逾时提出攻击防御方法的立法和判例制度以及相关理论成果，将诉讼促进义务、真实义务与完全义务、适时提出主义和程序价值的基本要求纳入我国民事诉讼法律的基本原则之中，将规范化的逾时提出攻击防御方法失权规定、强化的攻击防御方法提出期间规定纳入程序性规定中，加强法院的释明职责，增加法院调整诉讼费用负担的职权，改革和完善审前程序，加强审判工作人员之间的协同配合以及建立多元化的司法救助机制，多途径并行，从而确保该项制度的正常建立与良好运行。

　　本书采用规范分析法、实证研究法和比较研究法，力求法学理论与司法实践相结合，对逾时提出攻击防御方法之规制制度进行了较为深入的分析与探讨。全书厘清了攻击防御方法的内涵与外延，研究了规制逾时提出攻击防御方法的方法与性质，梳理了我国民事诉讼规制逾时提出攻击防御方法之相关制度的发展脉络，总结了域外两大法系主要国家和地区的相关立法例等重要规则，审视了包括失权规定在内的举证制度和答辩制度等我国现行立法与司法解释规定及其有待改进之处，尤其针对失权规定要件的缺失和功能的异化提出批评，提出了构建我国民事诉讼中逾时提出攻击防御方法之规制制度的初步方案，意在为民事诉讼中规制逾时提出、促进诉讼进行、提升司法效能略尽绵薄之力。

参考文献

一　中文原著

常怡主编：《外国民事诉讼法新发展》，中国政法大学出版社 2009 年版。

陈光中、江伟主编：《诉讼法论丛》（第 8 卷），法律出版社 2003 年版。

陈计男：《程序法之研究》（四），台湾三民书局 2005 年版。

陈荣宗、林庆苗：《民事诉讼法》（上），台湾三民书局 2013 年版。

陈荣宗、林庆苗：《民事诉讼法》（下），台湾三民书局 2015 年版。

郭卫：《民事诉讼法释义》，中国政法大学出版社 2005 年版。

韩波：《当代中国民事诉讼思潮探究》，华中科技大学出版社 2015 年版。

何孝元：《诚实信用原则与衡平法》，台湾三民书局 1992 年版。

胡学军：《具体举证责任论》，法律出版社 2014 年版。

黄国昌：《民事诉讼理论之新开展》，北京大学出版社 2008 年版。

黄松有主编：《民事诉讼证据司法解释的理解与适用》，中国法制出版社 2002 年版。

江必新主编：《新民事诉讼法配套规则适用指引（二审及审监程序卷）》，法律出版社 2016 年版。

姜世明：《举证责任与证明度》，台湾新学林出版股份有限公司 2008 年版。

姜世明：《民事程序法之发展与宪法原则》，台湾元照出版有限公司 2003 年版。

姜世明：《民事诉讼法》（上册），台湾新学林出版股份有限公司 2016 年版。

姜世明：《民事诉讼法》（下册），台湾新学林出版股份有限公司 2015 年版。

姜世明：《民事诉讼法基础论》，台湾元照出版有限公司 2016 年版。

姜世明：《新民事证据法论》，台湾新学林出版股份有限公司 2009 年版。

李浩：《民事证据规定：原理与适用》，北京大学出版社 2015 年版。

李木贵：《民事诉讼法》，台湾元照出版有限公司 2010 年版。

李响：《美国民事诉讼的制度、案例与材料》，中国政法大学出版社 2006 年版。

廖永安：《民事诉讼理论探索与程序整合》，中国法制出版社 2005 年版。

廖永安：《民事证据法学的认识论与价值论基础》，中国社会科学出版社 2009 年版。

廖中洪主编：《民事诉讼立法体例及法典编纂比较研究》，中国检察出版社 2010 年版。

林东法：《民事诉讼法》，台湾东法学苑 2008 年版。

林家祺：《例解民事诉讼法》，台湾五南图书出版股份有限公司 2012 年版。

林家祺、刘俊麟：《民事诉讼法》，台湾书泉出版社 2007 年版。

刘荣军：《程序保障的理论视角》，法律出版社 1999 年版。

刘显鹏：《民事诉讼当事人失权制度研究》，武汉大学出版社 2013 年版。

刘学在：《民事诉讼辩论原则研究》，武汉大学出版社 2007 年版。

马俊驹、余延满：《民法原论》，法律出版社 2005 年版。

马跃：《美国证据法》，中国政法大学出版社 2012 年版。

毛玲：《英国民事诉讼的演进与发展》，中国政法大学出版社 2005 年版。

民事诉讼法研究基金会：《民事诉讼法之研讨》（三），台湾三民书局 1990 年版。

民事诉讼法研究基金会：《民事诉讼法之研讨》（五），台湾三民书局 1996 年版。

齐树洁主编：《美国民事司法制度》，厦门大学出版社 2011 年版。

齐树洁主编:《民事司法改革研究》,厦门大学出版社 2004 年版。

齐树洁主编:《台港澳民事诉讼制度》,厦门大学出版社 2014 年版。

齐树洁主编:《英国民事司法改革》,北京大学出版社 2004 年版。

齐树洁主编:《英国民事司法制度》,厦门大学出版社 2011 年版。

齐树洁主编:《英国司法制度》,厦门大学出版社 2007 年版。

齐树洁主编:《英国证据法》,厦门大学出版社 2014 年版。

乔欣主编:《外国民事诉讼法学》,厦门大学出版社 2008 年版。

邵建东主编:《德国司法制度》,厦门大学出版社 2010 年版。

沈达明:《比较民事诉讼法初论》,对外经济贸易大学出版社 2015 年版。

沈达明、冀宗儒:《1999 年英国〈民事诉讼规则〉诠释》,对外经济贸易大学出版社 2015 年版。

沈德咏主编:《最高人民法院民事诉讼法司法解释理解与适用》,人民法院出版社 2015 年版。

沈冠伶:《民事证据与武器平等》,台湾元照出版有限公司 2013 年版。

施启扬:《民法总则》,中国法制出版社 2010 年版。

石志泉:《民事诉讼条例释义》,中国政法大学出版社 2006 年版。

苏永钦:《司法改革的再改革——从人民的角度看问题,用社会科学的方法解决问题》,台湾月旦出版社股份有限公司 1998 年版。

田平安主编:《民事诉讼法·原则制度篇》,厦门大学出版社 2006 年版。

王国征:《民事证据的提供和收集专题研究》,湘潭大学出版社 2013 年版。

王甲乙、杨建华、郑健才:《民事诉讼法新论》,台湾广益印书局 1983 年版。

王亚新:《对抗与判定——日本民事诉讼的基本结构》,清华大学出版社 2010 年版。

吴宏耀:《诉讼认识论纲——以司法裁判中的事实认定为中心》,北京大学出版社 2008 年版。

吴明轩:《民事诉讼法》,台湾三民书局 2013 年版。

吴如巧:《美国联邦民事诉讼规则的新发展》,中国政法大学出版社

2013 年版。

奚晓明主编：《〈中华人民共和国民事诉讼法〉修改条文理解与适用》，人民法院出版社 2012 年版。

谢振民：《中华民国立法史》，河南人民出版社 2016 年版。

徐国栋：《民事基本原则解释：诚信原则的历史、实务、法理研究》，北京大学出版社 2013 年版。

许士宦：《程序保障与阐明义务》，台湾新学林出版股份有限公司 2003 年版。

许士宦：《集中审理与审理原则》，台湾新学林出版股份有限公司 2009 年版。

许士宦：《新民事诉讼法》，北京大学出版社 2013 年版。

许士宦、姜世明等：《新民事诉讼法实务研究》（一），台湾新学林出版股份有限公司 2010 年版。

杨建华、郑杰夫：《民事诉讼法要论》，北京大学出版社 2013 年版。

姚瑞光：《近年修正民事诉讼法总评》，中国政法大学出版社 2011 年版。

姚瑞光：《民事诉讼法论》，中国政法大学出版社 2011 年版。

占善刚、刘显鹏：《证据法论》，武汉大学出版社 2015 年版。

张晋藩主编：《中国法制史》，高等教育出版社 2007 年版。

赵钢：《民事诉讼法学专题研究》（二），中国政法大学出版社 2015 年版。

赵钢、占善刚、刘学在：《民事诉讼法》，武汉大学出版社 2015 年版。

周枏：《罗马法原论》，商务印书馆 2014 年版。

二 中文译著

［英］阿里德安·A. S. 朱克曼主编：《危机中的民事司法》，傅郁林等译，中国政法大学出版社 2005 年版。

［德］奥特马·尧厄尼希：《民事诉讼法》，周翠译，法律出版社 2003 年版。

［意］贝卡里亚：《论犯罪与刑罚》，黄风译，中国方正出版社 2004 年版。

〔德〕狄特·克罗林庚:《德国民事诉讼法律与实务》,刘汉富译,法律出版社 2000 年版。

〔日〕高木丰三:《日本民事诉讼法论纲》,陈与年译,中国政法大学出版社 2006 年版。

〔日〕高桥宏志:《民事诉讼法:制度与理论的深层分析》,林剑锋译,法律出版社 2003 年版。

〔日〕高桥宏志:《重点讲义民事诉讼法》,张卫平、许可译,法律出版社 2007 年版。

〔日〕谷口安平:《程序的正义与诉讼》,王亚新、刘荣军译,中国政法大学出版社 2002 年版。

〔德〕汉斯-约阿希姆·穆泽拉克:《德国民事诉讼法基础教程》,周翠译,中国政法大学出版社 2005 年版。

〔美〕杰克·H. 弗兰德泰尔等:《民事诉讼法》,夏登峻等译,中国政法大学出版社 2003 年版。

〔美〕理查德·D. 弗雷尔:《美国民事诉讼法》,孙利民、孙国平、赵艳梅译,商务印书馆 2013 年版。

〔德〕罗森贝克、施瓦布、戈特瓦尔德:《德国民事诉讼法》,李大雪译,中国法制出版社 2007 年版。

〔德〕米夏埃尔·施蒂尔纳编:《德国民事诉讼法学文萃》,赵秀举译,中国政法大学出版社 2005 年版。

〔美〕斯蒂文·N. 苏本:《民事诉讼法:原理、实务与运作环境》,傅郁林等译,中国政法大学出版社 2004 年版。

汤唯建、徐卉、胡浩成译:《美国联邦地区法院民事诉讼流程》,法律出版社 2001 年版。

〔日〕新堂幸司:《新民事诉讼法》,林剑锋译,法律出版社 2008 年版。

〔日〕中村英郎:《新民事诉讼法讲义》,陈刚、林剑锋、郭美松译,法律出版社 2001 年版。

三　期刊论文

陈刚:《法系意识在民事诉讼法学研究中的重要意义》,《法学研究》2012 年第 5 期。

段文波:《要件事实理论下的攻击防御体系——兼论民事法学教育》,《河南财经政法大学学报》2012年第4期。

黄国昌:《误未驳回逾时攻防之法理效果》,《月旦法学教室》2006年总第43期。

黄国昌:《逾时提出攻击防御方法之失权制裁:是"效率"还是"公平"》,《台大法学论丛》2008年第2期。

柯阳友、孔春潮:《论民事诉讼中的攻击防御方法——以日本普通诉讼程序为视角》,《北京科学技术大学学报》(社会科学版)2009年第4期。

柯阳友、吴英旗:《民事诉讼促进义务研究》,《山东警察学院学报》2006年第3期。

吕太郎:《适时提出主义》,《台湾本土法学杂志》2001年第19期。

[英]欧文勋爵:《向民事司法制度中的弊端开战》,蒋惠岭译,《人民司法》1999年第1期。

任鸣:《最高人民法院发布〈人民法院第四个五年改革纲要〉》,《法律适用》2014年第8期。

宋平、严俊:《"攻击防御方法"之平衡——简论民事证据调查令制度》,《重庆工商大学学报》(社会科学版)2005年第5期。

汤文平:《从"跳单"违约到居间报酬——"指导案例1号"评释》,《法学家》2012年第6期。

唐力:《有序与效率:日本民事诉讼"计划审理制度"介评》,《法学评论》2005年第5期。

吴从周:《论迟误准备程序之失权》,《东吴法律学报》2005年第3期。

肖扬:《建设公正高效权威的民事审判制度,为构建社会主义和谐社会提供有力司法保障》,《中国审判》2007年第2期。

许士宦:《集中审理制度之新审理原则》,《台大法学论丛》2009年第2期。

许士宦:《民事诉讼上之适时审判请求权》,《台大法学论丛》2005年第5期。

[日]菅野耕毅:《诚实信用原则与禁止权力滥用法理的功能》,傅静坤译,《外国法译丛》1995年第2期。

占善刚：《当事人申请证据调查的法律规制问题》，《理论探索》2015年第4期。

四　外文文献

Braun, Münchener Kommentar zur ZPO, Verlag C. H. Beck, 4. Auflage, 2013.

Dr. Karl G. Deubner, Zurückweisung verspäteten Vorbringens als Rechtsmißbrauch - Folgerungen aus der Rechtsprechung, NJW 1987, 465.

Dr. Nikolaus Stackmann, Selten folgenschwer: verspätetes Vorbringen, JuS 2011, 133.

Günther Drosdowski [Hrsg.], Duden Etymologie, Dudenverlag, 2. Auflage, 1989.

Hans Dieter Lange, Zurückweisung verspäteten Vorbringens im Vorbereitungstermin, NJW 1986, 3043.

Heinz Thomas/Hans Putzo/Klaus Reichold/Rainer Hüßtege, Zivilprozessordnung, Verlag C. H. Beck, 31. Auflage, 2010.

Ingo Saenger, Zivilprozessordnung, Verlag Nomos, 7. Auflage, 2017.

Musielak/Voit, Zivilprozessordnung, Verlag Franz Vahlen, 13. Auflage, 2016.

Prütting, Münchener Kommentar zur ZPO, Verlag C. H. Beck, 5. Auflage, 2016.

Rauscher/Wax/Wenzel, Münchener Kommentar zur Zivilprozessordnung, Verlag C. H. Beck, 3. Auflage, 2010.

Schnabl, Die Anhörungsrüge nach § 321a ZPO, Verlag Mohr Siebeck, 11. Auflage, 2007.

Stein/Jonas, Kommentar zur Zivilprozessordnung, Verlag Mohr Siebeck, 22. Auflage, 2008.

Steinert/Theede/Knop, Zivilprozess, Verlag C. H. Beck, 9. Auflage, 2011.

Vorwerk/Wolf, BeckOK ZPO, Verlag C. H. Beck, 23. Edition, Stand: 01. 12. 2016.

Wieczorek/Schütze, Zivilproze βordnung und Nebengesetze: Großkommentar,

Verlag W. de Gruyter，3. völlig neu bearbeitete Auflage，1994.

Zöller，Zivilprozessordnung：Kommentar，Verlag Otto Schmidt，28. Auflage，2010.

［日］长谷部由起子：《民事诉讼法》，岩波书店 2014 年版。

［日］石渡哲：《時機に遅れた攻擊防御方法の失権（上）——現行失権規定の解釈論を中心として》，載《判例タイムズ》1985 年第 9 卷 543 号。

［日］田边公二：《攻擊防禦方法の提出時期》，載三ケ月章、中田淳一編《民事訴訟法演習 I》，有斐閣，1963 年 3 月。

五　域外法典

Bürgerliches Gesetzbuch（BGB）.

Grundgesetz für die Bundesrepublik Deutschland（GG）.

Zivilprozessordnung（ZPO）.

白绿铉编译：《日本新民事诉讼法》，中国法制出版社 2000 年版。

曹云吉译：《日本民事诉讼法典》，厦门大学出版社 2017 年版。

陈聪富主编：《月旦小六法》，台湾元照出版有限公司 2015 年版。

陈卫佐译注：《德国民法典》，法律出版社 2015 年版。

［日］稻葉馨等编集：《岩波基本六法（2013）》，岩波书店 2012 年版。

丁启明译：《德国民事诉讼法》，厦门大学出版社 2016 年版。

黄荣坚、许宗力、詹森林、王文宇编：《月旦简明六法》，台湾元照出版有限公司 2016 年版。

黄昭元、蔡茂寅、陈忠五、林钰雄编：《新学林综合小六法》，台湾新学林出版股份有限公司 2015 年版。

潘汉典译：《德意志联邦共和国基本法》，《环球法律评论》1981 年第 4、5 期。

日本国民事诉讼法。

日本国最高裁判所民事诉讼规则。

［日］石黑一憲等编集：《岩波判例セレクト六法》，岩波书店 2012 年版。

谢怀栻译：《德意志联邦共和国民事诉讼法》，中国法制出版社 2001

年版。

六　其他资料

崔婕：《民事诉讼准备程序研究》，博士学位论文，西南政法大学，2002 年。

德国贝克在线法学数据库：https：//beck-online. beck. de/Home。

德国联邦法律在线：http：//www. gesetze-im-internet. de/。

德国联邦普通法院判例数据库：http：//juris. bundesgerichtshof. de/cgi-bin/rechtsprechung/list. py？Gericht = bgh&Art = en&Datum = Aktuell&Sort = 12288。

赖颉：《第二审攻击防御方法失权制裁之研究》，硕士学位论文，台湾台北大学，2013 年。

美国联邦最高法院：http：//www. supremecourt. gov/。

人民法院报：rmfyb. chinacourt. org。

日本法务省法律数据库：http：//www. moj. go. jp/hisho/shomu/syokan-horei_ horitsu. html。

王永春：《民事诉讼"当事人逾时提出攻击防御方法"之研究》，硕士学位论文，台湾中正大学，2011 年。

我国台湾地区立法机关法律系统：http：//lis. ly. gov. tw/lgcgi/lglaw。

我国台湾地区司法主管机关：http：//www. judicial. gov. tw/aboutus/aboutus05/aboutus05-01. asp。

无讼网：http：//www. itslaw. com/。

杨艺红：《诉讼突袭及其法律规制》，博士学位论文，西南政法大学，2008 年。

英国立法网：http：//www. legislation. gov. uk/。

英国政府网：https：//www. gov. uk/。

赵雷：《论民事诉讼中的攻击防御方法》，硕士学位论文，河北大学，2009 年。

赵泽君：《论民事争点整理程序》，博士学位论文，西南政法大学，2007 年。

中国裁判文书网：http：//www. court. gov. cn/zgcpwsw/。

中国法学网：http：//www. iolaw. org. cn/。

中国法院网法律查询文库：http：//www. chinacourt. org/law. shtml。

中国社会科学院语言研究所词典编辑室编：《现代汉语词典》，商务印书馆 2016 年版。

中国审判案例库：http：//www. chinacourt. org/article/subjectdetail/id/MzAwNEiqNIABAA = =. shtml。

后 记

本书是在我的博士学位论文的基础上修改而成的。

十年前，我在硕士研究生阶段即忝列恩师占善刚教授之门墙，此后一直有幸师从导师学习民事诉讼法学的各项知识。三年前，自己更是有幸能够在博士研究生阶段继续追随占老师，在民事诉讼法学领域进行学习和研究。在学习的征程中，自己从年少懵懂到年过而立，恩师在学业上的教导和在生活上的关怀，让我时时刻刻都感受到春和景明般的温暖。大恩难言谢，千言万语，融为一句：师恩浩荡，没齿难忘！

博士学位论文的写作过程，也无不渗透了占老师的辛勤汗水。从选题立意，到谋篇布局，再到遣词造句，自己都得到了占老师的悉心指导，学生着实感激不尽。在论文写作与答辩的过程中和日常的学习生活中，我还得到了李浩教授、赵钢教授、蔡虹教授、蔡杰教授、洪浩教授、刘学在教授、陈岚教授、林莉红教授和李傲教授的指点与帮助，在此亦由衷地表示感谢。

感谢武汉大学法学院诉讼法学专业的每一名同学以及校内的各位前辈、好友和师弟师妹们。他们的为人与治学同样是我学习的榜样，他们在不同侧面的优秀品格都对我有着很大的影响：友谊地久天长。

本书由江西理工大学（第一单位）资助出版。本书的出版，离不开江西理工大学文法学院项波院长和法律系主任王世进教授两位领导的鼓励和支持，离不开中国社会科学出版社梁剑琴老师等前辈同人付出的辛勤劳动，在此一并致以诚挚的感谢！

最后要感谢我的家人。没有他们的支持，我的求学之路是无法走到今天的。两边父母的挂怀常伴吾身，令自己既感且愧。尤其要感谢内子陈佶玲同志，感谢她对家庭的付出和对我的理解、支持与帮助。承载着这些前进的动力，希望今后能以自己之努力创造共同的幸福生活。

马 龙

2018 年仲夏于虔城八角塘